기도는 길어도
응답은 순간이다

기도는 길어도
응답은 순간이다

- 초판 1쇄 발행 2019년 7월 10일
- 초판 4쇄 발행 2019년 12월 4일

- 지은이 박순애
- 펴낸이 조유선
- 펴낸곳 누가출판사

- 등록번호 제315-2013-000030호
- 등록일자 2013. 5. 7.
- 주소 서울특별시 공항대로 59다길 276 (염창동)
- 전화 02-826-8802 팩스 02-6455-8805

- 정가 15,000원
- ISBN 979-11-85677-35-4 03230

박순애 신앙에세이

기도는 길어도
응답은 순간이다

"기도는 길어도 응답은 순간이다.
고난은 길어도 기적은 순간이다.
기도와 기적은 함께 간다."

출판사
누가

목차

1장

내가 만든
거짓 희망을
버려라

이성적 인간은
자신이 만든 거짓 희망에
모든 것을 건다.
인간은
미래를 볼 수 없지만
하나님은
나의 미래와 끝을 아신다.
인간이 바라는 희망을
따라가지 않고
하나님의 약속을 따라가는
자의 미래는
하나님의 것이다.

죽음을 정면으로
마주 본 자

❦   1982년 11월. 열아홉. 처음 그들 앞에 섰다. 숨이 멎을 것만 같았다. 수백 명의 재소자들의 시선이 한 곳으로 모인 강단 위로 올라가는 나의 발걸음은 마치 사형장으로 끌려가는 죄수처럼 무겁고 떨렸다. 차갑고 서늘한 시선으로 경계하듯 나를 쏘아보는 그들과 눈이 마주쳤다. 순간! 심장이 멎었다.

강당 안은 숨소리조차 멎어버린 듯 공포스러운 침묵이 흘렀다. 나는 겨우 마이크 앞에 섰다. 그리고… 그리고… 그만 통곡하듯 울음이 터지고 말았다.

재소자들은 휘둥그레진 표정으로 나를 보았다. 그들과 나의 첫 만남이 이렇게 시작되었다. 한마디 말도 하지 못한 채 울기만 하던 나를 그들은 불쌍하고 측은한 눈빛으로 바라보았다. 나는 내 눈에 흐르는 눈물을 닦으며 비록 심장은 떨리지만 눈빛만은 살아나고 있음을 알았다.

말을 하기 전에 가슴속에서 억눌렸던 열아홉의 어둠과 절망이 나의 목젖을 저려오게 했다.

"여러분은 어떤 사연과 인생의 우여곡절로 이곳까지 오시게 되었습니까?"

입술을 깨물어도 솟구치는 눈물이 멈추질 않았다. 말은 다시 끊어졌다. 재소자들 앞에 선 이 순간, 이런 곳에 올 수 밖에 없었던 저들의 인생과 너무도 처절하게 살아온 내 삶의 뿌리가 맞닿고 있었다.

모든 죄인은 하나님으로부터의 도망자다. 인생에서 정직이 무너지면 모든 것이 다 무너져 희망도, 미래도, 살고 싶었던 시간도 모두 나를 버려두고 가버린다. 후회는 언제나 뒤좇는다. 죄에 끌려가는 인생들은 마귀를 향해 대문을 활짝 열어둔 자와 같아 길가에 버려진 정직이 무너진 인생을 마귀는 낚아챈다. 정직이 나 자신에게 최고의 축복이라는 사실을 하나님을 만난 후에야 안다.

내 속에 계시는 성령님이 나를 강하게 붙들고 계셨다. 강의가 무엇인지 생각해 본 적도 없었던 나에게 이런 기회를 주신 하나님 앞에 내 마음을 굳게 세웠다. 20년도 채 살지 않은 억새풀 같은 나의 삶을 처음 보는 재소자들 앞에 감히 고백한다는 것은 불가능한 일이었다.

그러나 죽음을 정면으로 마주본 자의 살고 싶었던 눈물겨운 몸부림은 피를 토해내듯 눈물을 삼키며 고백되고 있었다. 선택받지 못한 자의 운명. 버려진 자의 눈물을 터질 듯 끌어안고 살아온 나날들! 열아홉 인생의 찌꺼기들을 모두 토해낸 그때, 경계의 눈빛으로 쏘아보던 재소자들의 눈에서 눈물이 흘러내렸다. 그들은 충혈된 눈에서 흐르는 눈물을 소매 끝으로 닦으며 나를 보았다. 인생이란 깊은 바다에서 거센 파도에 떠밀려 어디론가 사라져 버릴 낙오자가 아닌, 거친 물살을 가르고 살아남은 자의 눈물겨운 고백 앞에서 그들과 나의 가슴은 하나가 되었다.

나는 뜨거운 박수를 받으며 단상에서 내려왔다. 모든 사람들이 눈물을 닦았다. 그 강당 안에는 수백 명의 재소자 외에 교도관들도 있었다. 정문을 향해 걸어 나오는데 교도관이 먼저 입을 열었다.

"지금까지 외부강사님들을 모셔 보았지만 강의 시간이 울음바다가 된 적은 한 번도 없었습니다."

"……"

"저들은 마음 문을 잘 열지 않습니다. 굳게 닫은 마음은 철저히 자기 세계 안에 갇혀 삽니다. 그런데 오늘은 정말 다른 분위기였습니다."

내 옆에 교도관이 계속 말을 했다.

사실 나는 강의가 무엇인지도 잘 모른다. 절망의 바닥을 짚어 본 자가 아니면 희망을 노래할 수 없다. 절망은 벽이 아니라 활짝 열린 문이라는 것을 말하고 싶었는지도 모른다. 내 마음속엔 이전보다 훨씬 더 무거운 인생의 무게가 느껴졌다. 하나님 앞에 기도 무릎을 꿇었다. 내 안에서 나를 움직이시는 하나님만 의지하기를 간절히 기도드렸다.

새로운 세계를 보고 온 이후 온통 그들의 눈빛과 표정, 절망 가운데 있는 재소자들의 모습이 떠올랐다. 그럴 때마다 내가 할 수 있는 일이 없었기에 더욱 기도드렸다.

"하나님 아버지… 그 수많은 재소자들의 인생을 불쌍히 여겨 주옵소서. 그곳에서의 숨 막히는 시간들을 절망하며 무너지지 않도록 오직 살아계신 하나님을 믿고 굳건히 일어나게 해주옵소서. 그 갇힌 벽 안에서 그들의 영혼을 살리시는 살아계신 하나님을 만나게 해주시옵소서. 그리하여 절대절망이 절대희망으로 바뀌어지는 기적을 경험하게 해주옵소서. 오직 하나님만이 인간의 내면과 운명을 바꿀 수 있음을 그들로 하여금 깨닫게 해주시옵소서."

며칠 후, 청송보호감호소에서 다시 한 번만 더 와달라는 요청이 왔다. 심장이 떨렸다. 며칠 동안 기도하며 기다린 사람마냥 흔쾌히 가겠다고 대답을 하였다. 그리고 그들 앞에 다시 섰다. 강당 안은 전과는 다르게 뜨거운 열기로 가득한 분위기였다. 누군가가 휘파람을 불었다. 모두들 환한 얼굴이었고 행복한 웃음으로 나를 바라보았다. 그러나 나는 여전히 떨고 있었다.

무슨 말을 해야 할지 아무 것도 생각나지 않았다. 머릿속이 하얗게 백지처럼 되어버렸다. 놀란 재소자들이 처음 때처럼 울어버릴까 봐 마음을 졸이며 쳐다보았다. 드디어 입이 떨어졌다.

"저는 어떤 말을 해야 할지 생각나지 않아요. 무조건 저에게 다시 와 달라고 해서 이렇게 왔어요."

순간 재소자들이 한바탕 큰 소리로 웃었다.

"이렇게 보고만 있어도 행복합니다. 앞으로 한 시간만 그렇게 계셔 주십시오."

"예에?"

재소자들이 "와!" 웃었다. 얼굴이 빨갛게 익은 나는 문득 한 생각을 떠올렸다. 4-H 연합활동 때 배운 노래를 그들 앞에서 함께 불렀다.

비바람이 치던 바다 잔잔해져 오면
오늘 그대 오시려나 저 바다건너서
밤하늘에 반짝이는 별빛도 아름답지만
반짝이는 그대 눈은 더욱 아름다워라
그대만을 기다리리 내 사랑 영원히 기다리리

그들의 표정이 꽃처럼 피어났다. 눈가엔 잔잔한 이슬이 맺혔다. 시멘트처럼 굳어진 그들의 가슴속에 따뜻한 온기가 찾아왔다. 열아홉 소녀 강사와 함께 부르는 '연가' 노래 속에 그들의 가슴이 녹아졌다. 누군가가 말했다.

"편지를 드려도 되겠습니까?"

"네에? 예…"

나는 그렇게 청송보호감호소의 수천 명의 수용자들에게 붙잡고 싶은 실오리만한 희망이었다.

눈을 감고 본 영혼의 탄식

내 나이 21세가 되던 1984년에 배명인 법무부 장관으로부터 정식으로 교정위원 위촉을 받았다. 법무부 역사상 최연소 처녀 강사이고 최연소 교정위원이라는 것을 후에 알았다.

청송교도소와 보호감호소에서 강연을 하게 되면서부터 내 삶은 완전히 바뀌었다. 배움이 없어 텅 빈 내면을 느낄수록 동네에서 책을 빌려와 밤새워 책을 읽으며 기록했다.

예고 없이 찾아온 운명의 기회가 나로 하여금 공부하는 인생이 되도록 이끌었다. 한 권의 책이라도 더 읽어 텅 빈 내면을 채우기 위한 몸부림으로 밤을 새웠다.

당시 청송교도소와 제1, 2보호감호소로 3개의 기관에 6천여 명의 수용자들이 있었다. 청송교도소와 보호감호소로 오는 모든 수용자들은 당시 사회보호법이라는 제도 하에 징역을 마친 후에도 무조건 7년 아니면 10년을 보호감호소에서 살아야만 했다.

몇 년의 세월이 흘러갈수록 그들과 주고받는 편지가 많아졌다. 또한 면회를 오는 가족들과 만나며 보호감호제도에 대한 억울한 옥살이에 대한 사연을 상세하게 알게 되었다. 가슴이 아팠다. 법과 제도로 인간은 바꿀 수 없다. '배움이 없는 내가 그들을 위해 할 수 있는 것이 무엇일까'를 깊이 생각하며 하나님께 무릎을 꿇었다.

1987년 여름. 제2보호감호소 수감자 2000여 명이 사회보호법은 위헌임을 주장하며 전원이 목숨 건 단식투쟁을 시작하였다.

"야! 이 개새끼들아! 너희들이 밥 안쳐먹는다고 우리가 눈 하나 깜짝할 줄 아냐? 이제부터 네놈들이 맞아 죽든지 굶어 죽든지 어디 한 번 해보자."

7월 31일부터 8월 4일까지 단식 5일째 되던 날 아침. '강제 진압하라!'는 명령이 내려졌다. 장비는 각목과 포승줄 곤봉과 쇠파이프였다. 쥐 죽은 듯이 고요하던 사동에 어둠이 내리자 건장한 체격의 낯선 교도관들이 서 있었다.

당시 인간 도살장으로 사용되었던 곳은 바로 내가 그들에게 첫 강연을 했던 그곳이었다. 그 큰 강당을 나와 계단을 따라 내려가면 긴 복도가 나온다. 이 복도 양 옆으로는 많은 감방들이 있었다. 이날 몇 개 팀으로 나눠진 교도관들은 감방 안에 있던 감호자들을 끌어냈다. 힘없이 늘어져 누운 그들을 끌어내 팔을 뒤로 꺾어 온몸을 포승줄로 묶고는 방성구나 헝겊으로 입을 틀어막았다. 그리고 대강당으로 끌고 갔다.

대강당 안에는 또 다른 사람들이 기다리고 있었다. 쇠파이프나 곤봉으로 끌려온 감호자들을 무조건 내리쳤다. 칠흑같이 어두운 대강당 안은 눈을 뜨고 있어도 아무 것도 보이지 않았다.

두 다리만 허공으로 버둥거리다 쓰러질 뿐, 막힌 입과 묶인 손은 없는 것과 같았다. 살려달라는 간절한 호소조차 사라져 버린 끝없는 죽음의 행렬들…

"이 더러운 새끼들. 배때기가 불러서 감방에서 데모를 해. 이 개새끼야. 데모는 바로 이런 게 데모다. 알겠냐."

사람의 몸둥아리가 너덜거리는 시체더미로 쌓여갔다.

"도둑놈 주제에 인권이니 뭐니 그딴 소리로 주둥이 놀리면 그땐 아예 확 보내 버릴거다. 이 버러지 같은 놈들아."

육신은 떨며 죽어갔고 마음은 귀로 들려오는 욕설로 퍼렇게 멍들었다.

새벽녘에 시체들은 감쪽같이 사라지고 그 자리엔 감호자들을 결박했던 피에 절은 포승줄만 선착장의 그물더미처럼 쌓여있었다. 무더위가 절정을 넘어서는 8월 10일 월요일부터 제2보호감호소엔 정상 근무가 이루어졌다. 그리고 몇 주 후부터는 정신교육도 진행되었다.

이번 단식투쟁으로 인해 주동자 몇 명은 모두 징벌방으로 끌려갔다. 그들은 햇볕이 들지 않는 징벌방에서 수갑을 찬 채 개처럼 엎드려 밥을 주둥이를 처박고 먹어야 했다.

인간이 만든
거짓 희망

그 해, 10월. 나는 그들 앞에 다시 섰다. 그들과 마주보는 내 가슴속에도 말로 형언할 수 없는 눈물이 흘렀다. 죽음을 딛고 살아온 그들과 나는 눈빛만 봐도 가슴이 아렸다. 지금 이 순간에도 희망의 새 날을 향한 산 자의 절규를 느낄 수 있었다.

'아! 생명을 주신 하나님 앞에 목숨 값을 하고 있는가.' 인간은 내 생명의 주인이신 하나님 앞에 산 자의 의무를 해야 한다. 그것은 내 인생의 창조자이신 하나님을 믿는 것이다. 하나님의 말씀을 내 마음에 새기며 그분의 뜻을 온전히 따라 살아야 한다. 이 진리의 정직을 벗어난 자에게는 모든 수고와 삶의 몸짓이 죄와 헛됨뿐이라는 사실을 하나님은 분명히 말씀하신다.

인생은 이 진리를 깨닫는 순간부터 인생의 미래를 갖는다. 인간은 자신의 힘으로는 이 진리를 깨달을 수 없다. 내가 가진 희망은 거짓 믿음이다. 인간은 자신이 만든 희망에 속으며 산다. 하나님의 약속을 믿고 따라가는 자만이 생명의 길을 산다. 내 힘으로 생명의 길을 갈 수가 없다.

이성적 인간은 자신이 만든 거짓 희망에 모든 것을 건다. 인간은 미래를 볼 수 없지만 하나님은 나의 미래와 끝을 아신다. 인간이 바라는 희망을 따라가지 않고 하나님의 약속을 따라가는 자의 미래는 하나님의 것이다. 자유를 잃은 수천 명의 수용자들을 위해 기도하면서 어느 날, 밤을 새워 쓴 원고를 신문사로 보냈다.

1988. 6. 4. 조선일보
'나의 발언대. 제목 : 사회보호법 개정 서둘러야 한다.'
'징역 3~4년, 보호감호 7~10년 배보다 배꼽이 더 큰 청송보호감소호'
글쓴이 청송교도소 정신교육강사 박순애.

그리고 몇 달 후, 1988년 가을. 삼청교육대의 인권유린 실태가 낱낱이 공개되며 온 나라가 인권유린 문제로 시끄러웠다. 그리고 1988년 10월 15일. 청송교도소와 보호감호소에는 역사상 첫 국정감사자들이 내려왔다.

그 날 아침, 영등포교도소에서 대전교도소로 가던 미결수 수송 차량에서 재소자들이 교도관을 덮쳐 총을 뺏고 탈주범으로 둔갑한 엄청난 일이 일어났다. 이른바 지강헌 사건이 일어난 것이다.

　　국정감사가 열리고 있는 그 시간. 전 국민들 앞에는 탈주범 지강헌 일당이 한 가정집에 들어가 가족을 인질로 잡고 경찰과 대치 극을 벌이는 상황이 생중계되고 있었다. 지강헌은 징역 7년, 보호감호 10년을 받은 상태였다.

　　지강헌은 징역보다 더 무거운 보호감호 때문에 다시 교도소로 가기 싫다고 스스로 죽음의 길을 택해 자신의 머리에 방아쇠를 당기면서 이렇게 외쳤다.

　　"유전무죄, 무전유죄."

　　죽기 전 그가 남긴 말은 오랜 여운을 남겼다.

　　청송교도소와 보호감호소를 싸고 있는 베일을 벗기겠다는 국정 감사는 수천 명의 재소자들에겐 더 큰 실망만 안겨주고 말았다.

　　국정감사 후 신문의 머리기사다.

　　'청송보호감호소 버려진 인권, 가혹 살인, 교화보다는 격리치중. 곳곳마다 감시카메라 작동중. 빗장 연 공포의 하얀집. 빠삐용 감옥 청송교도소. 한국형 시베리아 유형'

　　1989년 3월. 3개소에 5천 명이 넘는 전체 인원이 동시에 단식투쟁에 들어갔다. 너무도 많은 인원이 동시에 투쟁에 들어갔으므로 교도소와 감호소에서도 어찌할 도리가 없이 속수무책이 되었다. 이 소식을 들으며 나는 며칠 동안 금식기도를 했다.

인간이 하나님의 도움 없이도 살 수 있다는 생각보다 어리석음은 없다. "살아계신 하나님, 그들의 영혼을 버리지 마옵소서. 불쌍히 여겨 주옵소서. 오직 하나님만이 기적을 이룰 수 있나이다."

절망에 잠긴 그들의 눈망울을 지울 수 없었다. 청송의 하늘은 이 토록 맑은데 저들의 가슴은 새까맣게 타들어가고 있었다.

내 가슴속의 기도가 안으로 무르익을 즈음, 1989년 7월 12일. 조선일보 '나의 발언대'에서 이전보다 훨씬 더 강한 글을 썼다.

"제목 : 사회보호법 반드시 폐지 되어야 한다."
"청송감호소 장기수용 출소 후 생계막연 재범 잦아."
"청송보호감호소 교정위원 박순애."

이 글이 발표되고 이틀 뒤인 1989년 7월 14일. 헌법재판소에서 는 사회보호법이 위헌이라는 획기적인 판결이 내려졌다. 현재 사 회보호법 절반은 위헌으로 인정된 판결을 내렸다. 그리고 각 방송, 신문에서는 보호감호 위헌 판결을 특집으로 보도했고, 그동안 청 송보호감호소에서 행해졌던 참혹한 실상들이 낱낱이 공개되었다.

앞으로 이 땅에서 보호감호소는 영원히 없어져야 할 한국형 빠 삐용이라는 것이었다. 이 모든 사실을 알게 된 온 국민은 경악을 금할 수 없었다. 헌법재판소의 판결로 인해 많은 감호자들에게 출 소를 앞당겨지는 일이 실제로 일어났다. 사회보호법은 1989년 7월 14일. 일부 위헌 판결이 확정되면서 방송과 신문에서는 연일 보도 되었고 보호감호소 내에서도 출소하는 이들과 남는 이들로 희비가 나뉘었다. 그토록 한 영혼을 위해 기도하며 신문사에 글을 보내고 그들 앞에 달려갔던 나의 20대가 내 일생 가장 아름다웠던 시간이 되었다.

내 영혼의 진동
영원한 그리움

❦   그 날의 일기장은 눈물 없이는 볼 수 없고, 그 날의 기억들을 되새길 때마다 심장이 멎는다. 1989년 10월 어느 날, 가을 체육대회 날이었다. 며칠 전부터 보호감호소에서 그 날 꼭 참석해 달라는 연락을 받았다.

'그래. 이번이 마지막이야.'

나는 속으로 생각하고 조금 늦은 시간 서둘러 제1보호감호소 정문에 도착했다. 나를 안내할 교도관이 기다리고 있었다. 정문을 통과하여 빠른 걸음으로 운동장을 향해 걸었다. 모든 건물을 다 지나 운동장으로 한참을 걸어 들어가야 했다. 이미 시간은 늦었고 운동장에는 2천여 명의 감호자들이 입추의 여지도 없이 빽빽하게 둘러 앉아있었다. 중앙 단상에 선 감호소장의 인사 말씀이 운동장에 쩌렁쩌렁 온통 울리고 있었다.

만국기가 온 운동장을 덮었다. 마지막 건물 모퉁이만 돌면 운동장이었다. 가쁜 숨을 고를 겨를도 없이 걸어서 운동장 쪽으로 들어서는 순간! 마치 폭동이 일어난 듯 운동장에 가득 찬 2천여 명의 감호자들이 그 자리에서 일어나 엄청난 함성을 질렀다.

나는 깜짝 놀라 걸음을 멈추고 말았다. 운동장으로 나와 있는 감호자들에게 무슨 일이 일어난 줄 알았다. 내 옆에서 함께 걷던 교도관까지 걸음을 주춤 멈추며 헉 소리를 냈다. 그런데 이게 어찌된 일인가! 그 엄청난 함성과 함께 모든 감호자들이 일어나 두 손을 위로 들고 만세를 부르듯 고함을 지르며 그들의 얼굴과 눈빛이 모두 나를 향하고 있었다.

그 함성 소리가 얼마나 큰지 상상해 본 적이 없는 폭발과 같았다. 나는 무슨 영문인지 몰라 그대로 멍 하게 서 있는데 감호자들이 일제히 구호를 외치듯 내 이름을 부르기 시작했다.

"박순애! 박순애! 박순애! 박순애!"

어떤 사람은 손에 들고 있던 손수건을 흔들었다. 그제 서야 나는 이 폭동 같은 함성의 뜻을 알게 되었다. 멈출 수 없는 진동. 열광하는 그들. 한 맺힌 가슴들이 살아나는 순간이었다. 어느 새 나의 볼엔 감동의 눈물이 흘렀다. 목이 메어 걸음조차 옮길 수 없었다. 도저히 형언할 수 없는 그들과 나의 가슴속에 흐르는 공통의 분모.

"하나님. 감사합니다. 하나님이 하셨습니다."

만국기가 펄럭이는 운동장 단상 위에서 쩌렁쩌렁한 목소리로 훈시를 하시던 감호소장의 훈시도 중단되었다. 단상 위에 앉은 모든 내빈들이 곱지 않은 시선으로 나를 쏘아보았다. 심장과 다리가 동시에 떨렸다. 속으로 나는 다짐을 했다.

'그래. 힘차게 걸어서 단상 위에 올라서야 한다. 그들 앞에 당당히 서 있어야 한다.'

단상 위로 걸어 올라갔다. 그들과 나의 가슴에 오랫동안 짓눌렀던 모든 절망이 사라지는 순간이었다. 운동장을 가득 메운 감호자들은 내가 단상 위에 올라설 때까지 나를 응원하며 함성을 질렀다. 그때 함께 느꼈던 가을 하늘은 그들과 나의 가슴속에 영원히 잊을 수 없는 감동의 물결이 되었다.

그날 행사의 순서에 따라 함께 손잡고 뛰기도 하며 운동장을 온통 누볐다. 내가 움직일 때마다 감호자들은 환호성을 질렀다. 마냥 행복하기만 했던 우리들의 하루. 그 소중한 꿈을 간직한 채 우린 세상 속으로 달려 나왔다.

2장

내 인생의
뿌리가
하나님과
맞닿아
있는가?

내 가슴엔
하나님이 약속해 주신
엄마를 만날
꿈이 있었다.
한없이 슬프고
절망스러울 땐
눈물이 땅에 떨어져
희망의 씨앗이 되는
꿈을 꾸었다.
모든 것이 중단되고
끊겨진 상태에서
목숨만
달랑달랑
붙어 있던 시간은
결코 잃어버린
시간이 아니었다.

바다를 가르며
태어난 생명!

한 여인이 마당 한가운데 서 있는데 수평선 너머에서 엄청나게 큰 진홍빛 태양이 온 하늘을 붉게 물들이더니 바다 물살을 가르며 떠올랐다. 그 태양빛이 얼마나 웅장하던지 여인은 찬란히 빛나는 태양 앞에서 넋을 잃고 서 있었다. 그때 갑자기 그 빛이 꿈틀거리듯 움직이더니 여인 앞으로 확 다가오면서 서서히 여인의 뱃속에 모두 빨려 들어갔다.

"으아악!"

깜짝 놀라서 잠에서 깼다. 온몸은 땀으로 흥건하게 젖었다. 나의 엄마는 이토록 놀라운 꿈을 꾼 후 태몽인 것을 알았다.

"우리 순애는 꿈이 참 희한한 아이다. 우째 그런 꿈을 꿨겠노."
그것도 사흘을 같은 꿈을 꿨다.

어릴 때 엄마는 내게 꿈꾼 이야기를 자주 해주셨다. 나는 눈만 동그랗게 뜨고 엄마를 바라보았다. 꿈 이야기를 할 때에 엄마의 입가에는 미소가 담겨 있었다. 행복한 꿈이라 생각한 것 같았다.

그러나 내가 자라갈수록 엄마의 얼굴엔 웃음이 사라져 갔다. 이

따금씩 엄마는 나를 품에 꼭 안고 굵은 눈물을 흘렸다. 엄마의 울음소리가 깊어질수록 어린 나는 엄마에게 온 힘을 다해 매달렸다. 떨어지지 않으려고 안간힘을 썼다. 엄마의 인생은 큰 아픔을 안고 살아간다는 것을 자라면서 알게 되었다.

나의 엄마는 꽃 같은 열여섯 살에 연지곤지 찍고 꽃가마 타고 어느 고을의 부잣집 외동 며느리로 시집을 갔다. 혼례를 올린지 일주일쯤 지났을 때 알게 된 사실은 남편인 사람이 일본 징용을 떠나야 한다는 것이었다. 나의 엄마는 내일이면 떠날 남편 얼굴조차 제대로 보지 못하는 부끄러운 새색시였다. 아들이 떠나자 몸져누우신 시어머니의 병간호와 시아버지를 모시고 10년의 세월을 먼 산만 쳐다보며 남몰래 눈물만 흘리셨고 그즈음 시어머니는 아들의 생사조차 확인하지 못한 채 돌아가셨다.

자식 하나 없이 푸르고 푸른 20대를 시부모님 뒷바라지에 쏟았던 엄마는 시아버지와 둘이서 살게 되면서 마음이 더욱 무너져갔다. 그런데 가깝게 지내던 이웃집 새댁이 긴 세월 남편을 기다리다 못해 편지 한 통 남기고 스스로 목을 매 죽고 말았다.

조용하던 산골마을이 발칵 뒤집힌 이후 엄마의 가슴속엔 무거운 맷돌 짝 같은 커다란 슬픔이 밤마다 눈물이 되어 가슴을 적셨다. 그때였다. 평소에 엄마를 눈여겨 보시던 마을 아주머니가 엄마를 찾아왔다. 엄마는 워낙 내성적인 성품이었던지라 재혼은 상상할 수 없는 일이었다. 마을 아주머니는 아까운 목숨이 죽음을 택할까 봐 온갖 말로 설득하여 중매를 했다.

"새댁아. 애먼 목숨을 배리지 말고 팔자를 바꺼라. 내 말 들거라."

몇 날 며칠을 인생의 기로에서 고민하던 엄마가 동네 아주머니의 말을 따르기로 했다.

어느 깊은 밤, 시아버지가 잠든 후 몰래 도망을 가듯 마을 아주머니와 당산나무 앞에서 만나 야반도주를 한 것이다. 어둠 속에 깊게 잠든 산골마을을 벗어나 그 밤을 지새우며 산을 넘고 넘었다. 엄마가 붙잡을 희망이라곤 마을 아주머니가 해준 말을 믿는 것이 유일한 희망이었다.

그런데 곱디고운 엄마는 중매 아주머니의 말만 믿고 간 그곳에서 하늘이 무너지듯 주저앉고 말았다. 훗날 나의 아버지인 남자에게 밤새워 꼬박 걸어 찾아갔을 땐, 쓰러져 가는 움막집에 어린 삼남매가 홍역으로 다 죽어가고 있었다.

당장 저녁밥 지을 쌀 한 톨 없이, 나이보다 많이 늙어버린 처음 보는 남자 앞에서 그만 소리 내어 울어버렸다. 그 당시 아버지는 술과 노름으로 재산을 다 탕진하고 애 셋을 데리고 죽음을 생각하고 있을 때 꽃같이 곱고 아리따운 스물여섯의 엄마가 시집을 온 것이다.

며칠 동안을 눈물로 지새웠던 엄마는 '이것이 내 운명이라면 받아들이자.'라고 마음을 고쳐 먹었단다. 전처 아이들의 홍역이 거의 나아갈 즈음 6.25전쟁이 발발했다. 엄마와 아버지는 보따리를 이고 세 아이들을 데리고 피난 길에 올랐다.

동해안 땅끝이 구룡포다. 사방이 푸르디 푸른 바다뿐인 곳. '고기를 잡아도 여기가 낫지' 하며 방한칸 구할 돈도 없어 선착장 한쪽에 아이들을 눕혔다. 그렇게 산지 2년이 지날 때 외진 언덕배기 마지막 산꼭대기 집 방한칸 얻어 첫아들을 낳았다. 그리고 둘째 아들을 낳고 6년이 지나 생각지도 않았는데 태몽까지 꾸며 나를 낳으셨다. 가난하다 못해 가장 버려진 삶의 바닥에서 내 인생은 그렇게 시작되었다.

사람은 우환에서 살고 안락에서 죽는다

    ❬   '사람은 우환에서 살고 안락에서 죽는다.'

정말 그랬다. 아버지는 배를 타고 바다를 떠다녔고 엄마는 일용직 일을 하며 자식을 키웠다. 아침이면 밤새 어둠을 몰아낸 바람이 마당에 달려와 잠잠히 앉았다. 어릴 적 나는 산꼭대기 집 마당 댓돌에 앉아 마주보이는 바다에 온 마음을 던졌다. 아침 햇살이 푸른 바다 위에 은갈치색으로 덮을 때면 어린 내 심장도 탄식을 했다. 바닷물결 위로 갈매기의 발자국이 선명히 자국을 남기고 날아오르는 것을 보았다.

바다는 온통 생명 그 자체다. 온갖 살아있는 것들이 바다로 날아든다. 잉태된 태양이 하늘로 솟아오를 때면 밤하늘의 달도, 낮의 태양도 다 바닷속에 뿌리를 내린 채 날마다 다시 태어나는 것을 보았다.

어릴 적 나는 온종일 바다를 보며 자랐다. 바람이 전해 준 갈매기의 이야기도 들었다. 바다와 나는 친구가 되었다.

"순애야. 니 아부지가 죽었단다. 아부지가… 흑흑흑…"

어느 날 산꼭대기 집에서 엄마는 내 손을 이끌고 급한 걸음을 옮겼다. 나는 영문도 모른 채 엄마 손에 끌려가고 있었다. 내 나이 여섯 살, 아버지는 내가 태어나기 전부터 배를 탔다. 그날은 아버지의 배가 바다로 나간 지 3일째 되는 날이었다. 그런데 바다 한가운데서 배에 불이 나고 만 것이다. 불길은 순식간에 번졌고, 스물다섯 명의 선원 대부분의 목숨을 앗아갔다. 넓고 긴 선착장은 비명 섞인 울음소리로 얼룩져 울렸다.

한쪽 공터에 즐비하게 누워있는 시신들은 흰 광목에 덮여 그 끝으로 사람의 발만 겨우 보였다. 어린 나는 아버지를 찾아야 한다는 생각에 광목 하나를 걷었다. 순간, 기겁하는 울음을 터뜨렸다. 엄마는 내 손을 잡고 얼른 그곳을 빠져나왔다.

"여기 선착장 사무실 맞습니꺼?"

"예."

엄마는 말보다 먼저 울음이 터져나왔다.

"아이고, 야들 아부지가 없습니더. 야들 아부지가 없습니더. 흑흑…"

"아, 아주머니. 그렇잖아도 찾고 있었는데 마침 오셨구만요."

"예에? 지를 찾았다고예?"

"예. 집에 박 씨가 지금 병원에 있습니다."

"야들 아부지가 병원에요? 그라면 살았습니꺼?"

"예. 박 씨만 살았습니다."

"아이고, 우리 집 양반만 살았다고예. 순애 아부지요. 살아계셔서 감사합니다. 엉엉…"

병원으로 달려간 엄마가 의식이 깨어나지 않은 아버지의 손을 잡고 통곡했다. 간호사들이 엄마를 붙들어 밖으로 밀어냈다. 엄마는 아버지가 살아있다는 사실 하나만으로 감격하고 또 감격했다.

몇 달을 병원을 오가며 아버지를 간호한 엄마 곁에는 어린 순애가 함께 있었다. 그렇게 아버지가 살아서 돌아온 것이 행운이라고 믿었던 엄마의 가슴에 천둥 같은 일이 일어났다.

퇴원하며 집으로 오신 아버지가 처음 한 일이다.

"이런 나쁜 년, 네 년이 내가 없는 동안 어떤 놈하고 무슨 짓을 하고 있었노. 내가 다 안다. 이런 때려죽일 년!" 하시며 도끼 눈을 뜨고 독설 같은 욕을 퍼붓더니 엄마의 왼쪽 뺨을 거칠게 갈겼다.

순간, 엄마의 턱이 돌아갔고 엄마의 몸이 휘청거리더니 그 자리에 퍽 주저앉고 말았다. 엄마는 혼이 나간 사람마냥 빈껍데기만 남은 채 미동이 없었다. 엄마의 혼이 빠진 모습은 아랑곳하지 않고 아버지는 당장이라도 엄마를 죽일 듯이 다른 연장을 찾고 있었다.

엄마는 아버지가 그 어떤 연장을 찾아서 죽이기 전에 먼저 죽어버린 사람마냥 주저앉은 채로 움직이질 않았다. 엄마는 마음 깊은 곳에서 삶의 존재가 무너져 내리자 힘겹게 붙잡았던 당신의 운명 앞에 놓여진 희망의 끈을 놓아 버렸다. 사람은 그 내면에 붙잡고 있는 존재의 가치가 그 사람의 삶을 결정한다. 그것이 그 사람의 자세이고 삶의 원동력이다.

어린 삼남매를 낳아 억척같이 살아왔던 그 생명줄을 놓아버린 엄마는 지금 여기서 일어서야 할 이유를 잃어버렸다. 엄마의 마음이 속절없이 무너져 내렸다. 산 자인지 죽은 자인지 눈물마저 흐르지 않는 마른 장작 같은 엄마의 품에 어린 순애가 억눌렀던 울음을 터뜨리며 달려들었다.

아버지는 매일 술로 살았다. 눈만 뜨면 술을 가져오라고 재떨이를 던졌다. 방안에 있는 목침베개를 엄마 얼굴에 던졌을 때 모서리에 이마가 찍히며 굵은 피가 얼굴을 덮었다. 그때에도 비명 한 번 지르지 않았다. 엄마는 벙어리가 되기로 결심한 사람처럼 미친 아버지의 정신이상적 폭력을 온몸으로 맞으며 살았다. 아버지가 당장 술 사오라고 고함을 지르면 나는 그런 아버지가 무서워서 맨발로 뛰었다.

"엉엉… 아지매요. 울 아부지가 술 사오라고 했습니다. 엉엉…"

"그놈의 영감쟁이가 누구는 땅 파서 장사하나. 하루 이틀도 아이고 맨날 돈은 안 주고 술을 사오라카면 우짤끼고. 술 못준다. 너거 아부지한테 가서 말해라!"

"안됩니더. 엉엉… 그라머 지는 맞아 죽습니더. 엉엉… 우리 엄마가 아부지한테 맞아서 죽게 됐습니더. 이번만 주이소. 엉엉…"

"재수가 없을라 카이 개문디 같은 기, 남의 집 술 외상값에 소 한 마리 살 돈을 안 주고… 남의 집 장사 망하게 할라고 작정을 했구만.”

짜증 섞인 술집 아주머니의 욕을 내가 다 얻어먹으며 술병을 들고 집으로 왔다.

“이놈의 가시나가 술 사러가 뭐하다가 인제 기오노. 술병 이리 들고 와라!”

“예…”

나는 아버지 옆에만 가면 심장이 멎을 것처럼 몸이 정지되었다. 아버지는 술을 병째 마셨다. 한 병을 눈 깜짝할 사이에 다 마시고는 다시 술 사오라고 고함을 질렀다.

“순애야. 빨리 술 한 병 더 사와. 더. 더!”

아버지 혀가 약간 꼬부러졌다.

“어서. 술. 술사와!”

나는 온몸이 마비가 되는 것처럼 오그라들었다.

“아부지요. 인자는 술집 아지매가 돈 안 가오면 술 안 준답니더.”

라고 말을 해야 하는데 절대로 그 말이 내 목구멍을 넘어올 리가 없었다. 어쩔 수 없이 나는 집에서 술을 사러 가는 것처럼 뛰어나왔다.

산꼭대기 집에서 좁은 길을 따라 아래 가게가 있는 길로 내려왔다. 그리고는 술집으로 가지 않고 바윗돌이 있는 쪽으로 가 그 바위 위에 앉아 먼 바다를 보았다. 여기서는 바다가 더 멀어진 것처럼 보인다. 몇 시간이 지나도록 아버지를 피해 도망 나와 있다가 집으로 살금살금 올라가 아버지의 동태를 살폈다.

마귀가 쳐 놓은
죽음의 그물

어느 날, 엄마가 밥을 지어 밥상을 아버지 앞에 놓았다. 그 순간!

"이년! 네가 어떤 놈하고 눈 맞아서 무슨 짓을 했는지 내 눈으로 똑똑히 봤다. 이러고도 네가 살 줄 알았나. 이년을 내가 당장 죽여 버릴 거다."

"으악… 아부지요."

내 입에서 비명이 터지는 순간! 아버지의 오른손이 엄마 머리채를 잡고 밥상 위로 그대로 내리찍었다. 뜨거운 국, 밥그릇이 엄마의 얼굴 정면으로 내리 찍혀 엄마의 이마에서 피가 흘렀다. 그때 아버지가 그 밥상을 번쩍 들고 천정을 향해 집어 던졌다.

온 방바닥에 상과 그릇들이 와르르 부서져 내렸다. 어린 내 인생이 무너져 내리는 순간이었다. 쓰러진 엄마의 얼굴에서 피가 계속 흘렀다. 엄마의 몸 위로도 깨진 그릇들이 부셔져 내렸다. 아버지는 엄마의 머리채를 잡고 방벽으로 끌고 가서 찍고 또 찍었다.

그 방안에서 죽음의 공포를 느낀 나는 아버지와 눈을 마주치지 않기 위해 방구석에 머리를 박고 있다 'ㄲ윽 ㄲ윽' 목구멍의 숨이 막혀 '억. 억. 억.' 기절을 하고 말았다. 그리고 모든 것이 정지되었다.

그 죽음의 공포에서 깨어난 후 처음 발견한 것은 죽은 시체처럼 고꾸라진 엄마의 모습이었다.

걸레처럼 구겨진 채 피가 범벅이 된 엄마의 모습 앞에 숨이 멎을 듯이 울었다. 온 방바닥엔 깨진 그릇들과 음식들이 뒤섞여 발 디딜 틈이 없었다. 오물과 깨진 그릇, 쓰러진 엄마의 영혼까지 뒤섞인 처절한 장면 앞에서 나는 비명을 지르며 오열했다.

살아야 할 이유나 가치를 잃어버린 엄마와 나의 운명을 그날 보았다. 3일을 엄마 곁에서 움직이지 않았다. 엄마가 죽으면 나도 엄마 옆에서 죽으리라 마음을 먹었다. 엄마는 깨어나지 않았다. 나의 울음은 점점 더 커져갔다.

"음마. 죽지 마. 음마… 음마… 죽지 마. 음마."

그때였다. 시뻘건 두 눈을 부릅뜬 아버지가 "이놈의 가시나. 시끄럽게 울어제끼고 있네. 그 입 안 다물래? 엉? 네 오늘 내 손에 죽어봐라." 아버지의 억센 손이 울고 있는 내 목의 뒷덜미를 달랑 집어 들었다.

"으아악. 악. 악. 엄마! 엄마! 엄마!! 악."

아버지는 나를 마당으로 집어던졌다. 그 자리에 개구락지를 패대기치듯 시뻘건 눈으로 어린 딸마저 죽음으로 던져버린 아버지의 영혼은 마귀가 새까맣게 갉아 먹었다. 마당에 비명을 지르며 패대기 쳐진 어린 순애는 그대로 기절을 하고 말았다.

아직 열 살도 살지 못한 내 인생에 내려진 악마가 쳐 놓은 그물에 걸린 운명처럼 내 영혼은 그렇게 죽음의 그물에 대롱대롱 매달린 가여운 영혼이었다. 그러나 아무도 거두어 주는 이 없는 버려진 생명을 불쌍히 여겨주신 하나님이 거두어 주셨다.

내가 깨어났을 때, 놀라운 장면을 목격했다. 그것은 방안에서 며칠 째 깨어 나지 못하고 있는 엄마의 머리채를 아버지가 잡아 끌고 있었다.

"이년. 빨리 일어나 밥해 와. 이년. 어서 일어나 밥해 와. 밥을…"

아버지는 엄마의 머리채를 잡고 마당으로 끌어내렸다.

"이년이 어디서 꾀를 부리고 자빠져 누웠어."

엄마는 맞고 또 맞았다. 내 입에선 비명도 나오지 않았다. '엄마' 소리도 잃어버렸다. 엄마는 그 매를 맞고 또 맞으며 죽은 시체에서 깨어났다. 엄마가 의식을 찾았을 때, 눈을 뜨고선 무언가를 찾고 있었다. 그게 나였다.

"으… 음마."

그제서야 엄마를 불렀다.

"우리 딸 순애야."

엄마의 눈에 눈물이 흘렀다. '아!' 엄마가 살았구나를 실감하는 순간이었다. 어떤 일을 당하는 게 '운명'이 아니라 일을 당했을 때 반응하는 내 모습이 '운명'인 것을 훗날에 알았다. 엄마는 그 사실을 알고 산 자처럼 벌떡 일어났다.

아버지의 손찌검은 어떤 이유가 있어서 때리는 것이 아니다. 밥 하다 매 맞고 밥 먹다가도 매를 맞았다. 아버지의 의식 속에는 파괴의 영이 점령을 했다. 무조건 부수고 던지고 때렸다. 그 모든 욕과 폭력을 다 받아내야 할 내 엄마는 입을 굳게 다물고 무표정으로 굳어져 있었다.

아버지의 얼굴을 절대 쳐다보지 않았고 말을 하지 않았다. 아버지와 엄마의 내면에는 서로에 대한 '절대로 너를 용서하지 않겠다.'는 뿌리가 단단히 박힌 채 한 집에서 살고 있었다. 서로를 향해 절대 용서할 수 없는 그 무엇이 있었다.

어느 늦은 밤이었다.

"엄마. 배고파."

"조금만 기다려봐."

엄마는 항상 아버지 밥을 먼저 담고 남는 것을 내게 주었다. 그때였다. 갑자기 욕설 섞인 아버지의 목소리가 들려왔다.

"네 년이 동네에서 무슨 짓한지 온 동네 사람이 다 안다. 어떤 젊은 놈하고 도망을 가기로 했다고? 네 이년… 오늘 내 손에 한 번 죽어봐라."

방문을 열고 들이닥친 아버지의 눈빛은 이미 이성을 잃은 상태였다. 아버지의 손에는 시퍼렇게 날이 선 커다란 낫이 들려있었다. 그 낫을 치켜들고는 신발을 신은채 방 안으로 달려들었다.

"으악… 엄마. 엄마."

순식간에 벌어진 일이었다. 너무도 기겁을 한 엄마는 내 손을 잡아끌며 부엌으로 난 작은 문으로 도망쳤다. 아버지의 낫을 피하여 죽기살기로 도망을 친 우리는 부엌에서 마당으로, 마당에서 뒷산으로 뛰어 올랐다.

지금 맨발인지 내복 바람인지를 알게 된 것은 산꼭대기를 넘어설 때 발바닥에 칼돌을 밟고서다. 날카로운 나무 뿌리에 발이 온통 찔려 피투성이가 되어도 아무런 감각 없이 그저 살아야 한다는 생각하나 만 가지고 죽도록 뛰었다.

뒤에서 쫓아오는 아버지의 목소리가 들렸다.

"저년들이 어디로 가나. 저년을 잡아 죽여야 해!"

밤은 깊었다. 아버지를 따돌린 엄마와 나는 그제서야 한숨을 쉬며 서로 꼭 안았다. 그렇게 숨소리마저 멈춘 채 몇 시간이 지나고 있었다. 칠흑 같은 밤의 정적 속에서 엄마와 나의 목숨줄이 어둠의 끝에 매달려 살고자 하는 마지막 몸부림을 치고 있었다.

"음마…"

"내 새끼…"

엄마의 볼을 내 얼굴에 비볐다. 어둠 속에서도 엄마의 눈빛이 내게 말을 했다.

'내가 너를 위해 지금 이렇게 견뎌내고 있단다. 우리 순애가 엄마 인생의 지팡이다. 너를 짚고 서 있다.'라고 말을 하는 것 같았다

사랑은 슬픔을 이고 온다

🌿　　　사랑은 슬픔을 이고 온다. 엄마의 사랑은 나를 위해 슬픔을 견뎌내는 힘이었다. 사랑하기 때문에 모든 것을 참으며 견디었다.

나의 발바닥이 칼돌, 뾰족한 나무를 밟아서 피와 진물이 계속 났고 아팠다. 엄마는 추위에 떨고 있는 속옷만 입은 나를 당신 품속에 꼭 안았다. 그날 밤 나는 평생 잊을 수 없는 엄마의 모습을 보았다.

어둠이 삼켜버린 화장터가 있는 산 계곡까지 아버지를 피하여 도망을 왔다. 칠흑 같은 어둠이 마치 엄마의 인생인양 밤새 통곡하는 엄마의 눈물을 보았다.

"아! 으아악… 으아악… 으아아악…"

뜨거운 엄마의 눈물이 엄마의 얼굴을 타고 내려와 턱 아래 닿아 있던 내 머리 정수리에 그 눈물이 뚝뚝 떨어졌다.

"엄마. 울지 마."

"순애야. 내 새끼. 으아악…"

엄마의 울음소리는 더 커졌다. 더 뜨거운 눈물이 흘러내렸다. 내 얼굴에도 엄마의 눈물이 흐르고 있었다. 바람이 내 얼굴을 스치며 눈물을 닦아주었다. 이 세상에는 이렇듯 수많은 인생들이 깊은 눈물을 쏟아놓고 가는 정거장과 같은 곳 인가보다.

칠흑 같은 어둠보다 더 캄캄한 엄마의 운명에 바치는 눈물이었으리라. 삶이란 자체가 이미 슬픔 안에 들어온 것임을 엄마는 알고 있었다. 운명의 섬광에 눈먼 채 고통의 구덩이로 스스로 걸어들어간 엄마의 삶이었다. 새벽녘이 되어 먼동이 터오를 때, 엄마는 나를 업고 그 산을 넘어왔다.

지척의 거리에서 화장터의 높은 굴뚝대에 걸친 어둠이 옷을 벗고 있었다. 새벽은 모든 생명들이 기지개를 켜며 빠끔히 눈을 뜨는 시간이었다. 엄마와 나의 가슴속에는 슬픔의 맷돌 짝을 가득 담고 산을 내려오고 있었다. 밤새 산짐승의 울음소리 같은 슬픔을 토해낸 엄마는 다시 당신의 운명 속으로 걸어 들어 갔다.

나는 엄마의 슬픈 인생을 보며 울었고 엄마는 그런 내가 불쌍해서 울었다.

　어느 날,
"우리 순애도 학교 보내야 됩니더."
"저런 가시나를 학교 보내서 뭐 할끼고. 보내지 마라."
"지 이름은 쓸 줄 알아야지요."
　세찬 바람이 불던 3월, 세끼 밥도 먹지 못하던 때에 엄마는 나를 국민학교에 입학을 시켰다. 엄마는 며칠에 한 번씩 아버지에게 죽을 만큼 맞으면서도 억척같이 살아왔다.
"순애 애미 집에 있나?"
"예. 오셨습니꺼."
"그래. 마침 집에 있었구나. 내가 왜 너거 집까정 이 산만디에 찾아왔는지 알겠나?"
　얼굴에 흥분을 가라앉히지 못하신 술집 아주머니가 씩씩거리며 찾아왔다.
"내가 땅 파가 장사하나?"
"예. 압니더. 죄송합니더."
　엄마는 연신 허리를 굽히며 술집 아주머니께 계속 절을 했다.
"내가 여태꺼정 참고 외상 술을 안 줬나. 인제는 한꺼번에 갚아라. 못 갚으면 순애 애미가 와서 우리 집 일이라도 해서 갚아라. 내가 못산다. 못살아."
"예. 그라겠습니더. 저라도 갚겠습니더."
　죄인 된 엄마 앞에 한바탕 분풀이를 하듯이 성질대로 퍼붓고 당당하게 돌아가신 술집 아주머니. 휘청이는 엄마의 몸과 마음에 내가 지렛대가 되어 붙잡고 있었다. 엄마가 울었다. 참고 살아도 끝이 없는 길이 계속되었다.

학교에 육성회비를 내야 된다고 엄마에게 말을 하지 않았다. 학교 교실 칠판에는 '육성회비 내지 않은 사람 박순애'라고 적혀 있었다. 나는 학교에서 내주는 급식도 받아 먹을 수 없었다. 급식비를 내지 않았기 때문이다. 소풍 가는 날이 왔다.

"순애야. 엄마가 쌀밥으로 도시락을 쌌으니 친구들과 맛있게 먹어라."

"어? 엄마 진짜 내 도시락을 쌀밥으로 쌌나?"

나는 눈을 동그랗게 뜨고 엄마에게 물었다.

"그라머, 우리 딸이 소풍간다고 엄마가 준비했지."

"엄마…"

핏기 없던 엄마의 얼굴에 웃음기가 배여 났다. 너무도 신이 나 두 팔로 엄마를 안아주고는 책 보따리 대신 도시락을 책보에 싸서 학교로 뛰어갔다. 아이들이 줄을 서서 소풍 장소로 걸어가는데 저만치서 따라오는 엄마들도 있었다.

한 시간을 걸어서 소나무 숲과 잔디밭이 있는 곳으로 소풍을 갔다. 반별로 줄을 서서 이름을 불렀다. 여러 게임과 놀이가 있었는데 내 마음은 온통 엄마가 싸준 도시락에 가 있었다. 빨리 하얀 쌀밥을 애들에게 자랑하고 싶어 계속 손으로 도시락을 만지락 거렸다. 드디어 점심시간이 되었다.

선생님이 호각을 불었다. 우리 반 아이들이 둘러앉았는데 인원이 많았다. 따라온 몇 명의 엄마들이 선생님께 김밥을 펴 드렸다. 나의 눈은 동그랗게 싼 처음 보는 김밥에 넋을 잃고 있었다. 우리 반 아이들도 김밥을 싸 와서 뽐냈다. 나는 둘러앉은 아이들 뒤에 앉았다. 나처럼 책보에 보리밥을 싸온 애들이 쌀밥을 싸온 내 옆에서 기웃거렸다. 나는 난생 처음으로 도시락을 싸온 것을 자랑하며 당당하게 도시락 뚜껑을 열었다.

"우와! 쌀밥이다."

하는 동시에 석유 냄새가 진동을 했다. 이게 뭘까 싶어 도시락을 가까이 대고 냄새를 맡아 보았다. 정말 밥에서 석유 냄새가 났다. 따슨 밥을 담아서 뚜껑을 닫아 둔 그대로 뚜껑을 여는 동시에 엄청난 냄새가 난 것이다.

애들이 보는 앞에서 나는 두세 숟가락을 떠서 입에 넣었다. 밥을 씹어서 한 번, 두 번, 세 번 삼키다 뱃속으로 넘어간 밥이 그대로 토해져 나왔다. 계속 "왝! 왝!" 큰 소리로 토하고 있을 때 선생님과 수십 명의 아이들이 모두 나를 보고 있었다.

"야! 박순애. 너 토하려면 저기 먼 데 가서 토하지 못해."

선생님은 무서운 눈빛으로 쏘아보며 소리를 질렀다. 입을 벌리고 굵은 침이 줄줄 흘러내리며 시뻘건 얼굴로 걸어 아이들에게서 멀리 갔다. 그 자리에서 똥물까지 다 토하며 눈물, 콧물이 다 터져 나왔다.

엄마의 품은 내 슬픔을
받아낸 생명샘이었다

엉엉 소리 내어 울어버렸다. 처음 싸간 도시락은 이렇게 영원히 잊을 수 없는 눈물이 되고 말았다. 집에 돌아온 나는 엄마 앞에서 도시락 통을 집어 던지며 두 다리를 쭉 뻗고 소리 내어 울었다.

"우리 딸. 미안하다. 밥에 석유 냄새가 났구나."

나는 더욱 소리 내어 울었다. 엄마는 내 등을 토닥이며 잔잔한 목소리로 말을 했다. 엄마가 일해 준 어떤 집에서 품삯 대신으로 이 쌀을 주었단다. 품값보다 더 많이 주길래 왜 이리 많이 주시느냐고 했더니 사실은 쌀자루에 석유가 조금 들어갔다고… 햇살에 잘 말려 먹으면 된다고 하면서 더 넉넉히 주시더란다.

엄마는 고맙다고 절을 열 번이나 하고 가지고 온 쌀로 내게 도시락을 싸 주었노라고 말을 하며 "미안하다 우리 순애야. 내 새끼… 모든 게 엄마 잘못이다." 하셨다.

"엄마. 앙…"

엄마의 삶에는 언제나 배고픔이 있었다. 그 허기 속에서 나의 잔뼈가 자랐다. 엄마의 눈물 속에는 아픔의 사연이 담겨져 녹아내렸다. 눈물을 다 쏟아버려 아슬아슬하게 잠복되어 있던 슬픔들까지도 종적을 감춰버린다면 얼마나 좋을까!

아버지는 깡소주와 생활고에 기가 꺾였다. 아버지는 오장이 깡소주에 녹아버리고 말 정도로 술을 마셨던 것이다. 아버지의 정신

이상적 폭력과 굶주림을 온몸으로 견디어 오던 엄마는 생물학 교실의 골격표본처럼 뼈만 앙상한 채 허수아비 같았다.

그 엄마가 집 뒤안 굴뚝대에서 내 이름을 불렀다. 어둠 속에서 앙상한 엄마의 손이 내 얼굴을 만졌다.

"순애야! 우리 순애야! 불쌍한 우리 순애야."

내 이름을 부르며 앙상한 당신의 품안으로 나를 안아주었던 엄마의 눈물. 나는 엄마의 품을 파고 들면서 엉엉 울었다. 엄마의 품 안은 내 슬픔을 받아내는 생명샘과 같았다. 어떤 무거운 슬픔도 엄마의 품 안에서 다 녹아져내려 지금까지 내가 크고 있었다.

그런데 오늘 밤은 엄마의 슬픔의 무게가 지금까지 버티어 온 운명을 짓누르는 것 같았다. 당신의 삶의 무게가 어두운 터널 한가운데서 정지된 것처럼 절망하는 엄마를 보았다. 어디 성한 데 없이 온몸은 매를 맞아 골병이 들었고 먹을 것이 없어 굶주림으로 곯아 병색이 깊어져 죽음을 눈 앞에 둔 자와 같았다.

가난 속에서 가난을 이겨낸 그 고고한 정신력은 어디로 갔을까. 나의 엄마는 어린 나를 품에 안고 당신 인생에 바치는 눈물을 쏟아냈다.

"엄마! 왜 그래. 왜 자꾸 울어. 엄마. 울지 마."

"순애야!"

엄마의 얼굴이 내 눈앞에 있다. 엄마의 오똑한 코가 내 얼굴에 와 닿을 만큼 가까이에 댔다. 내 이름을 부를 때 엄마의 입김이 건너왔다. 그렁그렁 눈물이 고인 호수 같은 엄마의 눈 속에서 살고 싶다는 희망의 씨앗을 보았다.

"순애야! 순애야!"

코 앞에 있는 내 이름을 부르고 또 부르며 엄마 얼굴에 그 물기로 내 볼을 비볐다.

"내 새끼야!"

엄마의 울음이 더 커졌다. 그리고 그 밤 엄마는 내게 마지막 이별을 고했다. 엄마의 품속을 파고들 듯 울었던 나는 그것이 엄마와의 죽음 같은 이별의 신호였음을 알지 못했다. 엄마는 가장 소중한 손님을 맞이하듯 죽음을 맞이할 준비를 하고 있었음을 까맣게 몰랐다.

인간의 고통을 묻어주었던 어둠이 사라져 가고 새 날이 밝았다. 나를 학교에 보낸 엄마는 "불쌍한 내 딸아. 버려진 것에 주눅 들지 말고 이 세상을 반듯하게 살아라."하는 당신 가슴에 마지막 말을 담고 구룡포를 떠나갔다. 학교에서 돌아온 내게 남겨진 것은 내 존재의 기둥인 엄마가 도망간 현실이었다.

아버지는 물을 마시듯 들이킨 깡소주에 위장과 신장, 간이 질곡의 세월을 건너오면서 다 녹아져 갔다. "콜록콜록." 창자가 끊어질 듯 심한 기침으로 목에 걸린 가래가 디젤 엔진 소리를 냈다.

아버지가 집을 비운 사이 집을 나가버린 엄마가 사라진 것을 하루가 지나고서 알았으리라.

아버지가 목 쉰 소리로, "순애야! 네 애미 어디 갔노?"라며 소리를 지를 때 대답 대신 그 산꼭대기 집 마당을 뛰어내려왔다.

"엄마! 엄마! 어… 엄마!"

바닷가로 달려갔다. 방파제가 얽기 설기 놓인 그 옆 모래사장으로 달려나가 소리쳐 엄마를 불렀다. "엄마! 엄마! 엄마 어딨어! 엄마 왜 나는 안 델고 갔어. 나는 어떡하라고. 엄마! 으아아앙… 엄마."

이것이 꿈인지 현실인지 믿어지질 않았다. 나는 버려진 아이가 되어 그 밤을 바닷가에서 꼬박 새웠다. 오빠들은 일찍 집을 나갔고 엄마와 아버지, 나 셋이서 전쟁 같은 삶을 살았는데 이제 우리 세 식구는 모두 흩어졌다.

'지금쯤 엄마는 어디쯤 계실까. 이 구룡포를 벗어나면 어떤 세상이 펼쳐질까. 한 번도 가 본적이 없는 외갓집이라는 곳은 얼마쯤 멀까? 엄마는 그곳에 가셨을까!'

엄마에 대한 그리움이 밀려오면 내 마음은 갈매기를 타고 엄마에게로 날아갔다. 엄마에 대한 그리움이 나의 온몸에 가득 채워졌다. 숨 쉬는 것조차도 엄마를 생각하며 쉴 수가 있었다.

며칠이 지난 후, 바닷가를 걸어 타박타박 집들이 있는 곳으로 걸었다. 고픈 배를 움켜잡고 바다의 해초를 따 먹으며 길가 쓰레기 더미에서 음식을 주워 먹었다. 낯선 집 대문 앞에서 어둠이 내리는 집안을 기웃거리며 거지 동냥을 했다.

주인 아주머니가 부엌문을 열고 내다보았다. 대문 앞에 붙어 서 있는 어린 거지를 보고는 문을 꽝 닫아버렸다. 그리고 날이 저물고 어둠이 깊어져 갔다. 몇 시간째 서 있던 나를 아랑곳하지 않은 채 방안의 불빛마저 꺼버렸다. 그 집 식구들은 잠을 자는 것이었다.

나는 그대로 대문에 붙어 선 채로 밤을 샜다. 몇 시나 되었는지 그 자리에 주저앉았다.

하늘에서 눈이 내렸다. 얼어붙은 몸과는 달리 내 안에는 서러움과 뜨거운 눈물이 뒤엉켜 있었다. 시간이 흐를수록 엄마가 보고 싶다는 설움보다 배고픔의 설움이 점점 더 커져갔다. 나는 속으로 '울지 말아야지!' 다짐을 해도 소용이 없다.

눈물이 절로 났다. 그리고 새벽 녘, 나는 그 대문 앞에서 의식을 잃었다. 주인 아주머니가 새벽 문을 열려고 밖으로 나오다 쓰러진 나를 보고 기겁을 하며 소리를 질렀다. 어젯밤 저녁을 얻어먹으러 온 아이가 밤 새 빈 깡통 속엔 눈만을 가득 담고 몸이 언 채 실신을 한 것이다. 누군가 나를 안고 들어갔다. 버려진 내 운명이 희망의 눈을 떴다.

의식이 돌아온 나의 내면에서 '엄마'가 생각이 났다.

"엄마! 으… 엄…"

아직 일어나지도 않은 상태에서 '엄마'를 부르며 울었다. 그때부터 남의 집 구정물 통 찌거기를 건져먹고 다녔다. 주인 없는 집 마당에 널린 생선 말린 것들을 뜯어먹기도 했다. 허기진 배를 움켜진 머릿속은 온통 엄마에 대한 그리움으로 가득 차 있었다. 구정물 통 찌거기를 건져먹고는 밤새 썩은 음식을 다 토해 냈다. 벌건 피가 목에서 올라왔다.

죽음의 벼랑 끝에서
들려온 교회 종소리

❦　　　그러던 어느 날, 들판에 말라비틀어진 무, 배춧잎을 뜯어먹으려며 돌아다니고 있는데 어디에선가 예배당 종소리가 들려왔다. 나는 바람 부는 언덕배기 밭고랑에 주저앉아서 멀리 들려오는 예배당 종소리에서 엄마 품과 같은 따뜻함을 느꼈다. 나도 모르게 그 종소리를 따라 허우적허우적 걸어 내려갔다. 그 배추 밭에서 교회까지는 많이 먼 곳이었다. 내가 다니던 학교를 지나서 큰 돌문 밑으로 계속 걸어가야만 했다. 그 큰길에서 왼쪽 골목길로 접어들어 한참을 들어가니 그곳에 교회가 있었다.

할아버지가 줄을 잡고 종탑의 종을 치고 있었다. 내 손에는 깡통이 들려 있었다. 방석이 깔린 예배당 안으로 들어가 난생 처음 예배자의 자리에서 눈물을 흘렸다.

엄마가 생각났다. 그래서 또 울었다. 그리고 그 날 교회에서 처음 따뜻한 밥을 얻어 먹었다. 내 깡통에 따슨 밥이 담겨졌다. 너무도 감격해 울음을 터뜨리며 그 밥을 손으로 집어 먹었다. 그 밥에서도 엄마 냄새가 났다. 거지 아이인 내 마음에 교회가 새겨졌다.

주린 배를 채우듯 버림 받음에 떨고 있던 나에게 실낱같은 희망을 발견하게 된 교회. 그다음 날도 또 그다음 날도 교회를 찾아갔다. 오늘은 교회 오는 날이 아니라고 했다. 밥 주는 날이 아니었다. 그렇게 며칠이 지나간 후 다시 사람들이 많이 모이는 주일이 되었다. 예배가 끝나면 밥을 얻어먹을 수 있다는 설레임으로 내 마음은 부풀어 올랐다.

그런데 이게 어찌 된 일인가. 교회 마당에서 나와 마주친 내 또래 남자아이가 눈을 동그랗게 뜨고 나를 보았다. 나도 놀라서 멈칫했다. 그때였다. 내 앞에 서 있던 남자아이가 갑자기 큰 소리를 질렀다.

"여기 거지 왔다! 여기 거지 왔다!"

나는 너무도 놀랐다. 어디선가 남자아이들 7~8명이 달려왔다. 그 아이들은 모두 한 편이 되어서 마치 교회 안에 못 올 버러지가 나타난 듯이 모두들 한마음이 되어 나를 몰아내기 위해 자기들끼리 눈빛을 나누었다. 그 중 키가 제일 큰 남자아이가 앞장서 나왔다.

나는 뒷걸음질을 치며 공포에 떨었다. "이 거지야! 네가 우리 교회에 왜 왔어! 당장 꺼져. 지금 빨리 가."하며 내 앞에서 오른쪽 주먹을 불끈 쥐었다.

나는 뒷걸음을 치다 교회 담벼락에 몸이 닿아 더 이상 물러설 곳이 없었다. 금방이라도 내게로 발길질을 해댈 것 같은 사내아이들이 나에게 손으로 당장 꺼지라는 표정으로 말했다.

이 교회를 어떻게 알게 되었는데 이대로 물러설 수 없다는 생각으로 그 자리에 버티고 섰다. 그때부터 남자아이들이 제각각 내게 주먹으로 때리고 발로 찼다. 한꺼번에 달려들어 나를 때리며 겁을 주었다.

"다시는 우리 교회 얼씬도 하지 마라. 한번 더 나타나면 넌 죽는다. 당장 꺼져!"

나는 맞고 또 맞았다. 마치 엄마가 아버지에게 그토록 잔인하게 맞고도 버틴 것처럼, 나도 울지 않고 버텼다. '여기서 쫓겨나 다시는 이 교회를 못 오게 된다면 안 돼! 나는 이 교회를 떠나지 않을 거야.'라고 굳세게 버티고 있을 그때에 키가 큰 어른이 나타났다.

"어머. 누가 친구를 때릴까. 그러면 안 되지. 그것도 남자들이 여자 친구를 때리다니. 쯧쯧…"

그 순간, 나를 때리던 남자아이들이 한 목소리로 소리 질렀다.

"아! 이 더러운 거지가 무슨 친구예요. 이 거지. 친구 아니에요."

그 중 한 남자아이가 "선생님. 이 거지 엄마는 도망갔어요. 이 거지 아버지도 거지예요. 거지 아버지는 길바닥에서 잠도 자고 오줌도 쌌어요. 이런 거지 우리 교회에서 쫓아내야 해요."

순간, 그 애들의 말들이 내 심장 위에 비수처럼 와 박혔다. 가슴에 칼을 맞은 듯 몸이 푹 주저앉았다.

애들이 동시에 "이 거지 쫓아내야 해요."라고 소리를 질러댔다.

지금까지 그 아이들에게 발로 차이고 가슴팍을 주먹으로 맞으면서도 교회에서 쫓겨나지 않으려고 버텼던 내 마음이 그 자리에서 무너져 내렸다. 나란 존재의 가치가 무너지는 순간이었다. 나는 그 자리에 주저앉아 안으로 밀어 넣었던 눈물을, 꾹꾹 눌렀던 울음을 급기야 터뜨리고 말았다.

"엄마… 엄마!!! 엄마!!"

목젖이 다 보이도록 입을 벌리고 울 때 나를 에워싸고 발로 찼던 애들이 일제히 박수를 쳤다. 절대로 이 교회에서 한 발자국도 나가지 않겠다던 내 발걸음이 교회 밖으로 엉금엉금 걸어 나가고 있었다.

내가 걸어 들어왔던 그 골목길을 쫓겨 걸어 나가고 있었다.

내 마음속에서 '엄마. 엄마… 엄마…'를 부르고 있었다. 마음의 절망감은 세상의 모든 것을 다 잃어버린 것 같았다. 엄마가 나를 버리고 가버린 뒤, 가장 큰 절망감을 느꼈던 순간이었다.

그 골목길을 걸어서 나갈 때, 마치 죽음의 절벽 끝으로 걸어가고 있는 자 같았다. 세상이 무너져 내리는 절망감이 내 마음을 완전히 사로잡았다.

'다시는 이 교회 안 올 거야. 엄마! 나는 이제 어디로 가야 돼. 엄마.'

하늘도 먹빛이었다. 서러움의 통곡이 복받쳐 나왔다. 나란 존재의 힘겨웠던 생존의 시간표가 이제는 끝을 향하여 가고 있는 것 같았다.

지금까지 나를 지탱하게 했던 힘은, 조금만 기다리면 언젠가 그리운 엄마가 나를 찾아올 것이라 기다리며 살게 한 끈이었다.

이제는 그 힘겹게 매달려 있던 절망의 끈을 놓을 때가 된 것 같았다.

"아! 엄마… 엄마!!!"

마음이 무너질수록 더욱 엄마에 대한 그리움은 컸다. 한걸음씩 절망의 걸음을 내딛은 나에게 한줄기 희망의 빛줄기가 다가왔다. 울면서 걸어 나온 골목길을 어떤 어른이 뛰어 나오고 있었다. 그 발자국 소리가 점점 가까워지더니 나를 지나쳐 가다가 내 앞으로 돌아섰다. 키가 큰 어른이었다.

"얘야. 네 이름이 순애라고 그랬지?"

두 손을 내게 내밀어 나를 당신의 품속으로 와락 끌어안으며 말했다. 나는 북받쳐 오르는 감정을 억누르지 못한 채 내 얼굴에 범벅된 눈물과 콧물을 그대로 새 옷 입은 그분의 가슴에 다 문질렀다. 쫓겨나는 나의 뒷모습을 보고 불쌍히 여겨 달려오신 분은 다름아닌 아까 남자아이들 앞에서 누가 친구를 때리느냐고 혼내주었던 바로 그 선생님이셨다.

"순애야. 친구들은 너를 싫어해도 예수님은 너 같은 아이를 더 사랑하신단다."

눈시울을 적시며 선생님은 나를 더 꼭 안아 주셨다. 나는 처음 보는 그 선생님의 품을 파고 들며 "엄마… 엄마… 엄마."를 부르며 목 놓아 울었다.

선생님도 눈물을 흘리며 내 울음을 다 받아주셨다. 한참 동안을 내 눈물을 받아주시던 선생님이 나를 위하여 간절히 기도해주셨다.

"하나님. 이 불쌍한 아이를 버리지 마소서. 이 불쌍한 아이를 버리지 마소서."

그 순간 어린 내 영혼에 감동과 전율, 영혼의 진동이 일어났다. 훗날 내 인생을 바꾸어 주는 결정적 순간이 되었다.

바닥에서 또 바닥을 판 처절한 시간을 보낼 때, 나를 사랑하신 하나님은 이렇게 한 선생님을 통해 죽어가는 내 생명을 구원해 주셨다.

어느 날, 선생님이 내 손에 하늘색 파란 성경책을 쥐어 주시며 말씀하셨다.

"이 성경은 하나님의 말씀이란다. 하나님께 기도하면 하나님은 순애의 기도를 다 들어주신단다. 이 성격책은 하나님이 너와 함께 하신다는 약속이란다. 꼭 간직해라."

눈물을 흘리며 고개를 끄덕이는 벙어리 같았던 내게 선생님은 내 대답에는 아랑곳 하지 않으시고 내게 해주고 싶었던 모든 말씀을 또박또박 말해 주었다. 그때부터 내게는 성경책이 있었고 내 마음속에는 선생님이 있었다.

"순애가 하나님께 간절히 기도하면 하나님은 그 기도를 다 들어주신단다."

살아계신 하나님은 이렇게 내게 다가오셨다. 내 품속에 꼭 숨겨둔 성경책… 이 성경책만 생각하면 입가에 미소가 떠올랐다. 그것은 내게 천사처럼 다가온 교회 선생님이 주신 하나님 말씀이 담겨있는 성경책이기 때문이다. 고픈 배가 채워질 때까지 냄새나는 남의 집 구정물 통의 음식찌꺼기들을 건져먹던 날, 아무리 참으려 해도 눈물은 멈춰지지 않았지만 이 성경책만 가지고 있으면 하나님이 나와 함께 하시고 선생님도 나와 함께 하신다고 생각했다.

절망의 그물에 걸리지 않는
바람이고 싶다

❦　　　그날 밤, 바닷가에서 밤새도록 온 천지가 흔들리도록 그 찌꺼기들을 다 토해냈다. 내 인생의 절망도 모두 이렇게 토해낼 수 있다면 얼마나 좋을까?

그다음 날도 교회를 찾아갔다. 어김없이 선생님은 나를 찾으러 교회 밖 골목 입구까지 나오셨다. 땅바닥에 작은 막대기로 선생님의 얼굴을 그리고 있던 나는 얼굴이 빨개졌다.

"우리 순애가 왔구나."하며 두 손으로 손바닥을 딱 치면서 수줍어 고개숙인 나를 따뜻한 선생님의 품에 꼬옥 안아주었다. 선생님은 그렇게 버려진 나를 주님의 사랑으로 따뜻하게 맞아 주었다. 내게 있어 선생님의 사랑은 곧 주님의 사랑이었다. 그 사랑이 하나님의 사랑이었고 지금의 나를 있게 한 기적 같은 사랑이었다.

선생님은 말할 수 없는 사랑으로 나를 돌봐주셨다. 친구들은 나를 더럽다고 놀리며 내 옆에 아무도 오지 않을 때 선생님은 나를 옆에 앉게 해주셨다. 항상 괴롭히고 따돌리는 아이들로부터 보호해주신 선생님. 내 손을 잡아주시고, 당신의 품에 꼭 안아주신 선생님. 그 선생님은 누런 코를 문질러 번들거리는 내 얼굴을 씻겨 주셨고 더러운 머리를 감기시고 참빗으로 빗기며 이도 잡아주셨다.

그날 이후, 견디기 힘들 때마다 찾아오라고 알려준 선생님 집 앞을 찾아갔다. 그 이튿날도 그 집 앞을 또 갔다. 언제나 그 집 앞까지만 갔다. 한 번도 대문을 열고 집 안으로 들어가 본 적이 없었다. 그러나 내가 찾아갈 선생님이 있다는 것만으로도 나는 행복했다. 선생님의 그 사랑을 아껴두고 싶었다. 선생님도 다른 사람들처럼 내가 자꾸만 찾아오면 싫어할 것만 같아 날마다 그 집 대문 앞까지 갔다가 돌아서 왔다. 선생님의 사랑을 잃고 싶지 않았다. 지금보다 더 힘들 때 찾아가리라 다짐을 하면서 고픈 배를 움켜쥐고 돌아서고 또 돌아섰다.

"순애야! 왜 우리 집에 밥 먹으러 안와?"

"……"

엄마 따라 밭에 가던 길에 하늘이라도 닿을 듯 높이 솟아오른 굴뚝에서 연기가 뭉개 구름에 닿을 듯 솟아 올랐다.

"엄마 저기 높은 굴뚝에는 누가 사는 거야? 엄마! 저기 높은 굴뚝에서 연기나는 것이 뭐야?"

"아! 저 높은 굴뚝에서 연기가 나면… 누군가 하늘나라로 올라가는 거다."

슬픈 표정으로 한숨짓듯 말을 했던 엄마를 생각하며 어느 새 내 발걸음은 화장터를 향해 걷고 있었다. 화장터가 있는 산에는 유난히도 진달래꽃이 많이 피어 있었다. 엄마는 나를 데리고 봄마다 진달래꽃을 따 먹으러 그 산엘 갔다. 엄마가 떠난 후 봄이 오면 어린 내 가슴속엔 엄마에 대한 그리움이 진달래꽃으로 수 놓였다.

화장터가 있는 계곡 안으로 진달래꽃을 따 먹으러 간 것은 꽃이 아닌 그리움을 따 먹기 위해서다. 연기 나는 굴뚝 아래에 누더기를 걸친 할아버지가 긴 쇠꼬챙이 같은 부지깽이를 들고 문이 두 개 달린 화덕에 불을 때고 계셨다. 사람의 관을 밀어 넣은 화덕 아래로 장작 나무로 관 하나를 태우려면 아홉 시간 불을 땐다는 것을 알았다. 할아버지는 이 화장터에 어린아이가 찾아온 것을 보고 놀란 눈으로 바라보았다. 나는 처음 보는 할아버지 옆으로 다가가 가만히 말을 했다.

"할아버지. 저 배가 고파요."

그 앞에는 먹을 수 있는 음식들이 놓여 있었다.

"네 이름이 뭐냐?"

"제 이름은 순애예요."

"순애라. 그 예쁜 이름을 누가 지어줬지?"

"우리 엄마가요."

갑자기 '엄마'라는 말에 물기가 배여 나왔다.

"울지 말고 이 떡 먹어봐라. 어여!"

나는 굵은 눈물을 볼에 달고서 할아버지가 건네준 떡을 입으로 허겁지겁 밀어 넣었다.

"애! 체하겠다. 천천히 먹어라. 물 여기 있다."

내 입안에는 떡으로 가득 찼다. 가물거리던 눈이 뜨였다. 장례 음식을 마구 집어 먹었던 나는 그 화덕 앞에서 꾸벅꾸벅 졸다가 잠이 들었다. 온몸이 얼어붙어 있다가 뜨거운 온기를 느끼니 몸이 축 늘어진 것이다.

어둑어둑 해질 무렵, 잠에서 깨어났다. 화덕에 이글거리는 붉은 숯만 남긴 채 할아버지는 없었다. 나는 그 화덕 앞에서 어둠을 맞았다. 밤이 되었다. 수많은 인생들의 마지막 종착역인 화장터에서 하늘의 별은 손만 뻗으면 잡힐 듯 가까이에 있었다.

허무하게 살다가 가장 소중한 인연을 맺은 엄마를 그토록 매질과 폭력을 일삼으며 술로 창자가 끊어지도록 덧없는 삶을 산 아버지. 짧고 허망한 인생이 끝나고 긴 슬픔의 날을 살고 있는 우리 가족은 뿔뿔이 흩어져 각자의 죽음의 웅덩이를 파고 있는 것 일까.

삶은 원래부터 막막하고 불안한 길을 더듬거리며 겨우 걸어가는 것이란 사실을 어린 나이에 깨닫게 되었다. 칠흑 같은 어둠이 세상을 덮은 것 같지만 이 어둠 속에서도 산 자는 그 눈빛이 빛나리라.

인생에서 절대적 가치는 그 사람의 내면이 성장함에 따라 달라지는 것이지만, 하나님을 믿는 자에겐 그가 어떤 사람이든지 어느 만큼의 인생을 살았든지 인생의 절대적 가치는 오직 하나님 한 분이어야 한다.

그렇지 않으면 인생은 헛바퀴를 돈다. 한 끼의 밥이 없는 떠돌이 거지였던 내 마음에 하나님이 생명의 씨앗을 뿌려주었음이 훗날 내 인생에 최고의 축복이 되었다.

남루한 옷을 입고 있어도 영혼이 깨끗한 자를 사랑하시는 하나님 앞에 눈물로 기도를 드렸다.

"하나님. 우리 엄마가 꼭 살아있게 해주세요. 우리 엄마를 꼭 만나게 해주세요. 엄마가 보고 싶어요. 흑흑흑…"

나는 운명적으로 저주받은 존재인 것으로 보이나 하나님이 나같이 버려진 자도 사랑해 주신다는 사실을 깨달았을 때 앙상하게 마른 내 볼에 눈물이 흘렀다. 그것은 산 자만이 흘리는 생명의 눈물이었다. 인생의 출발점에서 이미 낙오자가 되어버린 나는 얼마나 많은 길을 걸어보아야 진정한 삶을 알게 될까 생각했다. 그건 바람만이 알고 있다. 언제나 제 몸을 흔드는 푸른 바다. 그 깊은 곳에 그리운 엄마를 향한 내 눈물을 묻어두었다. 엄마의 눈물이 내 가슴에 떨어져 슬픔이 되어 있었다. 처절한 삶과는 완전히 결별하고 새 길을 찾아 떠나는 바람이 되고 싶다. 절망의 그물에 걸리지 않는 바람이고 싶다.

그리움이 구름 되어
희망을 노래하리

내 볼을 스치는 바람이 엄마가 있는 곳까지 달려가 주기를 바랐다. 몸도 마음도 아픔을 이긴 자가 내적으로 성숙해진다는 것을 자라면서 알게 되었다. 하나님이 쓰신 사람은 모두 인생의 광야 길을 통과했다. 내 생각이 여물기 전에, 내 뼈가 튼튼해지기도 전에 하나님은 어린 나에게 너무도 큰 슬픔과 아픔, 절망을 주셨다.

내가 죽을 것처럼 하늘이 노래져도 죽지 않으면 세상은 아직 끝나지 않는다. 사람들은 버림받은 내가 저주받은 아이인줄 안다. 사람들은 나같이 저주받은 아이는 남들처럼 절대로 살 수 없을 거라고 했다. 남의 구정물 통의 버려진 음식찌꺼기를 훑어 먹으며 창자가 끊어지도록 다 토해낸 나를 보고 얼마 못가서 죽을 것이라고 했다. 눈알이 노랗고 갈근거리는 목에서 피를 토할 때 나처럼 병든 아이는 화장터에서 죽을 것이라고 했다.

그래도 나는 괜찮다. 내 품속에는 성경책이 있고 내 마음속에는 하나님이 계신다. 껍데기 같은 병든 몸이 아닌 새 생명을 주셨다. 겉으로 보이는 거지아이는 내가 아니다. 진짜 나는 내 마음속에 있음을 사람들은 아무도 모른다.

사람이 기억을 간직하고 있는 가장 중요한 시기는 서너 살부터 스무 살이 되기 전까지라고 한다. 내 삶은 슬픈 기억이 구룡포 바닷가의 모래알 만큼이나 많다. 어느 날은 온종일 바다에 앉아 있었다. 내 머리 위를 날아오르던 갈매기가 작은 생선 한 마리를 물고 날아가던 날, 나는 갈매기를 따라 눈바라기를 했다.

바다 위에 붉게 물들이는 노을빛이 질 때면 그 노을빛 위에 엄마에게 보내는 그리움의 편지를 썼다. 눈물 방울을 노을 위에 수 놓으며 썼던 편지를 우리 엄마가 계신 곳까지 전해진 어느 날,

"순애야… 순애야…"

누군가가 내 이름을 부르는 것 같아 문득 고개를 돌렸을 때, 저 먼 모래사장 위를 할머니 한 분이 양팔을 허우적거리며 금방 쓰러질 듯이 다가오고 있었다.

"헉헉… 수… 순애야. 니를 여기 오며는 만날 줄 알았다."

"하… 할매요."

"오냐. 순애야. 꼴이 이게 무어꼬? 니 어디매 있었노?"

우리 집 아래에 사시던 할머니는 여전히 숨이 차서 헉헉 거리며 말씀을 하셨다.

"순애야. 아이고 불쌍한 새끼야."

"할매요."

갑자기 나를 끌어안으신 할머니가 우셨다. 동그랗게 뜬 내 눈빛은 여기까지 왜 나를 찾아서 이렇게 숨차게 달려오셨는지를 묻고 있었다.

"순애야. 니 어매한테서 기별이 왔다. 니 어매가 살아있단다. 흑흑…"

"뭐라꼬요? 우리 엄마한테서 기별이 왔다 했습니꺼? 어… 어…

엄마. 엄마."

"그래. 너거 어매가 살아있다 카이. 내가 기뻐서 니를 찾으러 온 간 데 안 다녔나. 어디에도 없는 아가 여기 오면 있을끼다 하고 왔디 참말로 있었구나."

엄마라는 말에 통곡을 하는 내 등을 토닥토닥 하시던 할머니가 편지봉투를 꺼냈다.

"너거 엄마가 니를 찾아오라고 보내온 주소다. 단디 갖고 있다가 너거 어매한테 찾아가거라. 아이고 어린 것이 배를 얼마나 곯았노. 불쌍한 것. 순애야."

할머니가 우셨다.

"할매요. 고맙십니더. 우리 엄마 있는 데를 갈채 줘서 참말로 고맙십니더. 할매요."

"오냐. 니가 인자 너거 엄마한테 가게 되서 참말로 기쁘다. 미친 너거 아부질랑 생각지도 말고 불쌍한 너거 엄마한테 가서 잘 살으레."

"할매요. 고맙십니더. 우리 엄마가 보고 싶고 보고 싶어서… 으앙…"

"와 안 보고 싶겠노. 이 어린것이… 너거 엄마도 순애 니가 눈에 밟히 맨날 울 끼구만. 순애야. 니 너거 엄마한테 가기 전에 우리 집에 왔다 가거라. 따신 밥 한 그릇 먹이가 보내야지. 그래야 내 맴이 편하제."

"예. 할매요. 그라겠습니더."

할머니는 달려온 길을 허우적거리며 돌아가셨다. 내 손에 남겨진 엄마가 보내 온 편지. "으아… 아!" 가슴이 터질 듯이 탄성을 지르며 바닷가 모래밭을 두 팔을 벌린 채 뛰었다.

마치 양 팔에 날개를 단 것처럼 갈매기가 되어 온 모래사장을 탄성을 지르며 빙빙 돌았다. 갈매기도 내 머리 위에서 "까아까아" 노래를 불렀다. 파도를 몰고 한줄기 바람이 달려갔다. 달려올 때는 급한 바람처럼 왔다가 밀려갈 때면 모래와 자갈 사이로 빠지는 물살소리가 정겹게 들려왔다.

그리운 엄마가 있는 그곳은 어디일까. 한 번도 떠나본 적이 없는 구룡포. 이제 이곳을 떠나면 내 인생은 어디로 흘러가게 될까. 이 세상에는 위대한 삶도 시시한 삶도 없다. 화장터 장작불 속에서 녹아져 한 줌의 재가 되는 죽음 앞에서는 모든 인간은 공평하다.

바닷가 모래사장에 내 마음의 생각을 글로 썼다.

"길이 없으면 길을 만들며 간다. 여기서부터 희망이다."

메아리로 대답을 했다.

'가는 데까지 가거라. 가다 막히면 앉아서 쉬거라. 쉬다보면 새로운 길이 보인다.'

이제 내 고향 바닷가를 떠나면 이 바다는 내 가슴에서 영원한 그리움이 되리라. 인간의 가슴속엔 그리움이 거름이 되어 희망을 노래할 수 있으리라. 이 바다에서 흘렸던 눈물이 시가 되어 내 가슴에 남으리라. 그리움의 이쪽 끝에서 수평선을 따라가면 비로소 그리움이 시가 되어 내 가슴을 여물게 하리라. 그 그리움의 끝에 있는 엄마를 찾아 바람이 나를 엄마가 있는 곳까지 바래다주리라.

저 바다에는 동터 오르는 여명기가 있다. 이제 버려진 자의 가슴
에도 꽃망울이 맺혀 오르는 동이 튼다. 버려진 자로 살았던 시간은
절대 고독과 외로움이 울타리가 되어 내 영혼을 지켜 주었다. 그
바닥을 짚었던 차디찬 인생이 되어 보지 않으면 결코 깨달을 수 없
는 것. 죽음 같은 시간 속에서 건져 올린 내 영혼을 지켜냈던 하나
님의 손길을 내 심령 깊은 곳에 새겼다.

'비가 멎기를 기다리지 말고 빗속을 가는 자가 되라. 바람이 지
기를 기다리는 자가 되지 말고 그 바람 위를 걸어라. 푸른 하늘이
얼마나 넓은지는 구름 위에 내 영혼을 심으면 하늘을 더 가까이서
볼 수 있을 것이다.'

나는 버려진 수많은 날들을 넓은 바다를 보며 꿈을 꾸었다. 바다
만큼 넓고 큰 희망을 품었다. 지금 내 모습은 거지여도 괜찮다. 내
가슴엔 하나님이 약속해 주신 엄마를 만날 꿈이 있었다. 한없이 슬
프고 절망될 땐 눈물이 땅에 떨어져 희망의 씨앗이 되는 꿈을 꾸었
다. 모든 것이 중단되고 끊겨진 상태에서 목숨만 달랑달랑 붙어 있
던 시간은 결코 잃어버린 시간이 아니었다.

그 누구도 내 운명의 시간을 훔쳐갈 수 없다. 나를 안으로 여물
게 하는 천둥과 바람, 그리고 내 엄마를 향한 그리움이 내 영혼에
날개를 달아주었다. 살아야 하는 희망을 달아주었다. 내 어린 가
슴에 그리움의 물감을 뿌려진 것이 가장 큰 축복이었다. 그 그리
움이 내가 살아있는 원동력이었다. 이제는 가슴 밑바닥에서부터

나를 흔들어 깨우는 어떤 운명적인 힘에 나를 맡겨야 할 때가 온 것 같다.

그 누구도 내 운명을
훔쳐갈 수가 없다

철저한 고독과 외로움의 울타리 안에 갇혀 살 때 희망은 내가 닿을 수 없는 아득한 꿈이었다. 죽은 자의 시체를 태우는 화장터에서 내팽겨 쳐진 내 운명에 대한 울분을 씻을 길이 없어 가만히 눈을 감으면 마음속으로 흐르는 바람결 같고 꿈결 같은 소리를 듣는다.

봄비가 대지에 젖을 물리듯 이제 버려진 자의 가슴에도 희망이라는 젖줄을 물려주신 하나님. 내 손에 쥐어진 편지 한 통이 모든 어둠을 몰아낸 빛이 되었다. 절망이 소리 내며 도망쳤다. 오랫동안 내 동무였던 고독과 외로움이 내 인생의 지층 밑을 탄탄히 채워준 밑거름이 되게 해주었다.

"할매요. 인자 지는 우리 엄마한테 갑니더. 고맙십니더."
"오냐. 우리 순애야. 너거 어매한테 잘 가거라."
손등으로 눈물을 훔치며 따라 나오시던 할머니가 내 손에 돈을 쥐어 주셨다.
"하… 할매요. 고맙십니더."

고개를 숙여 절을 했다.

"이건 너거 엄마한테 꺼정 가는 차비다."

급기야 나는 울었다.

"할매요. 참말로 고맙습니더. 엉엉…"

"순애야. 가서 잘 살으레이."

떨리는 발걸음으로 정류장을 향해 걸었다. 심장이 쿵쾅거리며 뛰었다. 꿈을 꾸는 것만 같았다. 터미널에서 표를 끊었다. 20분 후 출발한단다. 땅을 밟고 선 발이 하늘을 날아갈 것만 같고 믿어지지가 않았다. 버스터미널 앞을 서성이며 쿵쾅거리는 내 마음을 진정시키고 있었다. 정말 엄마가 있는 곳으로 가게 될 날이 이렇게 갑자기 올 줄은 몰랐다. 품에 간직한 성경책을 손으로 만지며 교회 선생님을 생각했다.

"순애야. 하나님께 드리는 모든 기도는 다 이루어진단다."

정말이었다. 내 마음의 소원은 우리 엄마를 만나는 것이었다. 이제 곧 그 꿈은 이루어지고 있음을 속으로 느꼈다. 하나님이 살아계심을 느끼는 순간이었다.

그때였다. 누군가가 조금 전부터 나를 주시하고 있던 눈빛이 있었다. 그가 나를 향하여 비틀거리는 걸음을 옮기며 내 앞으로 다가오고 있었다. 내 얼굴 방향은 고개를 돌리지 않아도 나는 알 수 있었다. 아니 느낄 수 있었다. 바로 내 아버지였다. 아버지와 정면으로 얼굴을 마주보지 않아도 얼어붙어 버렸다. 돌처럼 굳어졌다.

"순애야!"

그 속이 비어있음을 목소리만 들어도 느낄 수 있었다. 깡술로 창자를 다 녹였던 아버지가 지금까지도 살아있음이 다행이다 싶었다. 이전에는 아버지 앞에서 나는 엄마처럼 죽은 자였다. 그러나 이제는 아니다.

아버지에게 죽도록 달려들어 함께 싸울 자신이 생겼다. 그런데 내 생각과는 달리 내 몸이 먼저 얼어버렸다. 무섭다고 느껴졌다. 당장이라도 기세등등하게 '이놈의 가시나.' 소리 지르며 내 뺨을 후려칠 것만 같았다.

마치 엄마가 아버지에게 맞아 쓰러지듯이 나 또한 맞아 죽을지도 모른다고 생각하는 순간! 나는 고개를 돌려 아버지를 보았다.

"아… 아부지요."

"순애야. 흑흑…"

아버지의 모습을 정면으로 바라보았다. 순간 뼈만 남은 그 몰골이 감히 상상하기 힘든 모습이었다. 금방이라도 선 자리에 푹 주저앉을 것만 같았다. 이가 다 빠지고 머리를 깎지 않은 아버지는 마른 막대기처럼 금방이라도 꺾어질 것 같이 바스러지는 모습이었다.

"예. 아부지요."

'힘 있을 때 그 힘을 함부로 쓰지 말고 절제했어야지.' 하는 생각과는 달리 내 눈에서 눈물이 흘렀다. 자식을 셋이나 낳으며 부부로 산 엄마에게 그토록 모질게 폭력을 일삼았던 아버지. 당신 인생만 무너진 것이 아니라 가족 모두를 불행하게 했던 아버지가 이제는 내 앞에서 눈물을 흘리신다.

어린 나를 마당으로 패댕이 쳤던 그 아이 앞에서 우신다.

"네 엄마한테 갈라 카나?"

목소리가 잘 나오지도 않았다. 그리고 아버지의 눈이 내가 들고 있던 차표에 고정되었다. 나는 떨리는 목소리로 대답을 했다. 그 순간, 너무도 단호하게 말씀하셨다.

"그러면 나도 같이 가야겠다."

아버지의 말에 가슴이 철렁 내려앉았다.

"예? 아… 아부지."

"나도 같이 갈란다."

아버지의 눈이 붉어졌다.

"순애야. 내가 네 엄마한테 지은 죄가 많아서… 내가 죽기 전에 네 엄마한테 가서 잘못을 빌어야겠다. 흑흑…"

아버지가 우신다. 나는 믿어지지 않는 현실 앞에서 눈물을 흘렸다.

"아부지요. 흑흑…"

더 이상 아무 저항도 하지 못하고 돌아서서 아버지의 표를 샀다. 아버지의 얼굴에도 내 가슴에도 눈물이 흐르고 있었다. 엄마가 어떻게 생각할지 고민이 깊어졌다. 버스가 왔다. 언젠가 엄마가 이 차를 타고 어디론가 도망갔던 그 길을 이제 아버지와 내가 그 길의 버스에 올라탔다. 엄마가 달려갔던 그 길을 아버지와 내가 따라가고 있었다. 엄마가 떠나간 후 바닷가에서 뼈만 남은 기슭에 기대어 나는 울었다. 파도에 씻긴 모래펄을 맨발로 울며 걸었던 바다, 이제 그리운 엄마를 찾아 그 바다를 떠난다.

나를 가장 사랑했던 엄마를 잃어버린 후 굳게 닫힌 내 마음의 문을 여니 그리움의 눈물 한 방울이 뚝 떨어졌다. 버스를 타고 고향을 떠나는 차창 밖으로 그리운 엄마의 모습이 펼쳐져 있었다. 그 그리움이 절절하여 내 눈을 덮었다. '엄마는 어떤 심정으로 이 길을 떠나갔을까!' 이제 엄마가 달려갔던 그 길을 아버지와 내가 간다.

흰 머리카락과 굵은 주름 몇 개가 얼굴 전체를 뒤덮은, 바람이 꺼져버린 풍선처럼 알맹이가 다 빠져나가 껍데기만 남아있는 검불같은 아버지의 육신. 그 아버지가 창밖을 응시하며 회한에 젖어 있다. 몇 십 년을 이 바닥에서 배를 탔고 자식 여섯을 키우며 당신 인생의 젊은 날을 삶에 불태웠던 곳이 아닌가. 그런데 그 소중한 가족들은 어디로 다 뿔뿔이 흩어지고 이제는 당신 몸 하나도 제대로 지탱하지 못하는 상태로 이 한 많은 곳 구룡포를 떠난다.

창밖을 응시하며 달려가는 차에 실오리만큼 남겨진 당신 인생을 싣고 달린다. 이대로 떠나면 어쩌면 영원히 이 구룡포를 돌아올 수 없을지도 모른다. 후회는 언제나 뒤늦게 오는 것. 세월은 기다려주지 않듯이 사람도 바람도 모두 나를 버리고 가는 것임을 이제는 아셨으리라.

대부분의 사람들은 인생의 의미를 깨달을 틈도 없이 정신없이 내달린다. 사물이든 사람이든 시간이 지나도 기억 속에 온전히 존재할 때 비로소 나의 것이 된다. 지난 시간의 세월 속에서 먼지를 털어낸 눈물겨운 기억들을 내 가슴에 주워 담는다. '아!' 이것이 열세 살까지 살아온 내 어린 시절의 죽음 같은 삶을 살면서 건져낸 보석임을 알았다.

시간이 강물처럼
내게로 왔다

🍂　　　　하루하루가 내게는 낯선 시간이었다. 내게로 왔던 시간은 한 곳에 소복이 쌓여 나를 스쳐간 이만큼의 시간이었음을 보여준다. 그래서 사람에게는 '나이'가 있다. 그 나이가 시간을 먹은 흔적이다. 시간은 강물처럼 왔다가 지나가는 것인데 그 시간의 가치를 가슴에 담은 자의 미래는 다르다.

나이보다 일찍 인생과 생명, 삶과 죽음을 알아버린 나. 이제 구룡포를 떠나면 영원히 그리움으로 남을 세 가지 기억이 있다. 바닷가에서 밤을 지새운 날의 눈물. 화장터의 굴뚝과 이글거리는 불빛의 화덕 앞에서 죽어가는 몸을 지탱했던 기억. 교회 선생님과 하나님의 말씀 성경책. 이 모든 것을 내 품에 꼭 안고 떠난다.

내 생명이 살아서 그리운 엄마에게로 갈 수 있도록 눈물의 기도를 들어주신 하나님. 내 소원을 이루어 주신 하나님께 감격하며 눈물로 기도를 드렸다.

"하나님. 버려진 아이의 기도를 다 들어주시는 하나님. 제 친구들이 저를 때리며 거지라고 놀릴 때 천사 같은 선생님을 보내주신 하나님. 이렇게 거지의 모습으로 고향을 떠나는 지금까지도 나와 함께 이 버스를 타고 가시는 하나님. 이제 엄마에게로 가서 새로운 삶을 살 때도 저를 버리지 않으실 거죠. 제가 살아갈 많은 시간 속에도 하나님은 저를 절대로 버리지 않으실 거지요. 하나님이 열어

주신 길을 달려서 엄마에게로 가는 이 길에도 하나님이 저와 함께 가고 계신다는 것이 믿어지지 않을 만큼 감격의 눈물이 흘러요. 제 눈에는 보이지 않지만 저 같은 아이를 정말 사랑해주시는 하나님. 앞으로도 저는 제게 어떤 힘든 일이 있더라도 제 곁에는 하나님이 함께해주신다는 것을 믿을 거예요. 하나님. 저와 새끼손가락을 걸고 약속해 주세요. 제가 엄마처럼 나이가 많아지고 어른이 된 그때도 하나님은 저를 버리지 않으실 거라고 지금 저와 약속해 주세요. 흑흑…"

어둠이 내린 차창 밖이 눈물어린 눈으로 흐릿하게 다가왔다. 내 얼굴이 눈물로 번들거린다. 손등으로 눈물을 닦으며 고개를 돌리다 아버지의 눈빛과 마주쳤다. 울고 있는 내 모습을 보고 아버지의 동공이 커졌다. 버스정류장에서 아버지가 먼저 내렸다. 물 한 모금 먹지 못하고 엄마가 살고 있는 청송까지 왔다.

꺾어진 허리를 펴지 못하시는 아버지가 꺼져가는 목소리로 나를 불렀다. 나는 아버지 앞에 섰다. 아직도 어깨가 들썩이는 나를 애잔한 마음으로 보셨다.

"순애야."

"……"

"미안하다. 다 이 애비 잘못이다. 흑흑…"

허수아비처럼 검불 같은 아버지의 눈에서 산 자가 흘리는 눈물이 흘렀다. 나는 아무 말 없이 훌쩍이며 어깨를 들썩였다.

"네 엄마도 불쌍한 사람이다. 내한테 와서 고생 마이 했다. 내가 미쳤지. 미쳤어."

아버지는 당신 가슴을 주먹으로 쾅쾅 두 번을 세게 쳤다.

"엉엉엉… 으엉엉…"

내 울음소리가 커졌다. 그때 버스 한 대가 정류장 모퉁이를 도는데 아버지와 내가 서 있는 자리를 비키라고 빵빵 경적기를 울렸다. 그 소리와 함께 엉거주춤하게 서 계시던 아버지가 얼른 몸을 내게로 움직이더니 어느 새 두 팔이 나를 안고 있었다. 행여 당신 딸이 다칠 새라 당신 몸으로 나를 막아서듯이 두 팔로 감싸 나를 안았다.

울고 있던 내 몸이 오그라 들 듯이 소름이 돋았다. 울음이 멈췄다. 아버지의 얼굴이 온통 눈물로 번들거렸다. 나는 아버지의 팔을 뿌리치지 않았다. 내 마음속에서 처음 아버지를 받아들이고 있었다. 내 속에 켜켜이 쌓여있던 분노와 증오의 감정들이 아주 조금 그 색이 옅어지는 것을 느꼈다.

아버지와 나는 텅 빈 뱃속을 서로가 느낄 수 있었다. 읍내를 걸어서 엄마가 살고 있는 산골 마을로 걸어가는 건물 모퉁이를 도는 한 쪽에 수도꼭지가 있었다. 옆에 다라이와 바가지가 반쯤 담긴 물 위에 떠 있었다. 아버지와 나는 빈 배를 채우려 몇 바가지의 물을 떠 마셨다. 눈이 떠졌다. 걸음을 걷는데 뱃속이 출렁거리며 물소리가 났다.

아버지와 나는 약간의 거리를 두고 걸었다. 우린 서로 아무 말 없이 같은 길을 각자의 길을 가듯이 걷고 있었다. 아버지의 마음속에도 내 마음속에도 엄마를 찾아간다는 한 가지의 목적을 가지고 있었다. 긴 다리를 건너는데 매서운 바람이 얼굴에 덮였다. 아버지가 내 옆에서 걷는다. 거센 바람을 당신 몸으로 막아주려는 마음이었다.

그때 아버지를 쳐다보았다. 아버지의 얼굴로 거센 바람이 휘몰아쳤다. 아버지는 나를 아껴주는 마음을 몸으로 보여주셨고 나는 말없이 아버지의 마음을 받아들였다. 이제 아버지와 나는 말을 하지 않아도 서로의 마음을 알 수 있었고 느낄 수 있었다. 아버지가 내게 건네 준 마음이 나를 따뜻한 몸과 마음으로 데워 주어 바람이 아무리 거세도 전혀 춥지 않았다. 아버지에게 이런 내면이 있는 사람인 줄은 처음 알았다.

내 어릴 때 기억 속에는 무지막지한 폭력적인 아버지의 모습만 저장되어 있다. 엄마는 알고 있을까. 아버지의 마음속에도 이런 온기가 있다는 것을. 그것을 알았다면 엄마는 그렇게 도망가질 않았을 것이다. 엄마에게 꼭 말해주고 싶다.

어둠 속 걷기를 한 시간쯤 되었을까! 검은 산에 올라 숨을 헐떡거릴 때면 아버지는 길섶에 풀썩 주저앉아 버렸다. 내가 헉헉거리면 당신 몸도 억지로 지탱하면서도 나를 뒤에서 밀어주셨다. 내 입에서는 괜찮다는 말을 하지 않았다. 마지막 산을 넘어서는데 먼 곳에 희미하게 드문드문 불빛들이 보였다. '아! 저 안에는 그리운 엄마가 있으리라.' 생각하니 마치 불빛이 나를 향해 어서 오라는 것 같았다. 점점 불빛이 가까워졌다. 그러나 큰 마을을 지나서도 이 마을의 끝 황골이란 곳까지 계속 걸어야 했다.

엄마가 편지에 쓴 당산나무가 있는 곳까지 가야 했다. 마지막 힘을 다해 걸을 때 검정고무신 안에 발가락이 산을 넘어 오면서 돌부리에 차여 깨어져 진물과 피가 나 고무신 안이 미끌거렸다. 발가락이 쓰라리고 아렸다. 점점 더 아파왔다.

그리움의 가지에
희망의 꽃이 피었다

늦은 밤, 어둠 속에도 느낄 수 있는 엄청나게 큰 당산나무 아래에 도착했을 때, 그 크고 굵은 나무에 등을 기대며 몸을 누이듯이 벌렁 기대고 말았다. "헉헉" 심장의 숨소리가 여전히 가쁘다. 나는 이 큰 나무 아래에서 '엄마가 어렸을 땐 이 나무도 작았겠지?' 생각해 보았다. 이 산골마을이 엄마의 고향이라서 그런지 마을이 좋게만 느껴졌다.

나무에 기대어 한참 동안 숨을 고르다 아버지도 힘드셨는지 자신도 모르게 긴 한숨을 내쉬었다. 내가 발을 아파하면서 검정고무신에서 발을 빼자 내 발을 아버지가 다가와 보았다.

아무 말 없이 내 앞에 당신의 등을 내미셨다. 순간, 가슴이 울컥했다.

"아… 부지."

눈물이 핑 돌았다. 금방 쓰러질 것 같은 몸으로 읍내에서 수돗물로 배를 채우고 이 산골짜기까지 걸어오신 아버지가 내 앞에 바스러질 것 같은 당신의 등을 내미셨다. 나는 일어나시라고 아버지의 손을 잡아당겼다. 아버지의 둔탁한 손이 내 손을 꽉 잡으셨다.

한 쪽 발을 아파하는 나를 잡아주신 아버지. 우린 말없이도 이젠 서로를 느꼈다. 알았다. 가까워졌다. 그리고 몇 집을 지나 그 늦은 시간까지 불그레한 불빛이 비치는 허름한 초가집 앞에서 걸음을 멈추었다.

아버지는 어둠 속으로 숨었다. 나는 낯선 집 마당으로 들어갔다. 내가 그토록 그리워했던 엄마가 있는 집이라고 생각하는 순간, 나도 모르게 목매여 희미한 불빛을 향하여, "어… 엄마… 엄마!"라고 불렀다.

방문이 홱 열렸다. 방안이 조용했다. 나는 다시 "엄마! 어음마!"를 부르며 울음을 터트렸다. 순간 "아! 순애." 하는 짧은 외마디 소리가 들렸다.

"아이고 순애야. 내 딸 순애야. 우리 순애. 엉엉…"

엄마의 목소리와 울음이 동시에 방문턱을 넘어서 맨발로 마당 끝 어둠 속에 서 있는 나를 당신 가슴에 얼싸안았다. 으스러지도록 껴안았다.

"내 새끼. 순애야. 엉엉… 네가 보고 싶어 피가 마르는 줄 알았다. 내 새끼. 니 우찌 살았나. 아! 내 새끼. 엉엉…"

엄마의 감정이 폭발하듯 커져서 내 울음소리는 어둠 속에 묻혀버렸다. 엄마는 나를 한 순간도 당신 마음에서 내려놓지 않았음을 이제야 알았다. 내가 엄마를 그리워하는 마음 그 이상을 엄마의 가슴에서 보았다.

시골마당 흙바닥에 엄마와 끌어안고 울며 통곡한 뒤의 어둠 속에서 아버지가 나타났다. 엄마의 통곡이 멈칫했다. 늙고 병들고 못먹어 거지같은 모습으로 이 딸과 함께 왔음을 엄마가 알았다. 팔순이 넘으신 외할아버지가 나를 보고 내 머리를 쓰다듬으셨다. 그때 아버지가 외할아버지 앞에 죄인처럼 고개를 숙였다.

나를 보며 반기던 모습과는 달리 아버지가 나타나자 분위기가 달라졌다. 사람들이 서둘러서 방으로 들어갔다. 엄마는 나를 안고 방으로 들어갔다. 초대받지 못한 아버지도 방으로 들어오셨다.

아버지는 방문턱을 넘자마자 외할아버지를 향해 큰 절을 하셨다. 외할아버지는 아무 말씀도 하시지 않았다. 아버지의 눈길이 엄마에게로 향했다. 나를 당신 품에 안고 있던 엄마는 고개를 돌려버렸다. 그렇게 조금의 시간이 흘렀다. 엄마는 나를 안고 울기만 했다. 잠시 후, 누군가 아버지와 내가 먹을 밥상을 들고 왔다.

아버지와 나는 동시에 밥을 보며 눈길이 마주쳤다.

"그 먼 길을 오느라 얼마나 힘들었나. 어서 밥 먹어라."

외할아버지의 말씀이셨다. 아버지와 나는 동시에 숟가락을 들었다. 각자에게 주어진 밥을 씹지도 않고 입으로 퍼 넣었다. 엄마가 내 등을 손으로 쓸어내렸다.

"순애야. 천천히 무으라. 얹힌다."

엄마의 목소리에 물기가 묻어났다. 밥을 어떻게 먹었는지도 모르는 사이 밥상 위에 반찬 한 개 남김없이 모든 그릇을 깨끗이 비웠다. 엄마의 얼굴이 이제는 더 또렷이 보였다.

엄마는 많이 건강해진 것 같았다. 나는 다시 엄마의 품에 안겼다. 꿈인 것만 같았다. 아버지가 빈 밥상을 들고 부엌으로 갔다 주려고 일어났을 때 누군가 얼른 받았다. 아버지는 "정말 잘 먹었습니다."라고 절을 했다. 아버지가 무릎을 꿇었다.

"장인 어르신. 제가 면목이 없습니다. 집사람에게 정말 죽을죄를 졌습니다. 한 번만 용서해 주신다면 지 같은 놈. 새 사람 되어 살겠습니다. 이곳이 아니면 지는 갈 데가 없습니다. 여기서 우리 집 사람과 순애캉 머슴살이라도 좋으니 저를 받아주십시오.”

엄마가 울었다. 아버지도 우셨다. 나는 엄마의 품에 안겨 속으로 울었다. 엄마의 손을 잡고 나는 속으로 기도를 드렸다.

“하나님 저를 이렇게 엄마한테까지 잘 오게 해주셔서 감사합니다. 이제부터 우리 엄마와 아버지와 함께 살게 해주세요.”

이것이 꿈이 아니기를 간절히 기도하다 잠이 들었다.

우리 가족은 외갓집에서 한동안 지냈다. 아버지도 머슴처럼 묵묵히 일만 하셨다. 엄마는 일꾼들의 밥을 다라이에 이고 나는 물주전자를 들고 엄마를 따라 산언덕을 넘어 밭으로 갔다. 아버지는 쟁기질도 곧잘 하셨다. 나는 아버지가 시골의 일을 이렇게 적응 잘하며 일도 잘 하실 줄 상상도 못했다. 어느 날 엄마에게 물어보았다.

“엄마! 엄마는 인제 아부지캉 같이 사는 기 안 무섭나?”

엄마가 웃었다. 나는 엄마가 웃을 때 제일 행복하다. 외갓집에서 일해주고 머슴처럼 살던 우리 가족은 어느 날, 외갓집의 도움으로 황골에서 조금 떨어진 옛텃골로 새로운 보금자리를 잡았다. 오랫동안 빈 폐허라 지붕 위에 풀이 자라 있는 작은 움막이었다.

엄마의 얼굴은 새로운 보금자리의 기쁨으로 환해졌다. 폐허가 된 집을 새 집으로 만들려고 애썼다. 비닐 푸대를 들고 뒷산을 올라갔다. 황토 흙을 비닐 푸대에 퍼 담아 엄마와 내가 끌고 왔다. 우물에서 물을 길러 와서 흙에 물을 붓고 아버지와 엄마는 부서진 방벽을 손가락 자국이 쭈욱쭈욱 나도록 바르고 또 발랐다. 무너진 부뚜막을 손으로 흙을 발랐더니 부뚜막 위로 치솟던 불길이 아궁이 안으로 빨려 들어갔다. 방바닥 여기저기 열 군데도 넘게 연기가 올라와 온 방안을 가득 채웠다. 엄마는 맨손으로 연기 속으로 들어가서 방바닥에 연기가 올라오는 곳마다 흙을 덧발랐다. 온 방바닥을 다 덧발라야 했다. 산에서 흙을 퍼 담아 집에까지 끌고 오는 것이 정말 힘들었다.

절망과 나는
줄당기기를 하였다

그러나 우리 가족은 빈 폐허를 공짜로 살 수 있다는 사실만으로도 일이 조금도 힘들지 않았다. 부뚜막에 녹슨 솥을 짚으로 닦아내느라 엄마는 팔이 빠질 뻔했다. 방바닥에 장판 대신 짚으로 짠 가마니를 펴서 깔았다. 벽은 그 자체가 흙벽이었고 지붕 위에는 사다리를 빌려와 비닐을 덮고 새끼를 돌에 달아서 비닐을 눌렀다. 그래도 비가 오면 방안으로 빗물이 새어 들어와 그릇을 몇 군데나 놓고 물을 받아내야만 했다.

엄마와 아버지는 서로 말없이 일만 했다. 술을 절대로 입에 대지 않는 아버지를 보고 안심하신 외가에서 이 집으로 분가 나게 해주신 것이다. 변화된 아버지의 모습에 외갓집 친척들도 조금씩 마음을 풀었다. 우리 세 식구는 외갓집에 일을 하러 매일 갔다. 나는 마음속으로 구룡포에서 아버지와 같이 온 것이 정말 다행이라고 생각했다. 얼마간을 옛텃골에 살면서 우리 세 식구는 황골의 외갓집으로 일을 다녔다.

한동안을 그렇게 지내면서 엄마의 마음이 아버지를 향해 조금씩 열려갔다. 그런 어느 날, 외갓집 일을 몸이 힘들다는 이유로 하루씩 빠지던 아버지가 술을 마셨다. 온종일 일을 하고 돌아온 엄마와 나는 시뻘건 짐승의 눈빛으로 변한 아버지를 보았다. 살인자의 눈빛. 악마의 눈빛이 된 아버지를 본 순간 비명이 터졌다.

"다… 당신이 수… 술을 마셨습니꺼?"

두 손으로 입을 막으며 겨우 말을 한 엄마가 자신도 모르게 뒷걸음질을 쳤다.

"이년! 네가 지금까지 어디서 무신 짓을 하다가 인자사 집구석에 들어와. 네 이년. 니 오늘 내 손에 죽었다. 칵!"

술을 먹지 않으면 말이 없고 순하고 착한 모습의 아버지가 술이 들어가면 마치 악마가 먹이를 잡아 삼키듯 맨발로 달려 나와 엄마의 머리채를 낚아챘다. 순식간에 아버지에게 머리채가 잡힌 채로 방문 앞까지 끌려간 엄마를 방문 앞 댓돌에 엄마의 머리를 찧어댔다.

"아부지요. 미쳤어요. 으아악. 악.악."

나도 모르게 비명을 질렀고 우리 집 언덕 아래에 몇 집이 있지만 달려오는 사람은 없었다. 엄마가 온 얼굴에 피범벅이가 된 채로 쓰러졌다. 나는 너무도 무서워서 엄마에게로 가까이 갈 수가 없었다.

엄마는 몸을 가누질 못했다.

"안 돼, 안 돼. 으악악악. 엄마. 엄마."

나의 울음소리가 조용한 산골마을을 흔들었다. 그제서야 저 아래에서 웅성거리는 사람들의 목소리가 어렴풋이 들렸다. 나는 엄마에게 달려가지 못한 채 발을 동동 구르며 소리 내어 울고만 있었다. 엄마의 겉옷은 다 벗겨져 나갔고 몸은 나뭇가지처럼 휘어졌다.

엄마의 코고무신을 작두로 싹둑 잘려 멀쩡한 신이 두 동강이 났다. 옛텃골의 사람들이 우리 집 앞으로 올라왔다. 방문 앞에 죽은 시체처럼 누운 엄마의 몸을 보고 사람들이 비명을 질렀다.

"이년. 니가 어떤 놈하고 무슨 짓을 했는지 말해. 안 하면 넌 여기서 죽는다."

엄마는 이미 죽은 자가 되었다. 사람들 너덧 명이 이런 미친 행동을 하는 아버지를 보고는 "으악! 으악! 세상에"하며 비명을 질렀다. 아버지가 뒤를 돌아보는데 그 눈빛이 마귀, 살인자의 눈빛이었다. 서 있던 사람들이 아버지가 고개를 돌려 자기들을 쏘아보자 비명을 지르며 언덕 아래로 다 도망을 가버렸다.

악마가 된 아버지. 다시 죽음 앞에 선 엄마의 운명. 비명을 지르며 서서 발을 동동 구르던 나는 두 다리에 힘이 빠져 다리가 휘청 꺾이듯 땅바닥에 주저앉고 말았다. 이젠 내 입에서 비명도 고함도 살려달라는 애원도 나오지 않았다.

그때였다. 어떻게 전해 들었는지 황골마을의 외갓집 외사촌 오빠가 식식거리며 우리 집 언덕을 올라왔다.

"으아앙… 엉엉엉…"

그때서야 나는 큰 울음을 터뜨렸다. 아버지가 달려와 나를 죽일까봐 한 걸음도 엄마에게로 가지 못했던 나를 오빠가 머리를 쓰다듬듯 안심하라는 신호를 주고 지나갔다. 가까이 갈수록 옷이 다 찢기고 맞아 온 얼굴에 피를 흘리며 정신을 잃은 엄마를 보자 큰 소리를 질렀다. 그 소리가 얼마나 큰지 옛텃골의 마주 보는 산이 쩌렁쩌렁 울렸다.

"으악! 이게 무슨 짓이요! 이러고도 당신이 사람이요!"

"저년이 아랫마을 젊은 놈과 눈이 맞아서 어떤 짓을 하고 있는지 아는가?"

아버지의 독사 같은 눈으로 걸음을 옆으로 옮기며 오빠를 쏘아보았다. 그때 키가 큰 오빠가 아버지를 향해 정면으로 달려들며 오른손으로 아버지의 가슴을 세게 퍽 쳤다. 힘에서 밀린 아버지의 몸이 휘청거렸다. 아버지의 몸은 점점 뒷걸음질로 밀려났다.

"당장 여기서 떠나시오. 안 그러면 내 손에 죽을 거요."

소리 지르며 아버지를 방으로 몰아넣었다. 분을 삭이지 못하던 오빠가 울부짖는 소리를 내며 의식을 잃은 엄마를 두 팔로 일으켰다.

"고모. 고모. 정신 차려 봐요. 억. 억. 억…"

"엄마. 엄마. 죽지 마."

두 다리에 힘이 다 빠져나간 나는 그제서야 일어섰다. 축 늘어진 엄마의 몸을 일으켜 세웠다. 오빠가 겉옷을 벗어서 엄마의 몸을 덮었다. 울면서 오빠는 엄마를 등에 업고 우리 집 언덕을 내려갔다.

그날 밤, 나는 부엌 아궁이 앞에 웅크리고 앉았다. 집 앞 나뭇가지에 걸려있던 절망이 내 안으로 들어왔다. 내 마음이 천근만근이 되어 숨을 쉴 수가 없었다. 아직도 심장이 벌벌 떨렸다. 눈물이 흐르는 줄도 모르게 내 턱에 매달려있다.

절망과 나는 지금까지 앞서거니 뒤서거니 줄 당기기를 하며 여기까지 왔음을 깨달았다. 내가 아버지를 데리고 왔음으로 생겨난 일이다. 나는 내 가슴을 주먹으로 쳤다. 턱에 매달린 눈물이 부뚜막 위로 떨어졌다. 나의 온몸이 녹아져 버리도록 울고 싶었다.

아버지 속에는 마귀, 악마가 있었다. 숨어있던 악마가 술을 통해 아버지 영혼을 삼켜 버렸다. 완전히 뒤집혀 버린 그 눈빛은 분명 악마였다. 겨우 살아난 엄마의 몸이 다시 죽음의 나락으로 떨어졌다. 여기 내 어린 생명이 또다시 버려진다는 두려움 앞에 섰다.

엄마와 내 힘으로는 마귀에게 빼앗긴 미쳐버린 아버지를 막아낼 수가 없었다. 두 무릎 사이에 얼굴을 박고 부엌 아궁이 앞에서 밤을 새웠다.

"엄마. 모든 게 나 때문이야. 아버지를 여기까지 데리고 온 나 때문이야. 엄마… 제발 살아나야 해… 엄마. 흑흑흑…"

내 속에 가졌던 작은 희망은 어디론가 자취를 감춰버렸다.

칠흑같이 어두운 날에는 하늘의 별이 보이지 않아도 하나님은 살아 계신다. 죽고 싶도록 힘든 날에는 내 운명을 이렇게 만드신 하나님께 물어보리라. 가난함에 주눅 들지 말고 못 배운 것에 기죽지 말고 오직 나를 사랑해주시는 하나님께 기도하리라.

절망에도 정거장이
있음을 알았다

사람은 고난의 도가니에서 단련할수록 보검이 되리라. 나의 길이 다 막힌 것은 하나님의 길을 내시려고 나의 길을 막으심이라. 내 마음을 파고드는 절망을 거침없이 걷어차고 담대히 나아가리라. 고요하고 너그러운 산을 보아라. 내 속에 새 기운을 불어넣어줄 산을 보고 그 깊이를 마음에 새기리라. 사람은 우환에서 살고 안락에서 죽는다.

아버지의 삶은 지옥의 지붕 위에서 춤추는 인생이다. 그 속에 숨어있는 악마가 그렇게 만들었다. 그 지옥이 구룡포에서 여기까지 따라왔다. 엄마가 없는 우리 집엔 아버지는 거짓말처럼 딴 사람이 되어 있다. 그 미친 아버지는 어디로 갔을까. 이전에도 그랬던 것처럼 아버지에겐 엄마를 향한 의처증이 당신 영혼을 파괴한 정신병이 되었다.

진실은 변하는 것임을 알았다. 아버지의 삶의 진실은 달랐다. 지치도록 달려온 어린 내 삶이 여기서 주저앉기엔 너무 슬퍼 눈물이 났다. 내 운명을 하나님이 만드셨다면 왜 나에겐 이런 운명을 주셨는지 천 번이라도 묻고 싶다.

삶의 얼굴은 너무도 촘촘하여 조금만 어긋나도 완전히 다른 끝을 향해 간다. 내 삶은 마치 곡예사의 가느다란 밧줄처럼 위태로워서 건너가는 것도 힘들고, 멈춰 서 있는 것도 힘들고, 돌아서는 것도 힘들다.

사람은 죽음 같은 시간을 지나올 때 혼자라는 것을 안다. 절망에도 정거장이 있음을 알았다. 내가 지나온 절망의 정거장을 세어 보았다. 나 혼자 걸어온 길인 것 같았는데 혼자가 아님을 깨닫는 순간! '아!' 하나님이 나와 함께 계셨다는 것을 알았다. 그 수많은 절망의 정거장을 지나오는 동안, 내 운명은 길바닥에 질질 끌고 다닌 절망의 껍질을 벗겨내기 위해 몸부림을 쳤다.

어느 새 절망은 내 옆에 와 앉는다. 하나님의 은총은 햇빛과 같아서 모든 사람에게 골고루 주신다. 외갓집을 찾아간 날, 엄마는 이미 없었다. 그 자리에 무너질 것만 같은 마음을 빨랫줄에 꽁꽁 동여맸다. 미쳐버린 아버지에게 맞고 또 맞아 죽게 된 엄마의 모습이 내 어릴 적 기억과 맞닿아 고통을 안겨 주었다.

엄마에 대한 그리움으로 꽉 찬 눈물이 내 마음의 강을 이룬다. 살고자 하는 마음으로 도망을 가게 했음을 깨달았을 때, 나는 슬퍼도 안심이 되었다. 헌 길을 버려 새 길을 찾으려는 엄마의 인생을 보았다. 어느 곳에선가 나그네처럼 뿌리내리지 못한 임시적 삶을 영위할 엄마의 모습을 그려보았다.

온 사방에 천지가 산으로 둘러쳐진 옛텃골로 걸어오는 길가에 나처럼 엄마 잃은 새 한 마리를 보았다. 혼자서 날개를 파닥이며 살고자 허공을 보며 날다가 주저앉았다. 아직 잘 날수 없는 새를 보며 내 모습이 저 어린 새와 같다고 생각했다.

내 마음이 구룡포 때처럼 절망하지 않는 것을 보고 놀랐다. 그때도, 지금도 내 옆에 엄마는 없는데, 그때의 절망은 세상이 끝난 줄 알았으나 지금은 덤덤하게 이 상황을 받아들이고 있는 나를 보았다. 내 속에 절대적 가치가 바뀐 것일까.

내가 달려가고 싶은 바닷가는 너무도 멀고 이곳은 겹겹이 둘러쳐진 병풍 같은 산뿐이다.

옛텃골 움막집은 큰 소나무에 둘러싸여 있다. 나는 그 소나무 아래 기대어 앉아 하늘의 별을 세고 있었다. 내 몸은 여기 있어도 마음은 엄마가 있는 곳으로 이미 날아갔다.

싸울 대상이 없어져 버린 아버지는 마치 낙을 잃어버린 사람처럼 맥을 못 춘다. '푸르디푸른 소나무야. 너는 내 눈물을 아니?' 하늘에 던져진 솜털 위에 엄마를 향한 그리움의 마음을 담아 보냈다.

엄마는 언제나 내 그리움의 노래가 되었다. 엄마 곁으로 쫓아오면 다시 도망가 버리는 엄마. 온종일 바람과 산과 하늘과 동무되어 놀았다. 바람이 만지고 간 나뭇잎이 춤을 추는 것을 보았다. 산을 푸르도록 덮고 있는 것이 수많은 생명들임을 알았다. 살아있는 것들의 위대함을 보았다.

'생명이 있는 모든 것들은 생명 값을 해야 한다.'는 사실 앞에서 나는 산 자임을 느낀다. 온종일 무기력하게 마음이 빠져나간 껍질만 남겨진 나는 삶에 눈을 떴다. 어둠이 덮은 산속 지척에서 산짐승의 울음소리를 듣노라면 소나무 아래 웅크리고 앉아 있던 내 몸이 오그라 들었다.

도깨비가 내 눈앞에 성큼 다가와도 보이지 않아 도망 갈 수 없을 만큼의 칠흑 속에 갇혔다. 내 동공이 어둠 속에서 빛났다. 어둠이 나를 삼키려고 짙디짙은 어둠 속으로 몰아넣어도 그 어둠을 뚫는 내 눈빛은 살아나고 있었다. 마치 나는 절대 고독 안에 갇혀버린 외로움의 상자 속에 담긴 영혼이었다.

그물에 걸리지 않는 바람처럼 자유로이 날아서 내 엄마가 있는 그곳으로 가고 싶다. 얼마만큼 고통과 절망의 바닥을 짚어내야 내 운명의 절망을 걷어낼 수 있을까. 눈을 감고도 새의 발자국을 볼 수 있고 꽃의 향기를 그릴 수 있는 영혼을 가진 자이고 싶다. 보이지 않으니 더 아름답고, 칠흑이니 오히려 더 찬란한 나의 미래를 그리고 싶다.

지금 내 마음이 내 몸밖에 있는 것은 내가 원하는 것. 간절히 사모하는 것이 저 멀리 있기 때문이다. '내가 원하는 것을 가지면 그 다음엔 내 마음이 몸 안으로 들어올까.' 처음엔 그럴 것이라 생각했다. 절대 고독의 깊은 곳까지 파고 또 파 들어가면 알 수 있을 것이라 생각했다. 그러나 내가 원하는 것을 이루면 행복하다고 느끼는 것은 인간의 생각일 뿐, 일시적 감정에 불과하다.

내 마음이 몸 밖을 떠도는 것은 내 안에 내 생명과 인생의 주인이신 하나님이 내 속에 온전히 거하지 못하기 때문이다. 환경과 상황이 충족되는 것은 육의 만족 일뿐. 영혼의 만족은 진정 살아계신 하나님이 내 마음속에서 나를 잡아주는 힘과 능력을 주셔야만 된다는 것을 시간이 흘러간 후에 알았다.

인간은 혼자의 시간 속에서
정직의 옷을 입는다

❮❮   한 달을 밤마다 죽음 같은 절망이 내 옆에 와 나와 나
란히 누웠다. 학교도, 친구도, 엄마도, 먹을 것도 없는 시간을 견디
어 왔다.

훗날 많은 날을 나 자신과 힘겨루기를 하며 그 죽음 같은 영혼
의 샘에서 캐낸 보석 같은 책들을 만났을 때 사람은 혼자 있을 때
진정한 자기 자신의 모습을 볼 수 있고, 혼자 있을 때 진실해져 비
로소 자신의 영혼을 볼 수 있는 진리 앞에 설 수 있다는 것을 알
수 있었다.

인간은 혼자의 시간 속에서 정직의 옷을 입는다. 혼자의 시간은
진정한 나를 보는 축복의 시간이며, 혼자 있는 시간이 많으면 많을수
록 내면이 깊어지고 더 깊어져 영적인 깊은 우물을 가진 자가 된다.

외갓집에서 나를 찾았다. 처음 보는 사람이 나를 기다리고 있었
다. 내 엄마에게 데리고 갈 사람이었다.

"순애야. 아부질랑 걱정 말거라. 우리가 가끔 들여다 볼테니 어
서 너거 엄마한테로 가거라."

엄마가 그랬듯이 나도 아버지에게 간다는 말조차 하지 못했다.
엄마도 살기 위하여 갔듯이 나 또한 살기 위하여 옛텃골을 떠났다.
그리운 내 엄마가 있는 그곳이 어딘지 묻지 않았다. 그냥 가면 된
다. 그곳이 어디든 무엇을 하는 곳이든 나에겐 아무 상관이 없다.

엄마만 있으면 된다.

읍내까지 걸어가 버스를 탔다. 버스에서 내려 긴 다리를 건너 30분 정도를 더 걸었다. 엄마가 이곳 어디엔가 있을 것 같았다. 다리 아래로 유유히 흐르는 강물에 내 가슴의 무거운 멧돌 짝을 다 떠내려 보내고 싶었다. 이곳은 눈앞에 산이 막혀있지 않아서 좋다.

들이 넓고 강이 흐르고… 내가 산 산골마을에 비하면 도시나 다름없었다. 나를 데리고 가던 아주머니가 어느 기와집 앞에서 멈췄다. 숨을 한 번 크게 쉬더니 반쯤 열린 대문 안으로 왼발을 딛었다.

"산운 댁. 산운 댁 있어요?"

엄마의 택호를 정확하게 불렀다. 내 눈에는 아무 것도 보이지 않는데 심장이 "쿵쾅쿵쾅" 뛰었다. 숨이 멎을 것 같아 심호흡을 했다.

"순애야!"

어디에선가 울음 섞인 엄마의 목소리가 먼저 달려왔다. 순간 걸음을 멈추고 엄마의 목소리가 들리는 곳으로 고개를 돌렸다. 집 뒤안에서 달려 나오는 엄마를 보는 순간, 눈 뿌리를 파내듯 눈물이 솟구쳤다.

"엄마! 흑흑흑…"

"순애야. 내 딸 순애야. 엉엉…"

기나긴 날의 그리움의 끝에 엄마의 눈물이 대롱대롱 매달려 있었다. 외로움의 시간 위에 겹겹이 쌓인 그리움의 시간들이 내 가슴속에서 폭포를 이루듯 눈물이 흘렀다.

"이 어린 것이 무슨 죄가 있다고 이 고생을 시키나. 미안하다 순애야."

엄마 얼굴이 내 볼을 부볐다. 엄마의 눈물과 내 눈물이 하나가 되었다.

"엄마. 난 괜찮아. 엄마만 있으면 돼. 흑흑…"

구룡포에서 길거리의 거지로 밥을 얻어먹은 일이나, 구정물 통 찌꺼기를 건져먹다가 토하면서도 계속 건져먹던 일이나, 사람을 태우는 화장터 화덕 앞에서 밤을 새우며 살고 싶었던 내 마음을 엄마에게 말한 적은 없다. 지금 엄마에게 오기까지 피 말리는 절망의 시간들을 엄마는 모른다.

그날 밤, 엄마가 잠을 자는 좁은 광 같은 방에 엄마와 함께 누웠다. 언제나 절망이 내 곁에 와 누웠는데 이젠 엄마의 팔을 베고 누웠다. 엄마가 나를 꼭 안았다. 나는 엄마 품에 안기어 왼손으로 엄마의 얼굴을 만져보았다. 웃고 있는 줄 알았는데 눈물이 흐르고 있었다.

엄마는 웃고 있어도 눈물을 흘린다는 것을 그때 처음 알았다. 엄마는 내게 아버지의 소식을 묻지 않았고 나도 말하지 않았다. 엄마와 내 마음속에는 분명 아버지가 있지만 우린 서로 아버지에 대한 말을 하지 않았다. 엄마가 잠이 들었다. 나는 살그머니 엄마의 팔베개를 빼고 일어나 보따리 속에 넣어둔 성경책을 꺼내 그 위에 두 손을 모아 기도를 드렸다.

"세상에서는 버려진 아이지만 하나님은 저를 버리지 않았음을 오늘도 알게 되었습니다. 하나님이 인도해 주시지 않았다면 엄마를 만날 수 없었을 거예요. 저를 불쌍히 여겨주셔서 그리운 엄마 곁에 오게 해주신 하나님. 정말 감사합니다. 혼자 계실 우리 아버지도 하나님이 불쌍히 여겨 꼭 살아있게 해주세요."

용서할 수 없는 아버지이지만 혼자서 불쌍한 모습으로 지낼 것을 생각하니 눈물이 났다. 지나온 날을 돌아보면 하나님께 기도드린 모든 기도는 다 이루어 주셨다. 엄마 옆에 누운 날, 밤새 잠 못 이루고 지나온 시간들이 방 문고리에 걸려 지금도 나를 잠 못 들게 한다.

얼마간을 엄마가 식모 사는 집에 얹혀 있었다. 어느 날, 나 같은 애를 식모로 구한다는 집으로 나를 보내기로 엄마는 결심을 했다.

"싫어. 나는 엄마랑 있을 끼다. 여기서 엄마가 시키는 대로 일 잘하면 되잖아. 엄마. 나 보내지마." 말하며 엄마에게 매달리고 싶었지만, 내 마음을 한 마디도 엄마에겐 말하지 않았다.

"우리 순애야. 그 집에 가면 하얀 쌀밥 배불리 먹고 니를 공부도 갈채 줄끼란다."

"……"

"순애야. 엄마 말 들을꺼제?"

내 마음속에선 다시는 엄마랑 떨어지지 않을 거라고 떼를 쓰며 울고 매달리고 싶으면서도 콩알만 한 눈물만 내 발등에 뚝뚝 떨구며 입술을 깨물었다. 그리고 머리를 끄떡였다.

"우리 순애가 엄마 말을 이렇게 잘 들으니… 착한 딸 우리 순애야."

내 눈물 앞에서 엄마의 더 굵은 눈물이 쏟아졌다.

"순애야. 낸들 어린 니를 식모로 보내고 싶겠나. 여기 있으마 눈칫밥을 먹어야 된다. 가서 쪼매 마 있거라. 이 엄마가 니를 데릴러

가마. 알았제 순애야."

"으응… 응. 응."

엄마가 나를 가슴에 더 세게 끌어안았다. 두 팔로 내 몸이 으스러지도록 끌어안았다. 엄마와 나는 한바탕 눈물잔치를 한 후에야 마음이 고요해졌다. 보내는 엄마의 마음도 떠나는 내 마음도 이 모든 상황을 인정하고 받아들였다.

절망에 곤두박질치는 운명

나를 데리고 갈 아주머니가 왔다. 그분은 나를 엄마에게로 데리고 왔던 분이다. 나는 순순히 그 아주머니를 따라 엄마가 있는 집 대문을 나섰다. 대문 앞에서 엄마와 나는 새끼손가락을 걸고 꼭 내 데리러 온다고 약속하고 내 발걸음이 떨어졌다. 내 걸음이 멀어져갈 때에 점점 더 커지는 엄마의 울음소리가 내 발자국을 따라왔다.

나는 그 아주머니를 따라 따박따박 걸었다. 내 몸은 엄마에게서 멀어지고 있었지만 내 마음은 엄마에게 더 착 달라붙어 버렸다. 절대로 떨어지지 못하도록 내 마음을 엄마의 눈물 위에 못을 꽝꽝 박았다. 내 몸은 갈지라도 마음은 엄마에게서 떨어지지 않을 것을 마음속 깊이 다짐을 했다.

아주머니를 따라 30분 이상 걸어온 길에서 버스를 타고 갔다.

얼마 가지 않아서 버스에서 내렸다. 그리고 마을 안길을 걸어 어떤 집 대문 앞에 섰다. 닫힌 대문을 안으로 밀었다. 삐걱 소리가 났다. 안마당이 크고 깨끗했다. 몇 걸음을 걸어도 기척이 없었다.

"사모님. 사모님 계십니꺼?"

아주머니의 목소리 끝자락에 방문이 열렸다. 아주머니가 고개 숙여 인사하며 아이를 데려왔다고 할 때에 주인 사모님의 눈길은 나를 향해 있었다.

나의 온 마음이 엄마가 있는 집 대문 앞에 걸려 있다가 정신을 차리고 차렷 자세로 섰다. 그때 주인 사모님의 손이 고개 숙인 내 턱을 치켜 올리며 찬찬히 훑었다. 주인 사모님의 매서운 눈은 내 얼굴에 경련이 일어날 만큼 뚫어지게 보았다. 무엇인가를 발견해 낸 사람처럼 급기야 입을 벌려 보라고 했다. 한 번도 누구에게 입을 벌려 본 적이 없었다. 무섭고 겁이 났다. 금방이라도 울음이 터져 나올 것 같은 마음을 꾹꾹 누르며 처음 보는 사람 앞에서 입을 벌렸다.

나의 얼굴을 찬찬히 훑어보던 주인 사모님이 갑자기 나를 데리고 간 아주머니에게 어디서 이런 병든 아이를 데리고 왔느냐고 소리를 질렀다. 나는 속으로 놀랐다. 구룡포에서 걸린 황달. 피를 토하는 병을 정확히 알아봤다. 아주머니가 쩔쩔매며 안절부절을 못했다.

"아… 그렇습니꺼? 병이 들었습니꺼. 그람은 야를 안 쓸겁니꺼. 사모님?"

"……"

내 심장이 일시정지가 되었다. 온몸이 벌벌 떨려왔다. 눈빛 하나 흔들림이 없었던 주인 사모님이 한참을 침묵하더니 단호하고 매정하게 말했다.

"여기까지 데려온 아이니 두고 가세요."

"예. 사모님. 그럼 이 아이를 두고 가겠습니다."

눈앞이 아찔해지며 금방이라도 그 자리에 주저앉을 것만 같았다. 나를 데리고 갔던 아주머니는 허리 굽혀 절을 하곤 돌아섰다.

"순애야. 니는 인자부터 이 집에서 산다. 언젠가 너거 엄마가 니를 데릴러 올 때까지 잘 있거라."

'안돼요. 아주머니. 저를 우리 엄마 있는 집으로 데리고 가주세요.'라며 매달리고 싶은 마음과는 달리 아주머니에게 고개를 끄덕이고 있었다. 주인 사모님의 눈이 내게로 옮겨 왔음을 느꼈을 때 '한 번만 더 내게 또 입을 벌리라고 하면 절대로 벌리지 않을 거'라고 다짐하며 입을 앙 다물었다.

나에게 정해진 운명이라면 주저앉아 울지 않으리라. 내게 가기로 정해진 길이라면 중간에 포기하지 않으리라.

눈앞에 고정되었던 시야는 약간 고개만 들어도 달라 보인다. 내 눈에 장독대가 보였다. 동글동글 이쁘다. 어느 새 먹구름이 비켜가고 햇살이 마당 절반을 비추고 있었다.

보이지 않았던 누렁이 한 마리가 달려와 처음 보는 내 발등을 비볐다. 내 걸음을 따라 누렁이가 움직였다. 무서운 주인 사모님과는 눈을 마주하지 않았다. 내 안에 스치는 수많은 상념들이 바람처럼 지나갔다. '나를 이곳에 데려다준 아주머니는 엄마에게 가서 무어라고 말할까. 이곳에서 흘려야 될 눈물이 내 심장까지 차오르면 그리운 내 엄마가 나를 데리러 올까.' 내 운명을 한 번도 내가 선택한 적이 없다. 그러나 나의 삶이란 지금 내가 살아내는 현실이다. 지금 내가 마주한 여기. 눈앞의 현실 그 자체다.

나는 이 집에서 어떤 일을 겪든지 그것이 내 삶이기에 살아내야만 한다. 있는 그대로의 나의 삶을 받아들여야 한다. 이것이 나의 삶이고 운명이라면, 내가 살아있음에 감사하고 어떤 일이든 할 수 있음에 감사해야 한다. 그리하면 그 이후에는 나를 사랑하셔서 버리지 아니하시는 하나님이 인도해 주시리라.

겨울나무처럼 앙상한 뼈만 남은 내 운명에 언젠가 따뜻한 봄이 오면 파릇파릇 새싹 같은 내 인생의 새 옷을 입혀주시리라. 힘들다고, 외롭다고, 나에게만 왜 이런 고통의 날이 주어졌느냐고 불평하지 않으리라. 이 고통의 나날이 쌓여 더 깊은 내 인생을 만드는 보검이 될 수 있으리라.

무서운 주인 사모님을 보며 생각했다. 산을 오르면 울창한 숲 속에서 하늘을 쳐다본 적이 있다. 잎과 잎 사이의 틈새를 통해 파아란 하늘을 보았다. 빈틈이 없는 숲에서 열린 하늘을 보았다. 사모님의 숨 막히는 성격에 내가 겪어내야 할 일들이 얼마나 많을지 상상만 해도 눈물이 났다.

'이제부터 나의 가슴속에서 오래된 슬픈 기억들을 떠올리지 못하도록 봉인해 버리리라. 켜켜이 쌓인 흙먼지 속에서 잃어버린 기억들을 복원해 내지 않으리라. 나의 내면 어딘가에 묻혀있을 기억들을 현재의 시공간으로 끌어와 지금의 삶을 힘들게 하지 않으리라. 내 인생 과거의 아픔에 집착하지 않고 지금의 삶에 온 마음을 바치리라. 눈물 속에서 생각이 자라고 고통을 견뎌내면서 내면이 여물어지고 삶을 꿋꿋하게 이겨 내면 마음이 커지리라. 인생을 배워 아는 것이 아닌 삶으로 아는 자가 되리라.'

내 삶은 언제나 시간 위에서 산다. 아침, 점심, 저녁 물걸레로 대청마루를 닦았다. 작두로 소여물을 썰어서 큰 가마솥에 쇠죽을 끓였다. 디딜방아를 발로 밟아 찧는다. 온종일 다리가 붓도록 디딜방아를 빻았다. 매 끼마다 부뚜막에서 누룽지로 밥 대신 먹었다. 개도 나와 같은 누룽지를 먹었다.

어느 날, 배가 너무도 고파 개가 남긴 누룽지를 내가 먹었다. 어두운 밤, 개 집 앞에서 눈물이 왈칵 치밀었다. 나는 가만히 앉은 채로 하늘을 쳐다보았다. 눈물을 안으로 밀어 넣었다. 까만 어둠 속에 별 밭이 거기에 있었다. 개 밥그릇을 손에 든 채 내 마음을 온통 하늘의 별 밭으로 빼앗겼다. 나의 두 발이 별과 별을 건너가고 있었다. 별들은 내 다리를 옮길 만큼 가까이서 징검다리를 놓았다. 나는 마당을 별을 따라서 빙빙 돌았다. 저 하늘에 보고 싶은 엄마에게 보내는 내 마음을 그려보고 싶다. '엄마도 저 별을 보고 있을까!' 별에서 엄마를 보았다.

별을 보며 기도를 드렸다. 문득 '하나님은 나 같은 식모도 사랑해 주실까.' 하는 생각을 했다. 밤마다 별을 보며 내 가슴에 쌓인 슬

품을 눈물로 씻어냈다. 눈물이 씻긴 곳에서 내 영혼이 살아나리라. 삶의 갈피마다 배여 있는 눈물. 그것은 영혼을 맑게 씻어내는 내 영혼의 날개 짓이다.

내 인생의 가지에 고통의 핏방울이 맺히다

겨울을 이겨낸 마른가지에서 꽃은 고통의 핏방울로 피어나듯 한 인생도 고통 속에서 새 생명을 얻는다. 고통을 나의 것으로 받아들이기로 작정한 사람에게 두려운 것이 무엇이랴. 사람들은 편안하게 사는 것이 복이라 하겠지만 고통 속에서 껍질을 벗는 자만이 느낄 수 있는 행복의 가치는 다르다.

큰 다라이에 빨래를 가득 담고 개울가로 걸어가는 길이 멀다. 겨울이 오면 이 길은 더욱 멀어서 빨래를 이고 오는 손이 얼었다. 검정고무신으로 얼음 위에 밟고선 발이 동상으로 절룩거렸다. 강바람 속에서 빨아온 겨울 빨래를 마당 빨랫줄에 널으려면 발뒤꿈치를 들고 널어도 줄이 높았다. 작은 아이가 빨기엔 너무 큰 옷들이 마당의 빨랫줄에서 얼었다.

줄 가운데에 긴 나무장대로 늘어진 줄을 하늘로 밀어 올렸다. 까만 고무신을 신은 아이가 나무 장대가 미끄러지지 말라고 발로 버티고 섰다. 해가 뉘엿뉘엿할 때에 주인 사모님이 오셨다. 밟고 선 나무장대를 빼고 빨랫줄에 걸린 빨래를 때가 깨끗이 갔는지 소매를 뒤집고 바지 끝을 뒤집어 보았다. 어떤 벼락이 날아올지 마음속으로 움츠리고 있을 때, "이것도 빨래라고 빨았누. 흠." 하며 주먹으로 내 머리를 한 대 쳤다.

그다음엔 긴 나무장대로 내 등짝을 때렸다. 휙 내리칠 때에 내 허리가 휘청했다. 엉덩이와 허리를 마구 때렸다.

"맨날 밥 쳐 먹고 이것도 못하누. 흠."

"사모님. 잘못했습니더. 더 잘 하겠습니더. 엉엉…"

나무 장대를 던져버렸다. 주인아주머니는 맨손으로 빨랫줄을 마구 흔들어 마당 흙바닥에 마치 나를 패딩이 치듯 빨래를 다 패딩이 쳤다. 그리고 발로 밟았다.

"당장 가서 다시 빨아와."

"예. 사모님. 잘못했습니다."

그때였다. 나보다 한 살 많은 주인 집 딸이 마당으로 들어오다가 깜짝 놀라며,

"엄마. 이게 뭐야. 왜 빨래가 마당에 널렸어?"

까만 교복과 하얀 카라가 유난히 예뻐 보이는 딸. 나는 주인아주머니와 딸 앞에 죄인이 되어 벌벌 떨었다.

"이 어리버리가 오늘 또 제대로 일을 안 했어? 난 첨부터 이런 앤 줄 알았어. 내쫓아버려."

신발을 질질 끌더니 방문을 꽝 닫았다. 주인아주머니가 내 머리를 한 대 치며 방으로 들어갔다. 장독대 옆에 세워둔 다라이에 마당에 처박힌 빨래를 다 주워 담았다. 무너지는 내 마음도 담았다.

'이정도 쯤이야 괜찮아. 죽을 것만 같은 절망이어도 죽지 않고

살면 내가 이긴 거야.'

언 발을 절룩거리며 한참을 걸어 다시 강가로 갔다. 강기슭의 마른 갈대들이 바람결에 따라 서걱거렸다. 얼음 위에 몇 시간 동안 빨래를 빨았던 얼음 구멍이 다시 얼음이 덮이고 있었다. 나무 방망이 끝으로 구멍 안의 얼음을 부셨다. 내 인생도 같이 부셔졌다. 속절없이 무너져 내리는 삶의 줄을 잡으려 바둥거렸다.

어둠이 강가에 내려앉았다. 바람소리에 놀라 눈이 동그라졌다. 문득 하늘에 달이 나를 보고 있음을 알았다. '아! 달이 떴구나.'라고 생각하는데 내 볼에 한 줄기 눈물이 흘렀다. 언 달이 나를 보고 있었다. 무너지는 내 마음을 붙잡기 위해 하나님께 기도를 드렸다.

"하나님. 지금 이 강가에서 울고 있는 저를 보고 계시지요. 하나님은 살고 싶어 흘리는 눈물도 다 알고 계시지요. 엄마가 보고 싶은 내 마음을 저 달빛에 담아서 엄마가 있는 그곳으로 보내고 싶어요. 하나님은 제가 이 고통을 얼마만큼 더 견디면 우리 엄마가 나를 데리러 오는지를 알고 계시지요. 견딜 수 없이 힘든 날에는 저를 저 달과 별이 빛나는 곳으로 데려 가 주세요. 깨끗한 별을 내 마음에 담고 저 환한 달빛을 내 얼굴에 새기고 싶어요. 흑흑."

절망의 끝에 매달린 나를 보고 달빛이 말을 걸었다. '힘들어도 조금만 참아. 모든 것은 다 지나 간단다.' 그때였다. '쩡! 쩡! 쩡! 쩡!' 얼음 속에서 들려오는 것만 같은 이 소리. 이 공포의 소리에 나의 온몸이 오그라들었다. 빨래를 이고 집으로 돌아온 밤. 아래채 헛간 같은 작은 냉굴에 누운 온몸이 추위와 오한에 턱이 덜덜 떨려와 이빨이 맞부딪히는 소리로 엄마를 불렀다. 이대로 영원히 죽을 것 같다는 생각을 하며 의식을 완전히 잃었다.

"엄마다! 엄마! 엄마! 왜 이제 왔어. 순애는 날마다 엄마를 기다렸는데."

"아! 그랬구나. 우리 순애가 엄마를 손꼽아서 기다렸어?"

"응. 엄마. 인제는 엄마랑 다시는 헤어지지 않고 사는 거야?"

"응. 그렇단다."

"아 좋아라. 나는 인제 엄마랑 맨날 맨날 살 거야."

"엄마도 우리 순애랑 이제는 절대로 안 떨어지고 함께 살 거야."

"야! 신난다."

엄마가 내 손을 꼭 잡고 개울가를 걸었다. 발바닥에 돌을 밟고 물을 건널 때, 엄마가 밟은 돌을 나도 똑같이 밟으며 엄마를 따라갔다. 엄마가 앞서가고 그 돌을 밟으며 따라 걸으며 '엄마. 엄마.'를 불렀다. 내 그리움의 엄마가 내 곁에 있다.

"순애야. 인제 다 왔다."

무거운 나무 문틈 사이로 희망의 빛줄기가 어둠을 잘랐다. 끙끙 신음소리를 내며 눈을 떴다. 여기가 어딜까? 이마와 온몸이 땀범벅이 된 채로 신음소리가 입에서 터져 나왔다.

"엄마… 흑흑…"

꿈이었다. 꿈속에서 엄마가 나를 돌다리로 개울을 건너게 해주었다. 나는 여전히 내가 살고 있는 현실 안에 있었다. 언 몸이 펄펄 끓었다. 눈을 떴는데 몸은 용광로 안에 있었다.

'일어나야지. 이 무거운 슬픔의 무게를 박차고 일어나야지.' 절망이 나를 짓누를수록 내 속에서는 살고 싶다는 날개 짓을 했다. 겨울을 벗고 푸른 산이 피어나듯 내 인생도 깨어나고 싶다. 깨어나야만 했다. 피어오르는 슬픔의 상념들을 걷어내고 새 희망의 옷을 입고 싶다.

여기서 머뭇대지 말고 운명적 한계를 박차고 일어나야만 한다. 좌절감이란 남이 주는 것이 아니다. 내 안에서 생겨나는 것이다. 머리를 치미며 올라오는 좌절감을 두 발로 "꼭꼭" 밟고 서야만 한다. 좁디좁은 내 삶의 시야를 내면적 생각을 키워서 더 넓은 세상을 볼 수 있는 마음의 눈을 가져야 한다.

헛간 바닥에 누워있는 내 작은 몸. 그 작은 몸 안에 담긴 큰 미래를 보고 싶다. 지금 내 몸이 어디에 누워있어도 괜찮다. 내가 살아갈 세상은 더 넓은 미래다. 지금에 얽매이지만 않는다면 큰 세상으로 날아갈 수 있다. 지금 이 바스러지도록 슬픈 현실에 내 마음이 무너지지만 않는다면 나는 그 어떤 절망도 두렵지 않다.

'그 절망 앞에서 무너지지만 않는다면 절망도 절망이 아닌 거야.' 내 존재가 무너질 때 절망은 빛을 발하지만 내가 꿋꿋하게 절망을 밟고 일어서면 오히려 절망이 무너지고 만다. 그게 하나님의 힘으로 사는 사람의 능력이다. 지금 내 인생은 캄캄한 밤하늘처럼 어둠 속에 갇혀 있지만, 아침을 기다리면 된다. 절망도 지나가 버리면 절망이 아니다.

나는 가만히 엎드려 있으면 된다. 어둠 속일수록 가만히 있으라고 어둠을 주셨다. 내가 무엇을 하여서 내 인생이 바뀌는 것이 아

니다. 어둠 속에 가만히 엎드려 있으면 새 날을 오게 하시는 하나
님이시다. 죽음의 바닥, 내 인생의 끝을 짚고 난 후 그 바닥에서 또
바닥을 팠다. 그 깊이 속으로 들어가고 싶다. 이 세상에 존재 하는
자 같으나. 존재하지 않는 나를 그 바닥에서 보았다.

밤마다 절망이
내 옆에 함께 누웠다

존재의 가치가 무너져 버린 존재가 나였다. 그 바닥
의 지층 밑에는 또 바닥이 있었다. 그 끝을 향하여 더 아래로 더 밑
으로 파 내려갔다. 거기서 본 나는 지금까지 알고 있는 내가 아닌
낯선 나였다. 끝없이 혼자인 나의 내면 깊숙이 파고 들어가면 엄청
난 크기의 또 다른 세계가 있다. 가만히 눈을 감고 있으면 내 몸은
죽은 자 같이 보인다. 나의 마음속으로 들어가는 좁은 계단 그리고
작은 문…

그 누구도 나를 찾을 수 없을 만큼 꼭꼭 숨어버리는 나. 버려진
내 인생은 혼자만의 세계를 가지고 가슴속에 상상의 나래를 펴며
마음껏 누리는 또 다른 세계를 보며 지금을 이긴다.

새벽에 쇠죽솥에 불을 지피면 어둠이 물러가지도 않았는데 누렁
이가 내 옆에 와 앉는다. 나는 쌀독에서 퍼낸 쌀을 씻는다. 나의 하루
는 밥솥에 불을 지피면서 시작된다. 내 영혼에도 불을 지핀다. 이제
주인아주머니가 원하는 일을 곧잘 한다. 말하지 않은 것도 알 수 있었

고 할 수 있었다. 그 집을 간지 2년이 지나고부터는 혼나지 않았다.

항상 내 마음을 설레게 하는 것은 그 집 딸의 교복이었다. 그 교복은 내 꿈의 상징이기도 했다. 교복을 빨며 손질을 할 때면 내 얼굴에도 꽃이 핀다. 상상속의 순애가 교복을 입고 있다. 입가의 웃음이 마당 위를 떠다닌다.

어느 날, 교복을 걸어둔 방 책상 위에서 공책을 보았다. 딸의 일기장이었다. 높은 학교를 다니는 사람은 어떤 고민과 생각을 하는지 궁금해 공책을 넘기는데 심장이 뛰었다. 무엇을 훔쳐본다는 것의 떨림을 처음 경험했다. 멈췄던 숨이 한꺼번에 터져 나올 때 나의 두 발도 그 방을 나왔다. 마치 못 볼 세상을 본 것처럼 나 혼자 얼굴이 벌개지며 마음은 어딘가에 빼앗긴 채 내 몸만 장독대를 닦고 있었다.

다른 사람의 내면을 훔쳐본 후, 그 딸의 껍질만이 전부가 아님을 알고부터 한 사람인데 두 사람으로, 둘 다 이전에 내가 알던 사람이 아닌 낯선 두 딸을 보았다. 한 번 본 것을 안 본 것처럼 되돌아갈 수 없음도 그때 알았다. 사람의 가치는 그 사람 내면에 담겨있는 것이 진짜라는 걸 생각이 여물어 갈수록 깨닫게 되었다. '나의 내면에 무엇이 담겼는가'가 진짜 내 모습이라는 사실을 알수록 내면을 유리알처럼 닦아야겠다고 생각했다.

이제는 큰 누렁이가 나를 따라 빨래터까지 간다. 어디라도 쫄쫄 나만 쫓아다닌다. 내 마음의 절대 가치가 엄마였던 시간들이 조금씩 희미해갈 무렵, 잊고 살았던 아버지가 내 꿈에 나타났다.

벌떡 일어나 앉은 나는 '아! 아버지.' 아버지가 있었다는 생각 뒤에 따라 오는 무섭고 슬픈 기억을 잘라내기 위해 머리를 저었다. 지금까지 내 마음 밖에 계셨던 아버지가 꿈길을 따라 내 마음속으로 들어왔다.

그리고 며칠 후, 집 뒤 곁에서 말린 나물을 담고 있던 내 귀에 "순애야! 순애야!"하는 환청이지 싶은 소리가 들리던 순간, 다시 또렷한 음성이 들렸다.

"순애야! 순애야!"

"어! 엄마다!"

부엌에서 마당으로 달려 나가는 내 앞에 정말 엄마가 마당으로 들어섰다.

"어… 엄마… 엄마… 엄마… 으엉엉… 엄마… 엉엉엉."

"우리 순애가. 가여운 내 새끼가. 엉엉…"

"내 새끼. 미안하다. 정말 미안하다. 순애야. 순애야."

엄마의 가슴에 얼굴을 파묻었다. 이 순간을, 이런 날이 오기를 천 번은 더 상상 해보았던 일이 정말 내 앞에 일어났다.

"우리 순애가 많이 컸구나."

"엄마… 엄마…"

그날 밤, 엄마가 주인아주머니께 큰 절을 했다.

"사모님. 아직 어리고 철없는 아를 지금까지 거두어 주셔서 고맙십니더. 인자 야를 데려 가겠습니더."

나는 엄마 옆에 딱 붙어 앉았다. 주인아주머니는 아무 말도 하지 않았다. 그 딸이 얼굴을 삐죽거리며 방문을 "꽝" 닫고 나갔다. 냉정하고 매서운 주인아주머니의 표정을 보고 엄마가 놀라는 것 같았다. 엄마는 고개를 숙인 채 뒷걸음으로 방문 앞에 와서는 다시 한 번 고개를 숙이더니 문 밖으로 나왔다.

내가 눕는 자리에 엄마가 앉았다. 나를 엄마 무릎 위에 앉혔다. 나를 꼭 안았다. 엄마의 두 손이 내 손을 만졌다. 거칠고 터진 손을 꼭 쥐더니 참고 있었던 눈물을 쏟아냈다.

"으으윽… 내 새끼가 여기서 얼마나 힘들었을꼬. 내가 잘못했다 순애야! 엉엉엉."

"엄마. 나 인제 뭐든지 잘한다. 잘할 수 있어. 주인아주머니한테 혼도 안 나고 매도 안 맞고 잘해."

"으으윽… 엉엉…"

엄마의 울음소리가 더 커졌다. 엄마의 손으로 내 얼굴의 눈물을 닦아 냈다.

"엄마. 울지 마."

엄마의 품에 꼭 안겼다. 암흑 같은 날들은 죽음처럼 지나온 시간이었다. 기나긴 터널을 다 빠져나온 지금. 엄마는 내가 걸어온 길을 안 보고도 다 본 것처럼 눈물을 흘렸다. 엄마는 지금까지 내 시간표를 다 본 것처럼 울고 있다. 눈물로 그 밤을 보낸 엄마가 새벽같이 길을 나섰다.

"순애야. 인자 가자!"

"응, 엄마!"

또박또박 걸음을 옮기려는데 검정고무신이 작아 발가락이 아팠다. 한쪽 발은 뒤꿈치를 먼저 딛었다. 내 손을 꼭 잡은 엄마의 손이 따뜻했다. 그 해 늦가을, 볏단이 탈곡을 마친 후 짚가리가 되어 논 바닥에 우뚝우뚝 서 있었다.

아침이 되었다. 큰길가에 서 있던 우리는 버스를 탔다. 엄마는 내 손을 놓지 않았다. 이따금씩 내 얼굴과 머리를 쓰다듬었다. 두 손으로 내 얼굴을 만지며 웃었다. 엄마는 '눈에 넣어도 아프지 않을 내 새끼'라는 표정의 눈빛으로 말을 하고 있었다.

아버지와 내가 구룡포에서 처음 엄마를 찾아왔던 그 정류장을 엄마와 함께 도착했다. 각자 보따리 하나씩을 머리에 이고 우리가 살았던 옛텃골이 있는 산골마을로 먼 산길을 걸어가야 했다. 엄마와 함께라면 어디든지 갈 수 있었다.

읍내에서 집으로 오는 길은 강을 건너야 했다. 그 다리를 걸어올 때 바람이 차가웠다. 엄마가 바람막이 자리에 서서 내게 오는 바람을 막고 걸었다. 이전에 아버지가 내게 해주었던 바로 그 마음이었다. 그때 생각이 떠올랐다.

"엄마. 아부지 꿈을 꿨다."

"아. 그랬어. 아부지 꿈을?"

"응. 엄마. 아부지는 우찌 사노?"

"안 그래도 너거 아부지 소식 들었다."

"아… 진짜?"

"보따리 장사 아줌마가 왔다갔는데, 아버지가 아파서 다 죽어간단다. 그래서 집으로 간다. 우리 순애를 델꼬."

내 마음은 더 빨리 걷고 싶었다. 갑자기 마음이 급해졌다. 내를 따라 엄마도 걸음을 재촉했다. 산을 넘는데 숨이 턱에 걸렸다. 엄마의 얼굴을 코앞에서 보았다. 눈가에 주름이 웃지 않아도 보였다. 엄마도 그 집에서 마음고생을 많았다는 생각이 들었다.

이번에는 오르막에서 길가에 앉아 쉬는 엄마를 내가 꼭 안았다. 엄마가 나를 쳐다보며 웃었다.

"내 새끼. 우리 순애."

집으로 가는 길에
희망이 내 손을 잡았다

우리는 눈빛만 마주쳐도 웃었다. 엄마의 얼굴이 환해졌다. 순애는 엄마에게 웃음을 주는 존재였다. 행복의 씨앗이었다. 얼마나 걸었을까. 저 멀리 엄마와 내가 살았던 폐허 같은 집이 보였다. 금방이라도 폭삭 주저앉아 버릴 것만 같았다. 고요한 풍경에 푸른 소나무 숲 아래 작은 초가집이었다.

지붕 위에는 짚 대신 비닐이 덮여 있었다. 한쪽에는 눌린 새끼가 썩었는지 비닐이 바람에 펄럭였다. 엄마와 나는 소나무가 서 있는 집 언덕길을 "헉헉" 거리며 올라갔다. 나는 더 욕심을 부리며 앞서 걸었다. 몇 걸음을 더 몸부림치듯 올라갔다.

"휴"

드디어 집이 코앞에 있다. 모든 생명이 정지된 것처럼 고요한 적막이 흐른다. 엄마와 내 마음만 분주했을 뿐. 마당이 온갖 풀들로 가득 찼다. 사람이 살지 않는 폐허가 된 방문 앞에 섰다.

"아부지요. 아부지요?"

두 번 소리 내어 불렀다. 아무 기척이 없었다. 한 걸음 올라서서 방문 고리를 잡고 당겼다. 방문을 언제부터 닫아 놓았는지 역한 냄새가 먼저 얼굴을 덮쳤다.

"아부지요!"

방바닥을 보았다. 사람 형상의 물체가 누워 있었다. 죽은 시체가 이불 속에서 마치 썩고 있는 것 같아 나도 모르게 다급한 목소리로 아부지를 불렀다.

"아부지요. 아부지요."

기척이 없다. 방안으로 들어간 나는 이불 속에 누운 아버지의 몸을 짚었다. 어깨를 손으로 흔들었다.

"으으으. 으…"

"아부지요. 아부지요. 순애가 왔습니더. 흑흑… 아부지요. 엉엉…"

아버지가 살아 있었다. 시체인 줄 알았던 아버지가 산 자의 소리를 냈다. 내 뒤를 따라 엄마가 방안으로 들어왔다.

"순애 아부지요. 엉엉… 꼴이 이게 뭡니꺼. 흑흑…"

다시 아버지가 소리를 냈다. 엄마의 목소리를 들은 것이다.

"어… 어… 어…"

그제서야 엄마가 두 손으로 아버지의 앙상한 몸을 안고 일으키려 했다. 그 때 아버지의 얼굴이 선명히 보였다. 나는 두 손으로 입을 막았다. 뼈에 가죽이 덮힌 흉칙한 모습이었다. 사람 뼈의 골격이 이렇게 생겼다는 것을 표본처럼 보였다.

목뼈와 쇳골이 물 한 바가지가 담길 만큼 움푹 들어갔다. 엄마가 아버지를 안은 채로 울었다.

"당신 꼴이 이게 뭡니꺼. 지가 잘못했습니다. 아… 아…아…"

"수네. 수네."

나를 부르는 것 같았다. 아버지의 입에 내 귀를 갖다 댔다. 정말 아버지는 나를 불렀다.

"예. 아부지요. 예. 아부지요."

나는 울면서 아버지 얼굴 앞에 내 얼굴을 정면으로 마주했다. 아버지가 실오리만큼 눈을 떴다. 눈꺼풀이 살이 없어 눈을 감고 있어도 눈알 그대로 동그라니 선명했다. 그 굳게 감긴 눈을 뜨도록 당신 눈앞에 얼굴을 바짝 갖다 댄 딸을 보셨다.

바로 그 순간이었다. 바싹 마른 아버지의 눈꺼풀 속에서 눈물이 샘을 뚫고 나왔다. 나를 보신 아버지가 우신다. 그렇게 바싹 마른 사람의 몸에 어디에 샘이 있기에 이 뜨거운 눈물이 나오는지…

"아부지요. 정신 차리 보이소. 순애가 왔습니더. 엉엉엉… 아부지요."

"오냐. 오냐."

눈물 흘리시는 아버지의 입술 모양으로 말을 알아 들었다. 엄마가 아버지의 얼굴 앞에 얼굴을 갖다 댔다.

"순애 아부지요. 지를 용서해 주이소. 지가 잘못했습니더."

아버지의 눈에서 더 굵은 눈물이 흘렀다. 아버지의 앙상한 손이 들썩들썩 이더니 엄마의 손등을 잡았다. 엄마는 아버지의 바스러질 것 같은 몸을 껴안으며 큰 울음을 토해냈다. 아버지와 엄마와 나는 처음으로 서로를 부둥켜안고 통곡하며 울었다.

실낱같은 목숨이 살아 있음이 기적인 아버지가 이제는 살았다고 안도의 눈물을 흘리는 것 같았다. 부엌으로 갔다. 언제부턴가 불을 때지 않은 아궁이엔 재도 없었다. 물 한 모금, 쌀 한 톨이 없었다. 산 사람이 있는 집이라곤 도저히 생각할 수 없는 곳 한쪽에 버려지듯 내 팽개쳐진 양철 물동이를 들고 언덕 아래로 뛰어 내려갔다.

옛텃골의 우물과 두레박은 그 자리에 있었다. 물을 길어 물이 가득 담근 물동이를 머리에 이고 집 언덕을 올랐다. 나이 몇 살을 더 먹었음을 물동이 이는 힘에서 느껴졌다. 이웃집에서 모두가 입을 쩍 벌렸다.

"순애가… 니 아주 가버린 게 아니었나?"

"아입니더. 다시 올라 캐습니더."

"그래. 잘했다. 너거 아부지는 어떻노?"

"마이 아픕니더."

"그럴기다. 우리도 너거 아부지 못 본지가 오래됐다. 전에는 밤에 물 뜨러 왔는데 그것도 안 한지 오래됐다. 안 죽었을까 싶어서 한 번 찾아가 볼라 캐도 무서워가 못 갔다. 너거 집은 진짜 무섭더라."

"……"

엄마가 동네에서 쌀을 꿔왔다. 돌로 갈아서 흰 미음을 쑤었다. 물부터 숟가락으로 아버지 입에 떠 넣었다. 겨우 입술만 아주 조금 벌릴 정도인 아버지 입안으로 따슨 물이 넘어갔다.

뼈만 남은 목 줄기에 "꿀꺽" 물 넘어가는 소리가 크게 들렸다.

그리고는 미음을 입으로 떠 넣었다. 입술을 크게 벌리지 못해 절반 씩만 넘어갔다. 긴 시간이 흘러도 계속 떠 넣었다. 반 대접 미음을 다 넘겼다. 아버지의 눈이 조금 더 또렷해졌다. 엄마와 내가 며칠만 늦었어도 귀신 나오는 이 집이 아버지의 무덤이 되었을 것이다.

산송장이 되어버린 아버지 몸속으로 따슨 물과 미음을 하루에도 몇 차례씩 드시게 했다. 꺼져가던 아버지의 생명이 조금씩 살아나고 있었다. 엄마가 낫을 들고 산으로 올라갔다. 한 시간 후에 나무 한 단을 머리에 이고 와 부엌 구석을 채웠다. 나무 한 단으로 부엌이 따뜻해진 것 같다. 빈 솥에 물 한 동이를 붓고 아궁이에 불을 땠다.

연기가 났다. 불이 안으로 안 들어가고 자꾸 밖으로 나왔다. 마당 구석에서 헌 괭이를 찾아온 엄마가 부엌 바닥에 엎드려 아궁이 안쪽으로 괭이를 밀어서 꽉 막힌 재를 끌어냈다. 아궁이 앞에 재가 수북하다. 엄마는 비닐 푸대를 찾아와 재를 담았다.

마당 한쪽에 거름 터를 만들어 그 자리에 재를 부었다. 바람에 날리지 말라고 뚝 떨어진 곳에 있는 작은 변소에서 긴 자루가 있는 변소전용 바가지로 똥물을 떠서 거름 터 재위로 뿌렸다. 온 집, 온 동네에 똥 냄새가 진동을 했다.

마을 사람들이 이집 저집에서 나와 우리 집을 쳐다보았다. 죽은 자처럼 누워있던 아버지가 냄새를 맡고 밖으로 고개를 돌렸다. 엄마가 똥물을 재위에 붓는 모습을 보시곤 얼굴에 핏기가 돌았다. 우리 집에서 똥 냄새가 진동하는 것이 이제는 살았다는 신호인 것을 그때 알았다.

텅 빈 폐허 방에 불이 밝혀졌다. 다음 장날에 사다주기로 하고 호롱에 기름을 채웠다. 밤마다 아버지의 손을 잡고 엄마와 셋이서 서로를 보듬으며 하나가 되었다. 이제는 엄마 따라 산에 가서 나도 나무를 했다. 집에 올 때 나무가 두 단이 되었다. 마당에 나뭇단을 쌓아 올렸다.

방문을 열고 아버지가 마당에 쌓여가는 나뭇단을 보고 웃으셨다. 그 해 겨울 내내 우리 세 식구의 마음속에 군불이 지펴졌다. 따뜻함의 온기 속에 눈물겹도록 아늑한 행복이 찾아왔다. 아버지가 몸에 기운을 차리셨다.

"순애야. 인자 우리는 영원히 떨어지지 말자."

"예. 아부지요. 인자는 어디에도 안 갈깁니다. 아부지 옆에 꼭 있을 깁니다."

고개를 끄덕이시며 아버지가 우셨다.

별빛 사이로 깊은 슬픔이
지나갔다

밤마다 큰 소나무 아래 앉아서 솔잎 사이로 내려오는 별빛들을 내 마음에 주워 담았다. 엄마가 나를 두고 가버렸던 시간들을 이 나무아래 앉아서 속울음을 삼켰던 그 자리. 열여섯 별자리가 지나갔다. 내 슬픔도 지나갔다. 하나님이 내게 주신 가장 큰 축복인 시간을 선물로 받았다.

장에 가서 공책과 연필을 사 오던 날, 마치 국민학교에 입학한 아이처럼 너무 좋아서 잠이 오지 않았다. 희미한 호롱 불빛 아래, 내 품에 간직되어진 성경책을 펴고 기도하면서 따라 썼다.

날마다 일기를 쓰기로 결심했다. 나도 이제 공부할 수 있다는 마음이 나를 들뜨게 했다. 인생의 의미를 안다는 것은 시간의 의미를 안다는 것이다. 시간의 의미를 깨달았을 때 인생의 의미를 깨달은 자라는 것을 알았다.

밤마다 산 짐승들의 울음소리를 들으며 성경을 썼다. 글씨를 배워야 했고 말씀을 마음에 담아야 했다. 하나님께 기도할 때 하나님이 주신 마음이다.

'숲을 이루던 나뭇잎도 옷을 벗듯이 영원할 것 같은 시간이 다하는 그 날이 오기 전 살아있는 시간을 살자.'

열일곱의 봄은 우리 집에 변화가 일어났다. 외갓집에서 송아지 한 마리를 사주며 키워보라고 했다. 엄마 아버지의 얼굴이 웃음이 늘어났다. 나는 하루에 물 세 동이를 우물에서 길러 와야 했다. 쇠죽을 끓이는데 절반이 들어갔다. 산에서 해온 땔감나무를 이웃집에 갖다 주고 볏짚이랑 바꿨다. 그 짚을 작두로 여물을 썰어서 쇠죽을 끓였다.

이제 아버지는 몸의 기운을 많이 차리셨다. 나는 날마다 하나님께 기도를 드렸다. 지나온 날, 힘들 때마다 하나님께 기도를 드린 모든 기도는 다 이루어 주셨다. 삼 년 전에 내가 엄마를 따라 식모를 갈 때도 언젠가 엄마와 아버지가 함께 살게 해 달라고 하나님께 기도를 드렸었다.

지금 돌아보면 그 모든 기도는 다 하나님이 들으시고 그대로 이루어 주셨다. 삼 년 동안 식모 살던 시간들이 암흑 같다고 느껴졌다. 그러나 그 암흑 속에서도 하나님의 눈빛은 나를 향하고 있었다. 영원히 내 인생의 무덤과 같은 곳이었던 식모살이 집, 아버지가 폐허 속에서 산송장이 되어 무덤 속에 누운 자 같았듯이 버려진 내 생명도 그런 자였다.

눈앞만 보고 죽을 것만 같았던 내 인생에, 미래를 아시는 하나님 앞에만 있으면 현재의 고난은 나를 정금으로 만드는 과정이었다.

열일곱 살의 순애는 엄마를 따라 산기슭을 따라 산나물을 뜯었다. 고사리도 땄다. 미역취, 나물취, 곰취… 깊은 산속에는 부드러운 산나물들이 많았다. 엄마가 가르쳐 주는 대로 똑같은 다래 잎을 땄다. 두릅도 꺾었다.

시골 읍내에는 5일마다 장이 열렸다. 엄마와 내가 딴 산나물들을 그 장에 팔러갔다. 온종일 장터에서 지나가는 사람들에게 산나물을 팔았다. 엄마는 산에 나물을 뜯고, 나는 장날마다 큰 다라이에 엄마가 담아주는 나물을 이고 먼 길을 걸어 읍내까지 팔러갔다.

집으로 돌아올 때면 보리쌀, 성냥, 호롱불에 부을 기름과 사카린(설탕 대신)을 사서 캄캄한 산길을 큰 다라이를 질질 끌며 옛텃골로 돌아왔다.

배가 많이 고파서 기운이 없었다. 다음 장날에 또 팔러갔다. 이렇게 나는 장날마다 팔 것을 장만해서 머리에 이고 나르는 장돌뱅이가 되었다.

여름이면 엄마를 따라 산에 가서 도라지, 잔대, 산더덕, 산 약초들을 캤다. 온종일 이 산 저 산을 오르내리며 산 약초를 캤고 밤이면 호롱불 아래 우리 세 식구가 둘러앉아 낮에 캔 약초 껍질을 벗겼다. 아침이면 물에 씻어서 마당에 널어 햇살에 말렸다.

땅 한 뙈기 없는 우리 집은 농사지을 땅이 없으니 산에 가서 약초를 캐서 겨우 먹고 살았다. 엄마와 나는 이웃집에 일하러 가면 밥을 얻어먹고 저녁에 집에 올 때면 아버지 밥을 얻어 왔다. 아버지는 밥 한 그릇을 다 비웠다.

밤이면 호롱불 아래 엎드려 남의 집에서 빌려온 책으로 공부를 했고, 성경을 썼다. 그리고 행복한 우리 집의 일기를 썼다. 책이 좋아서 잠자는 시간이 아까웠다. 밤새 책에 담긴 이야기들로 내 마음이 가득 채워져 갔다. 나처럼 배움이 없는 텅 빈 내면은 허기진 배를 채우듯 책을 붙들고자 하는 마음으로 갈급했다.

나의 작은 우주는 내가 읽은 책으로 이루어진다. 고픈 배를 잡고 걸었던 구룡포 바닷가 길이 옛텃골 호롱 불빛 아래에서 안착을 했다. 하루하루를 힘겹게 달려왔건만 돌아보니 걸어온 자리마다 '폐허'다. 내 자신을 다른 사람과 비교하지 말고 오직 어제의 나와 비교하자. 어제처럼 오늘을 살면 내일은 결코 바뀌지 않는다.

내 손에서 책을 떨어뜨리지 않는 것이 나를 버텨내는 힘이었다. 내 눈앞에 아무 것도 보이지 않아도 책만 있으면 된다. 그 책 속에는 내가 원하는 모든 것이 다 담겨있다. 내 마음이 풍요해지고 부요함으로 채워지는 것은 정신적, 영적 부요함이다.

열일곱의 산골소녀가 하나님의 사랑 안에서 책을 읽으며 세상을 다 얻은 것처럼 기뻐했다. 인간에게 막다른 길이란 창의력의 원천이다. 내 인생의 옛텃골은 책 속에서 희망을 캐내는 시간이었다. 봄이면 제비가 마당에 굴러다니는 낙엽을 쓸어 거름더미로 모았다. 뒤뜰에는 장작을 패는 바람의 도끼질 소리, 톱질소리가 들린다. 파아란 하늘에는 형체는 있지만 실상은 없는 구름에 내 마음을 띄워본다. 잡힐 듯 잡히지 않는 삶의 미래의 이상처럼 구름이 떠다닌다.

시냇물이 골짜기를 빠져나가는 길을 건너 장날이 오면 무언가를 팔기 위해 장에 갔다. 산나물, 돌나물, 미나리, 쑥을 따서 팔았다. 여름이면 약초를 팔러갔다. 장날이 오면 검정고무신을 신고 나물을 팔러 가는 나는 행복하다.

오늘 장에서도 공책 한 권을 사왔다. 책을 붙잡고 씨름하면서 내 영혼을 살찌웠다. 생각의 힘을 키웠다.

그러던 어느 날, 읍내에서 교회를 보았다. 구룡포의 교회가 생각이 났다. 나는 어느 새 교회 앞에 서서 울고 있었다. 교회를 가고 싶다는 생각이 간절해졌다. 그날 밤 집으로 돌아온 나는 엄마에게 구룡포에서 밥을 얻어먹으러 간 교회 이야기를 했다. 그리고 지금까지 하나님께 드렸던 모든 기도와 그 기도를 다 이루어 주신 하나님을 이야기했다.

구룡포에서 만난 선생님의 사랑에 엄마가 눈물 흘렸다. 그다음 주일날, 엄마와 나는 읍내에 있는 그 교회를 갔다. 상가 교회였다. 긴 장의자에 앉아 산골에서의 첫 예배를 드렸다. 엄마와 내 얼굴에 눈물이 흘렸다. 구룡포에서 아이들이 자기 교회라며 나 같은 거지는 오지 말라며 때렸던 기억이 나의 기억창고에 저장되어 있었다. 그리고 교회에서 쫓겨났을 때 달려 나오셨던 선생님. 그 천사 같은 선생님의 얼굴이 떠올랐다. 예배시간 내내 감동의 물결이 내 마음을 덮었다.

예배를 드리고 돌아오는 길이 멀고도 멀었다. 그래도 엄마는 주일이면 아침 일찍 끓인 소죽을 주고 아버지 아침과 점심까지 준비해 두고 읍내를 향해 나섰다. 그렇게 달려간 주일 예배는 언제나 감격의 잔을 가득 채우시는 은혜의 빛줄기가 엄마와 내 마음의 강을 이루었다.

아무리 못 배워도 있는 그대로의 내 모습으로 하나님 앞에 나아갔다. 인간은 자신의 존재대로의 모습이 가장 아름다움임을 주님 앞에서 깨달았다. 매 주일마다 엄마와 읍내까지 걸어서 교회를 간다는 기쁨이 나를 살게 하는 힘이 되었다.

하루의 일상은 외갓집 일을 했고, 봄이면 산에 가서 산나물을 뜯고, 여름, 가을엔 약초를 캤다. 겨울 산에서 캐는 약초는 양지쪽으로만 다니며 캤고, 겨울 산에서 나무를 해서 머리에 이고 집으로 왔다. 밤이면 책이 텅 빈 나의 내면을 가득 채우는 보물이 되어 기다리고 있었다.

신약성경을 다 쓰고 교회에서 준 두꺼운 성경전서를 받아오던 날 밤, 새 공책에 창세기 1장 1절을 쓰는데 심장이 떨려왔다.

"태초에 하나님이 천지를 창조하시니라"

장엄한 하나님의 음성이 내 심장에 박히듯 말씀이 나를 때렸다. 나를 이끌어 가시는 하나님의 힘을 느꼈다.

장날이면 절망을 팔고
희망을 사 왔다

◀◀   큰 마을에 전기가 들어왔다. 이장 집에서 스피커로
"새벽종이 울렸네 새아침이 밝았네" 노래가 옛텃골까지 은은히 들
렸다. 큰 마을엔 마을회관도 생겼다. 그곳에서 4-H 구락부가 결성
되었다. 마을 청년 몇 사람과 고등학생으로 구성된 4-H 구락부는
여러 교육을 받는 일들이 있었다. 옛텃골에 사는 나를 큰 마을에서
지도자님이 찾아 오셔서 나에게 4-H 구락부 회원이 되어 교육을
받으러 가자고 했다. 우리 부모님도 나도 처음 들어보는 말이었다.

"야가 뭐 배운 기 있다고 교육을 받으러 갑니꺼. 야는 배운 기
없어서 안 됩니더."

엄마가 막아섰다.

"교육 가면 박사님들이 와서 훌륭한 강의를 하시는데 순애 같은
애들을 보내면 많이 배울 수 있고 가만히 앉아서 교육만 받아도 쌀
밥을 배 터지도록 묵게 해줄 끼구만요."

"예? 가만히 앉아서 박사님 강의만 들어도 쌀밥을 배 터지도록
묵을 수 있다 캤습니꺼?"

"예. 맞습니다. 순애 야는 제가 책임지고 잘 델고 갔다가 올 것
이니 내만 믿고 보내 주이소."

우리 세 식구는 서로 얼굴만 쳐다보았다.

"그라믄 순애 니가 학교 간다 셈치고 교육받는다 카는데 한 번
가 보거라. 큰 마을에서 새마을 지도자님이 일부러 여기꺼정 찾아

오셨는데 우짜겠노."

엄마는 나를 설득시키는 것 같았지만 사실은 아버지에게 말씀하신 것이다. 아버지는 헛기침을 하셨다. 지도자님이 돌아가셨다. 엄마는 나를 못 가르친 것에 미안한 마음을 가지고 있었다.

"밤마다 호롱불 밑에서 책 펴고 공부하는 걸 보이소. 이래 배울라 카는 아를 학교는 못 보냈어도 공짜로 쌀밥 배불리 먹이주고 박사님들이 와서 교육해준다 카는데 얼씨구나 보내야 되지 않겠습니꺼?"

아버지는 아무 대답도 안 하셨다. 어느 날, 4-H 구락부 새마을 청소년 회원으로 우리 마을 회원 명단에 내 이름도 올라갔다. 내 또래는 모두 고등학생 회원이었다. 동네 머슴들과 소꼴 베러 다니고 남의 집 밭고랑을 기던 내가 회원이 되었다.

그리고 얼마 후, 정말 교육을 가야 한다고 찾아왔다. 새마을 보모 교육이었다. 일주일간 집중 교육을 받았다. '아동발달심리'란 주제로 받은 교육이었다. 유아교육전공 교수님들이 아이들을 지도하는 교육법을 집중적으로 가르쳤다. 처음 들어보는 내용을 다 기억하고 싶어 한마디도 놓치지 않고 적고 또 적었다.

교육을 마치는 날, 40여 명의 교육생 중 한 명을 뽑아서 '모범 교육생' 상을 주었다. 그 상을 내가 받게 되었다. 깜짝 놀랐다. 집에 돌아와 엄마 아버지에게 수료증과 상을 보여 드렸다.

"기특한 우리 순애!" 하시며 아버지가 우셨다.

"우리 순애를 국민학교라도 갈채 줬으면 이래 살지 않을 아를…" 하시며 엄마도 우셨다.

탁아소 보모 교육을 받은 후 큰 마을 회관에 동네 4살부터 취학 전 어린이들을 다 모았다. 이장 집 스피커를 통해 방송을 했고, 명단을 뽑아서 집을 찾아갔다. 그렇게 모인 아이들이 많았다. 유치원을 갈 수 없는 산골 아이들을 위해 농번기 탁아소 운영을 했다.

일주일동안 받은 교육으로 밭고랑을 뒹굴던 산골 아이들을 모아서 1년에 봄, 가을 두 달, 3년 동안 그들의 선생이 되었다. 이 기간 동안 하나님은 버려졌던 내 인생의 유년의 슬픈 기억을 다 씻겨 주셨다. 내 속에 무너진 존재를 회복시켜 주셨다. 마을 사람들이 어린아이들을 진정한 사랑으로 돌보는 모습을 보고 엄마에게 좋은 말씀을 해 주셨단다.

하나님은 내 마음속에 어린 생명들에게 영혼을 담아 사랑하는 마음을 주셨다. 교회를 본 적이 없는 아이들에게 예수님의 복음을 전했다. 아이들이 신기하고 놀라워서 "와!" 함성을 지르며 손뼉을 쳤다. 지금 생각해보면 예수님의 복음을 구연동화처럼 목소리를 바꾸어 가며 재미있게 전했던 것이다.

어떤 대목에선 숨을 죽이며 듣기도 했다. 훗날 주일학교 교사를 할 때도, 서울에서 교육 사업으로 큰 복을 받을 수 있었던 것도 이 때의 삶이 밑거름이 되었다. 이렇게 시작된 새마을 교육을 여러 차례 받았다. 그 이듬해엔 청송군 4-H 연합회 여회장으로, 열아홉 살에는 경북 차석 여회장으로 뽑혔다.

내게 맡겨진 봉사를 영혼을 담아서 최선을 다했다. 그 해 5월,

경북청년회의소에서 주는 모범 청소년 대상 여자 수상자가 되었다. 여러 교육을 받은 중에 12월 마지막 일주일을 강원도 원주시 신림면 가나안 농군학교 교육을 받았다.

김용기 박사님, 김범일 교장 선생님께 직접 강의를 들었다. '개척자의 정신, 개척자의 믿음'을 김용기 박사님 강의로 직접 들으니 내 가슴에 믿음과 꿈이 살아났다. 새벽 4시에 일어나 4킬로를 뛰면서 구호에 맞춰 입김이 숨을 내쉴 때마다 뿜어져 나오는 산길을 뛰었다. 찬물로 세수하고 새벽예배를 드렸다. 모든 식사 때마다 외치는 구호가 있었다.

"일하기 싫거든 먹지도 말라. 일하지 않고 먹는 자는 남의 땀을 훔쳐 먹는 자다."

하나님을 어떻게 믿어야 하며 인생을 어떻게 살아야 하는지를 배우며 가나안 농군학교에서 나는 다시 태어났다. 교육을 마치고 눈 덮인 신림동산을 내려올 때 내 가슴엔 뜨거운 불이 활활 타올랐다. 온 산이 쩌렁쩌렁 울리도록 하나님을 외치고 싶었다. 엉엉 울면서 산골 집으로 돌아왔다.

내가 달라졌다. 어느 날, 주일 예배를 드리는데 성령님의 음성이 들려왔다. "사랑하는 딸아… 내가 너를 사랑한다. 사랑한다. 사랑한다." 순간 예배를 드리고 있는 내 심령에 눈물샘이 터진 것처럼 녹아져 내렸다. "사랑한다. 너를 사랑한다."는 성령님의 음성이 메아리가 되어 계속 들려왔다.

열아홉 내 인생의 응어리진 내면이 와르르 무너져 내렸다. 통곡의 눈물이 내 심장의 계곡을 타고 내렸다. 너무도 처절하게 안으로 억누르며 지내온 상처를, 내 무너진 자존감을 살려내시려고 내 눈에 눈물이 멈추지 않게 하셨고 잠도 잘 수 없게 하셨다. 밤새 가슴에 손을 대면 쿵쾅쿵쾅 뛰는 심장이 느껴질 만큼 뛰고 또 뛰었다.

길거리의 거지였던 나. 남의 집 식모살이에서 걸린 손발 동상과 마음속에 치유 받을 수 없이 짓밟힌 응어리가 눈물이 되어 다 토해지면서 하나님은 내 심령을 깨끗이 치료하셨다.

주님이 내게 오셨다. 살아계신 주님이 내 안에 오셨다. 죄악 된 나의 내면을 성령의 물로, 불로 깨끗케 씻기시고 태워 주셨다. 더 이상 나는 길바닥의 거지가 아니며 남의 집 식모도 아니다. 나는 하나님의 자녀다. 내가 누구의 자식으로 태어났는지는 중요하지 않다. 하나님의 사람으로 살면 된다.

내가 하나님의 자녀 됨의 존재의 뿌리를 깨달았을 때, 이 세상에 다시 태어나는 순간이었다. 그 감격을 맛보아야 참 믿는 자의 삶을 살 수 있다. 나의 존재의 뿌리는 하나님으로부터 온 생명임을 알 때, 내 영혼에 강한 진동이 온다. 내 인생에 어떤 천둥 같은 벼락이 쏟아져 와도 흔들림 없는 반석 같은 믿음의 사람이 된다.

내 인생의 뿌리는
하나님이다

믿음은 영원과 맞닿아 있다. 믿음의 뿌리가 영원과 맞

닿아 있다. 지금 내가 서 있는 현재는 기가 막힌 웅덩이와 수렁이어도 믿음의 사람은 미래를 보고 영원을 보며 오늘을 견딘다. 믿음이 내 안에 들어오면 나의 겉 사람은 누더기를 걸치고 있어도 내면적 속사람은 하나님의 마음을 담고 있다.

믿음의 사람은 영적인 세계, 영원의 세계에 눈을 뜬 사람이다. 저절로 믿어진다. 감동이 오고, 눈물이 흐르고, 환경 때문에 울지 않고, 믿음 없는 내 자신이 보여 울게 된다.

"주여. 내게 더 큰 믿음을 주소서. 더 깊은 기도를 드리기를 원합니다."

항상 나의 내면은 하나님께 맞춰진 생각, 마음, 기쁨, 찬양, 기도, 말씀으로 영혼을 채웠다. 믿음이 하나님 안에 온전히 거하면 하나님은 나의 모든 것을 당신 뜻대로 인도해 주신다. 내가 살고 싶은 인생을 꿈꾸지 말고 하나님이 내게 주시고자 하시는 뜻을 따라 기도해야 한다.

믿음의 열매는 삶으로 안다. 삶이 아니면 믿음이 아니다. 하나님의 사랑이 내 안에 온전히 거하면 내가 꿈을 꾸지 않아도 꿈이 내게로 다가온다. 믿음은 내가 다 이해하고 알고 믿는 것이 아니다. 그냥 믿어지는 성령의 감동을 따라 가는 것이다.

영적인 사람은 이성적 세계를 넘어선 사람이다. 인간의 내면이 믿음으로 채워지면 내면적 요동이 없다. 하나님을 만나지 못한 인생들은 언젠가는 무너질 모래 탑을 쌓는 일에 일생을 낭비하며 산다. 그러다 어느 한순간 무너져 내린다.

마귀는 인생을 껍데기에 치중하게 한다. 진짜를 못 붙잡게 한다.

내면이 영적으로 채워질수록 이중적 인생이 되지 않는다. 내면이 무엇으로 채워졌는가가 내 인생이다. 하나님을 만났는가가 내 인생에서 가장 중요한 결정적 순간이다. 교회를 다녀도 하나님이 없는 인생은 다 껍데기다. 풍랑이 일면 날아가버릴 바람에 밀려가는 겨와 같은 존재다.

성령체험을 언제 하였는가가 성령님이 내 안에 오신 때이다. 사람은 이때부터 자신에게 주어진 운명적 한계를 뛰어넘는 기적 같은 삶을 산다. 성령 체험은 나의 신앙에서 결정적인 부분이다. 성령님을 체험했는지 안 했는지는 분명한 차이가 있다. 어거스틴의 성령과 회개는 함께 간다는 고백처럼 내 속에 회개의 영이 임했다면, 회개의 눈물이 앞을 가린다면 그것은 인간의 힘이 아닌 성령님이 내 안에 오신 것이다.

인간은 자신의 힘으로 회개할 수 없다. 죄를 깨달을 수도, 선과 악을 구별할 수도 없다. 그것은 오직 하나님의 영력이다. 내 가슴에 붙은 성령의 불이 켜켜이 쌓여있던 내면적 죄의 어둠을 송두리째 태워 주셨다.

보름 정도를 잠 못 이루게 하며 눈물과 기도가 끊어지지 않게 하셨다. 내 영혼의 진동이 멈춰지지 않아 끝없이 기도하며 하나님의 말씀을 붙잡았다.

"아버지여. 아버지여. 내 생명이 살아서 이렇게 아버지 앞에 엎드리게 된 것이 오직 하나님 아버지의 은혜입니다. 이 죄인을 불쌍히 여겨 주옵소서. 저를 버리지 마옵소서. 내 생명은 오직 아버지께 있나이다."

나의 가슴 속에는 다윗의 시편이 밤마다 고백되었다. 다윗의 눈물이 나의 눈물이 되었다. 다윗의 고백이 나의 고백이 되었다. 내속에 까맣게 타서 재가 되어버린 어둠의 기억들을 씻어내는 데는 끝없는 눈물이 필요했다. 내 마음을 온전히 하나님께 맡겼다. 아무 것도 보이지 않는 자처럼, 아무 것도 들리지 않는 자처럼, 하나님의 말씀만을 내 마음에 새겼다.

성경책을 붙잡고 읽으려 하면 눈물이 먼저 달려와 성경말씀을 읽을 수가 없었다. 손등으로 눈물을 닦고 다시 글씨에 눈을 모으면 어느 새 쏟아지는 눈물은 더 빨리 달려와 내 눈을 채웠다. 이렇게 세 번을 손등으로 닦아낸 눈물… 겨우 성경 한 절을 읽으면 또 눈물이 쏟아졌다. 이 일을 어찌할꼬. 내 힘으로 울 수도 없겠지만 멈춰지지도 않는다.

이제부터 나의 삶은 내가 주인이 아니다. 하나님이 이끄시는 대로, 인도하시는 대로 나는 순종하면 된다. 내 몸 안에, 생각 속의 힘을 뺐다. 내가 하려는 것을 모두 걷어냈다. 오직 나를 당신의 뜻대로 이끌어 가실 살아계신 하나님 아버지께 내 인생의 모든 것을 다 맡겼다.

그때부터 눈물 속에서 찬양이 나오기 시작했다. 밤이면 빈 들판인 논바닥을 소리 높여 찬양하며 두 팔을 벌리고 춤을 추듯 뛰었다. 달빛이 나를 불러냈다. 하나님을 찬양하는 내 마음과 몸이 달빛 아래에서 춤을 추었다. 이 얼마나 놀라운 감격인가. 내가 상상할 수 없었던 모습으로 변해갔다. 내 얼굴엔 밝음 그 자체로 삶에 대한 염려와 걱정, 근심이 사라졌다.

미래에 대한 불안과 두려움이 전혀 없다. '하나님이 가장 아름답게 인도해 주신다.'는 것을 믿었다. 내 인생의 고난의 자리는 기도의 자리다. 하나님 안에 온전히 거하면 내 인생을 내가 계획한 것보다 백 배, 천 배로 더 복되게 인도해주신다. 하나님을 만나지 못한 인생들은 한평생을 돈 버는 일에만 수고하며 산다. 마귀에게 도적맞은 삶이다.

그것을 지금은 알지 못한다. 죽음 앞에 서면 비로소 깨닫는다. 눈물이 축복임을 눈물 흘릴 때는 몰랐다. 하나님 앞에서 흘리는 눈물은 한 방울도 땅에 떨어지지 않는다. 주님의 심장 위에 담긴다. 성령님을 체험 한 후, 끝없는 눈물 속에서 내 영혼이 다시 태어나는 감격의 삶을 살며 매일 성경을 쓰고 기도를 드리며 찬양으로 온 산을 울려도 현실적 변화, 환경적 변화는 일어나지 않았다. 여전히 내 눈으로는 절박한 인생, 기가 막힌 환경뿐이다.

그러나 구룡포 빈들에서 마른 배춧잎, 언 무를 주워 먹던 내 심장 위에 교회 종소리가 들리게 하신 하나님. 내 인생이 버려져 죽음 같은 절망의 바닥에 있을 때 나를 불러주신 하나님. 구룡포를 떠날 때 내 품속에 안은 성경책. 인생의 처절한 순간마다 나를 보고 계셨던 하나님. 절망적인 현실 위에 놓여있어도 내 영혼의 뿌리는 하나님과 맞닿아 있었던 나를 보았다. 이 얼마나 놀라운 감격인가. 쓸모없는 한 생명을 버리지 않으시고 그 먼 절망의 길을 돌아서 당신의 품에 품어주신 하나님. 내 마음은 온전히 이 감격에서 벗어날 수가 없었다.

주님 앞에 엎드리면 쏟아지는 눈물 속에서 감격의 고백을 드리게 된다.

"나의 사랑, 나의 주님! 아골 골짝 빈들이라도 주님이 나와 함께 하신다면 내게 두려움이 없습니다. 내 전부를 드려도 아깝지 않은 사랑. 오직 주님만 사랑합니다. 내 인생을 다 바쳐 주님을 위해 살고 싶습니다."

주님 앞에서면 빈손, 빈 몸으로 드릴 것이 없는 내 처지가 너무도 부끄러웠다. 주님을 향한 나의 사랑은 간절하지만 그 사랑을 실천하기엔 너무도 가난했다. 나는 날마다 주님께 이렇게 기도를 드렸다.

"주님 내게 말씀해 주세요. 제가 무엇을 하여야 정녕 주님을 기쁘시게 할 수 있을까요."

비록 드릴 것이 없었지만 날마다 주님 제단에 무엇인가를 드리고 싶다고 간구하였다. 울며 기도하는 내 가슴에 벅찬 감동의 말씀이 있었다.

"내가 너에게 원하는 것은 너의 눈물의 기도니라."

주님은 내게 물질을 원하는 것이 아니라 눈물의 기도를 원하신다 하셨다. 그때부터 더욱 간절한 마음으로 주님을 향한 눈물의 기도를 드리게 되었다. 날마다 마주하는 일상 속에서도 주님을 향한 간절한 사랑이 내 마음의 전부였다. 밭에서 온종일 일을 하고 와도 밤마다 성경을 쓰며 간절한 기도를 드렸다.

내가 살고 있는 산골마을에는 교회가 없었다. 예수 믿는 사람도 없었다. 엄마와 나는 산길을 걸어서 읍내의 교회를 다녔다.

읍내에 있는 교회를 갔다 오는 높은 산을 넘는 길가에 들꽃들이 바람에 한들한들 내게 몸짓으로 말을 걸었다. 길가에 들꽃 하나도 하나님이 피우셨음을 생각하니 눈시울이 뜨거워졌다. 그때 내 마음에 큰 감동이 있었다. 이 들꽃을 꺾어 하나님 성전에 바치겠다는 감동이었다. 갑자기 내 몸에 기쁨을 넘어 감격이 밀려왔다. 그 산길을 두 팔을 벌리고 함성을 지르며 달렸다. 너무도 기뻤다. 날아갈 듯이 기쁜 마음을 하나님이 주셨다.

나는
헛 살았소

✍ 내 마음에 주신 감동이 하나님의 마음임을 알았다. 그날부터 산을 가도, 남의 집 일을 가도 온통 꽃이 내 눈에 가득 찼다. 들에 가면 들꽃을 꺾었다. 어떤 집 마당에 화단이 있었는데 온종일 일해주고 저녁에 올 때에 그 꽃을 얻어온다. 우리 집 부엌에는 이산 저산에서 꺾어온 들꽃을 물에 담아 모아져 있다.

토요일이면 그 꽃을 한아름 안고 교회로 뛰었다. 작은 항아리 두 개에 물을 받아서 키 큰 꽃은 뒤로, 낮은 꽃은 앞쪽으로 꽂으면 양쪽으로 풍성한 꽃꽂이가 되었다. 계절별로 피고 지는 온갖 들꽃을 꺾어 하나님께 드리면 내 마음에 기쁨이, 충만한 은혜가 차고도 넘쳤다.

매주마다 꽃꽂이를 위해 온 들판과 개울가를 쫓아 다녔다. 설을 지나서 찬바람이 매서운 2월 달에 버들개지가 복스러운 눈망울을 내미는 산 계곡을 올라갔다. 개울물은 두꺼운 얼음 그대로인데 그 얼음장 아래 흐르는 물기에 뿌리가 맞닿은 버들개지는 매서운 바람을 아랑곳하지 않고 피어올랐다.

버들개지를 한아름 꺾어 교회를 가던 날, 이 작은 버들개지의 솜털 같은 포근함이 엄청난 봄을 데리고 왔다. 일 년 동안 돈 한 푼이 없는 내게 들꽃으로 꽃꽂이를 온전히 하나님께 드림을 몇 년이라는 시간 동안을 기도하면서 끊임없이 할 수 있었던 것은 오로지 하나님이 이 부족한 자, 드릴 것이 없지만 무엇이든지 하나님께 드리고 싶다는 간절한 기도의 응답으로 주신 감동이었다. 그리고 그 꽃꽂이로 하나님께 올려드리는 큰 기쁨과 감동을 이 가난한 자에게 허락하신 축복이었다.

하나님께 복을 받는 자는, 반드시 먼저 심는 자다. 기도를 심는 자는 기적 같은 응답으로 복을 받는다. 기도와 기적은 반드시 함께 간다. 하나님의 능력을 받기를 원한다면 하나님을 만나는 기도의 골방, 기도의 무릎을 꿇어라. 하나님이 쓰신 사람은 반드시 고난 속에서 훈련시켜 기도의 용사가 되게 하신 후 능력을 주시고 그를 사용하신다. 영적인 자생력을 키우는 것은 인생의 빈들에서 하나님을 만나야 한다.

인생에서 하나님을 만나지 않으면 내 인생의 기적은 오지 않는다. 기적은 하나님이 주시는 것이다. 내 이성적 세계를 넘어선 세계가 영적 세계다. 예수 믿는 사람이 이성적 세계로 믿는다면 그 사람은 영적인 사람이 아니다. 이성적 세계는 인간의 한계 안의 세계다.

믿음의 세계는 영적인 세계다. 인간의 이성적 세계에는 기적이란 없다. 기적은 인간의 상상의 세계를 넘어선 일이다. 나의 상상을 초월하는 일, 나의 운명적 세계를 초월한 일을 기적이라고 한다. 인생은 하나님을 만나야 기적이 일어난다. 자신의 노력과 수고로 이룬 것은 축복이 아니다.

축복은 하나님이 주신 것, 하나님으로부터 온 것이 축복이다. 믿음 없는 자의 성공은 축복이 아니다. 하나님의 기적은 반드시 믿는 자에게 오는 하나님의 기적이다. 나는 들꽃소녀 박순애라고 일기장에 항상 기록했다. 날마다 영적 일기를 썼다. 하나님 앞에 나의 사랑의 고백을 글로 일기장에 썼다. 나의 내면의 영성이 깊은 우물이 되어 깊어지고 더 깊어져 갔다. 내 영혼의 충만한 은혜가 처절한 환경의 모든 요소를 다 덮어버렸다. 감사와 찬양과 기도가 저절로 나왔다. 놀라운 하나님의 은혜였다.

어느 날, 나는 아버지의 죽어가는 영혼을 보았다. 순간, 아버지 앞에 무릎을 꿇었다. 나의 아버지가 놀랐다.

"아부지요. 아부지도 예수님 믿고 천국 가셔야 합니더. 이대로 죽으시면 안 됩니더. 하나님이 구룡포에서 많은 뱃사람이 다 죽었을 때 왜 아버지만 살려주셨는지 아십니꺼? 아버지를 구원하시기 위함입니다. 지금 예수님을 나의 구주로 믿고 오직 예수님이 기뻐하는 마음으로 남아있는 시간은 하나님께 기도하며 사셔야 합니더. 아부지요. 제 손을 잡으시소."

울면서 내 입에서 고백되어지는 모든 말은 성령님이 담대하게 말하게 하셨다. 울며 통곡하시는 아버지의 손을 꽉 잡고 결심기도를 하나님께 드렸다.

"살아계신 하나님. 지금까지 마귀에게 붙잡혀 무서울 만큼 악하고 불쌍하게 살아오신 제 육신의 아버지를 구원해 주옵소서. 이제는 오직 살아계신 하나님만을 믿으며 천국의 소망을 갖게 해 주옵소서. 예수님 이름으로 기도드립니다. 아멘."

눈물범벅이 된 아버지가 이 기도를 따라 하셨다.

"우리 순애… 우리 순애… 이 애비가 너에게 해 준기 뭐 있노. 이게 무슨 애비고. 순애야. 미안허다. 인제부터라도 순애가 믿는 하나님을 나도 믿으마. 으흑흑흑."

꺾어진 허리에 뱃가죽이 등뼈에 붙어버린 아버지가 고꾸라지듯 엎드려서 내 손을 꽉 붙잡고 뜨거운 눈물을 펑펑 쏟으며 지나온 삶의 죄악 된 찌꺼기들을 "꺼억꺼억" 다 토해내셨다.

나는 아버지를 힘껏 껴안았다. 아버지의 눈에 흐르는 눈물을 내 손으로 닦아 드렸다. 아버지의 울음소리가 더 커졌다. 내 눈에도 눈물이 흘렀다. 뼈만 남은 아버지의 몸을 바스러지도록 안아 드렸다.

구룡포에서 살던 기억 속 아버지의 미쳐버린 눈빛, 그 무서운 폭력들… 이 시골집에서도 또 재연되었던 지옥 같은 모습. 이를 악물며 아버지를 용서하지 않겠다고 다짐했던 슬픔. 엄마를 잔인하게 때리고 찢었던 미친 행동은 마귀가 아버지의 영혼을 삼켜버린 것임을 하나님을 만난 후 알았다.

내 속에서 두 주먹을 불끈 쥐며 증오하며 다짐했던 아버지를 이제 내 마음속에서부터 받아들였다. 오히려 아버지의 영혼이 불쌍해 견딜 수 없었다. 아버지를 향한 내 마음이 용서를 넘어 사랑하게 되었다. 아버지와 둘이서 서로 부둥켜안고 지나온 시간 속에 쌓인 슬픈 기억들을 눈물로 다 씻어냈다. 아버지의 영혼을 점령했던 마귀는 사라지고 생명의 성령님이 우리 아버지 속에 들어오셨다.

아버지는 내 손을 놓지 않고 주기도문을 따라 하셨다. 한 번이 끝나면 다시 주기도문을 해 달라며 따라하셨다. 아버지는 주기도문을 고백하시는 것을 너무도 좋아하셨다. 내 손을 놓지 않으셨다. 아버지는 누워서 계속 내 손을 잡고 주기도문을 반복하셨다.

며칠 동안을 주기도문 기도를 마음에 담았다. 5백 번 이상을 하고 또 했다. 어느 날, 아버지가 하나님이 나와 함께 계신다는 확신을 더 강하게 갖게 된 날, 엄마를 찾으셨다. 엄마가 아버지 옆에 다가와 아버지의 손을 잡으셨다.

"당신. 꽃같이 고운 당신이 내게 와서 정말 고생이 많았소. 내같이 몹쓸 사람을 만나… 그동안 당신이 얼마나 고생을 했소. 한 번도 따뜻한 말 한마디 할 줄 몰랐던 나를 용서해 주오. 내 마음은 그게 아니면서 왜 그리도 무뚝뚝하고 미쳤는지를… 이제사 생각하니 나는 헛 살았소. 나도 이제 예수님 믿고 천국 갈 것이니 이생에서 다 하지 못한 것을 천국에서 우리 순애캉 다시 만나 행복하게 살 수 있기를 바라오. 흑흑흑… 고맙고 미안하고. 으으으…"

아버지의 모습에서 사람이 이렇게도 바뀔 수 있는지 믿어지지 않는 광경을 눈앞에서 보았다. 우리 세 식구가 손을 맞잡고 함께 울었다.

"아버지요. 마음을 더 강하게 하이소. 엉엉…"

"순애 아부지요. 으으엉엉…"

아버지는 숨을 헐떡거렸다. 인연이 아니라 악연이고 원수도 이런 원수가 없을 만큼 끔찍하게 살아오신 두 분이 손을 맞잡고 함께 통곡하는 모습은 정녕 하나님이 살아계심을 눈으로 보게 하셨다. 아버지는 말문이 막히고 숨을 가파르게 몰아쉬었다.

얼굴은 편안하고 조용했다. 나는 아버지의 손을 잡고 계속 주기도문 기도를 드렸다. 아버지는 다 들으셨다. 그렇게 3일을 똑같은 모습으로 계시다가 입술로 "저기 천사가 나를 데리러 온다." 하시면서 편히 눈을 감으셨다. 아버지가 운명하셨다.

고난의 자리는
기도의 자리다

❧　　 "아버지가 돌아가셨다."

멍하니 촛점 잃은 눈빛에서 굵은 눈물이 볼을 타고 흘러내렸다.

"아부지. 아부지. 아부지요… 으흑흑… 아버지."

나도 모르게 통곡이 터졌다. 나는 아버지의 가슴에 얼굴을 갖다 대었다.

"아부지요. 제가 더 잘해드리지 못한 것 용서해 주이소. 제가 아부지께 잘해 드리지 못했어요. 엉엉…엉…"

엄마가 눈물을 닦으며 내 등에 손을 얹었다.

"순애야. 아버지는 천국 가셨다. 너무 마음 아파하지 말자. 니가 그보다 우예 더 잘하겠노."

엄마가 나를 안고 울음을 억누르셨다. 그렇게 내 아버지를 떠나보내고 밤마다 소나무 숲에 앉아서 아버지를 생각하며 울었다. 나도 모르게 아버지를 불렀다.

"아부지… 아부지요. 흑흑…"

하나님이 나를 붙잡아 주셨다. 밤마다 성경을 쓰며 마음을 다잡았다. 엄마와 나는 더욱 믿음으로 굳게 서기를 기도했다. 꽃이 진 자리에 초록이 무성하게 자라듯 아버지의 빈자리를 하나님께 기도하며, 예배드리며, 성경을 쓰며 채워 나갔다.

썩어가는 지붕 위에도 날아가던 새가 쉬었다 갔다. 봄이면 날아오는 제비는 해마다 어김없이 움막집 처마 끝에 집을 지었다. 어디선가 진흙을 물어다가 동글동글 물고 온 자국이 그대로 집이 되었다. 하얀 알을 몇 개 낳아 얼마간을 품어서 새끼 제비가 태어날 때 빈 알 껍질이 처마 끝에 떨어졌다. 어미 제비는 연신 먹이를 물어다 아직 눈도 뜨지 못한 새끼 제비에게 갖다 주었다.

나는 그 광경을 지켜보며 많은 생각을 했다. 하나님이 지으신 새 한 마리도 소홀함이 없으신 하나님. 우리 가정에 구원의 복을 예비하시고 구룡포 바닷가에서 모든 사람이 죽은 자 가운데서 우리 아버지만 살려주신 하나님이셨다.

여기까지 달려오는 과정은 상상 못할 고난이었지만 하나님은 절대 절명의 때에 살 길을 열어주셨다. 아버지를 구원하시는 모습에서 하나님의 인도하심에 놀랍도록 감격했다.

주님은 나의 생명이시다. 주님은 나의 눈물, 나의 소망, 나의 영원한 미래이시다. 내 가슴속에는 언제나 주님을 향한 노래가 있다. 무엇을 바라보든 그 속에 주님이 계셨다. 깜깜한 그믐밤에도 다윗의 시를 주셨다. 절망을 징검다리삼아 건너오게 하신 하나님. 눈을 감아도 눈을 뜨고 있어도 눈물이 난다.

그 크신 하나님의 사랑은 말로 다 할 수 없다. 내 생명의 근원이신 하나님. 내 존재의 기쁨이신 하나님. 내 마음에 하나님을 향한 간절한 사랑이 노래가 되고, 시가 되고, 눈물이 되었다. 내 마음의 지성소에는 하나님이 계신다. 그때부터 내 인생과 삶에 변화가 일어났다. 예수님을 만난 자는 예수님을 만나지 않은 자처럼 살 수 없다. 사도 바울의 인생의 변화가 일어났던 바로 그 기적이 예수님을 만난 자에게 일어난다.

나는 이웃집 밭일을 많이 했다. 비닐 깔기부터 딴 고추 한가마니를 지게에 지고 집에까지 가져다주곤 했다. 모내기도 곧잘 했다. 어떤 일을 하든지 내 마음을 담아서 했다. 주님의 사랑을 담고 영혼을 담아서 일을 했더니 다른 사람들보다 더 잘하게 되었다. 이웃집에서 서로 나에게 일해 달라고 불렀다. 밥을 얻어먹으며 일을 할 때도 행복하고 감사한 노래로 내 마음이 가득 찼다. 남의 집 일을 할 때에 몸을 아끼지 않았다. 요령을 피운 적이 없다. 처음부터 끝까지 한결같이 일을 했다.

4-H 연합회 활동을 할 때에 한 번의 교육에 내 마음을 다 쏟아

부어 그 교육의 가치성을 내 안으로 담았다. 오직 교육받는 일에 집중했다. 농촌지도소 담당자님이 나를 다른 교육에 보내고 또 보냈다.

청송교도소와 보호감호소가 지어지고 재소자들에게 교육을 시킬 때 청송 군수님의 추천으로 재소자들 앞에 설 수 있었다. 버려진 또 다른 인생들을 만난 곳이 그곳이었다.

하나님은 내게 재소자들의 영혼을 보는 눈을 주셨다. 그들을 위해 기도하며 성경을 쓰며 그들에게도 이곳에서의 시간을 기도하며 성경을 쓰라고 했다. 그들이 정말 성경을 쓰고 있다는 편지를 보내왔다. 하나님이 하셨다.

교회를 달려가는 길이 내겐 가장 행복한 길이다. 예배드리지 않은 하루는 죽은 하루다. 기도하지 않은 하루는 죽은 하루다. 교회로 달려가는 길이 미래를 향해 달려가는 길이다. 믿음은 변화를 가져오고 믿음은 미래를 연다.

내 생각을 버리면 미래가 보인다. 내 생각이 나의 미래를 막는다. 생각하면 사람이 보이고, 기도하면 하나님이 보인다. 내 생각을 버리고 주님의 마음, 주님의 생각을 내 속에 담는 것이 예배자의 자세이다. 기도와 믿음으로 미래를 나의 것으로 만드는 사람이 되어야 한다.

밤이 되면 호롱불 아래에서 마을의 책들을 이 집 저 집에서 빌려와 공책에 중요점을 기록하며 읽고 또 읽었다. "이 책은 내 학교다. 책 두 권 읽은 사람은 한 권 읽은 사람보다 앞서간다."라고 공책 맨 위에 썼다. 매일 책을 읽기 전에 이 글을 먼저 읽고 책을 읽었다.

배움이 없는 나는 내 또래들의 치열한 배움의 대열에 끼워주지도 않았고 내 인생은 낙오자가 되어 버린 지 오래다. 사람이 보기엔 이미 끝난 인생. 미래와 희망은 나 같은 자를 위해 있지 않다고 생각했다. 그러나 살아계신 하나님이 나의 미래이고 희망이 되었다.

'길이 없는 그곳에 기도가 길이다. 미래가 없는 그곳에 예수가 길이다.'고 내 마음속에 새기고 또 새겼다. 내 인생의 스무 살, 푸르른 내 젊은 날이 가난 속에 갇혀, 절망 속에 갇혀 내 운명을 저주하며 생명줄을 놓아버릴 수 있었거늘… 내 심장의 지성소에 살아계신 하나님이 담겨져 이 놀라운 감격의 삶으로 내 운명을 바꾸셨다. 눈물이 다 고갈되어 내 가슴이 무너질지라도 나를 살리신 여호와 하나님을 찬양하며 기도했다. 인간이 살아가면서 삶이라는 풍경 속에서 쏟아지는 온갖 슬픔을 본다. 젊은이에겐 현재가 어떠하든지 미래의 모든 가능성이 열려있다.

하나님이 나를 이끌어 가시는 그길, 그 기적의 길이 내 인생의 미래에도 반드시 준비되었음을 믿는다. 하나님을 향한 간절함과 부르짖음이 나를 살게 하는 하나님의 능력이었다. 남들은 2%가 부족한 것을 불평하는데 나에겐 믿음만 있다. 나머지 98%가 없다. 그럼에도 내 마음은 풍부하고 넉넉하고 영혼의 만족감이 넘친다. 그것은 오직 하나님을 향한 영혼의 만족감이 채워짐이다.

내 인생에서 돈 한 푼 없이 살았던 산골생활 전체가 처절함 그 자체였다. 하나님으로 꽉 채워진 순도 100%의 믿음의 사람. 바로 그런 믿음의 사람이 되고 싶었다. 내 마음 어느 구석에도 하나님이 계시지 않는 곳이 없다.

하나님은 나를 사랑하는 방법 중의 하나로 고난을 주셨다. 고난의 강도가 너무 처절하여 죽음이 항상 내 눈앞에 놓여 있었다. 그러나 죽지 아니하면 된다. 죽음 앞에까지 갔던 그 처절함을 내 삶으로, 몸으로 짚어보았기에 이제부터 죽도록 한 번 살아보고 싶다는 마음이 절절하다. 그래서 살아있음에 감격하여 눈물이 흐른다.

3장

기도의
깊은 우물을
파라

기도의 차이가
능력의 차이다.
하나님의 역사는
반드시
기도를 통하여
주신다.
내가
기도할 때
하나님이
나를 위하여
일해 주신다.

고난도 축복임을
아는 자여!

살아있다는 위대함은 하나님으로부터 온 선물이다. 소를 몰고 풀 뜯어 먹이러 들로 산으로 갈 때면 등허리엔 소꼴 베는 지게와 낫을 지고 있었지만 내 손엔 언제나 책 한 권이 들려져 있었다. 한 짐 소꼴을 베고 파란 하늘과 파란 들판에 앉아 한 장 한 장 책장을 넘길 때면 유난히도 파란 하늘과 푸르른 산과 들, 새들과 바람이 아름다운 하모니를 이루어 노래한다.

'아!' 하나님의 은혜가 지금 이 곳에 임하셨음을 느끼는 시간이었다. 내 인생의 벧엘은 청송이었다. 하나님은 황무지 같은 산골을 축복의 땅 벧엘로 훈련시켰다. 사방이 산으로 병풍처럼 둘러쳐진 산골짜기 마을에서 내 인생의 모든 것을 훈련하셨다.

밤 새워 책과 씨름했고, 중요한 내용들은 노트에 필기했다. 밤새 책 한 권 한 권을 정독해 나갔다. 내가 경험하지 못한 세계와 세상을 책을 통해 만났고 알게 되었다. 세계문학전집을 통해 만난 세계의 대 문호들. 작품들을 두 번, 세 번 정독을 하며 기록을 했다. 역사책들을 시대별로 순서를 정해 읽으면서 주옥같은 인물들을 노트에 기록하느라 밤을 새웠다.

배움에 굶주리고 주님의 사랑을 갈망했던 내 인생의 벧엘. 그 산골에서의 삶. 영원히 이 산골을 벗어나지 못하고 내 인생의 무덤이 될 것이라 생각할 만큼 오랜 시간을 그 무덤 같은 곳에서 버텨낼 수 있었던 것은 두 가지의 힘이었다.

첫째는 살아계신 하나님이 나와 함께 한다는 믿음이 나를 잡아주고 내 속에 주신 탄탄한 내면적 기쁨과 충만한 은혜로서의 부요함을 누리게 해 주신 힘이다.

그리고 배움이 없는 내가 붙잡은 내 영혼의 갈망, 책을 붙잡았다. 책이 내 속으로 빨려 들어왔다. 고전이라는 책들은 오랜 세월의 생명력을 간직한 책으로 한 권의 책 속에는 천재의 뇌가 오롯이 담겨 있었다. 학교를 다니지 못했던 내 인생이 이 한 권의 책을 붙잡고 씨름하는 것이 내가 살아갈 수 있는 길이었고 나를 지켜내는 힘이었다. 고전 속 작가의 고뇌는 그 책을 읽는 자에게 위대한 상상력을 선사한다. 책을 손에서 내려놓을 수 없었던 이유는 내 인생의 헌 길을 버리고 나그네 된 나의 삶을 새 길로 인도해 주실 하나님의 은혜와 능력을 믿기 때문이다.

먼저 살다간 이들의 고뇌의 흔적을 좇아가는 시간이 잠을 자기도 아까울 만큼 내 마음은 책 속으로 빨려 들어갔다. 그 깊은 산골에서 밤의 시간을 온전히 책을 붙잡고 놓지 않았다. 책 속에 담긴 또 다른 세계를 20대의 내 영혼에 고스란히 담았다.

깊은 밤, 잠시 방문을 열고 밖으로 나오면 문 앞에서 기다리는 반가운 손님이 나를 반겼다. 내 얼굴을 밝으레 물들게 하는 달빛이 나를 기다리고 있었다. 달이 내게 말을 걸어왔다. 달과 가까운 거리에 큰 별 하나가 나를 향해 눈짓을 했다.

"그래 고마워."

달과 별과 나는 함께 노래했다. 인적이 끊기고 적막이 흐르는 산 속에서 나를 찾아와 주는 저 별과 달에게 내 마음을 고백했다.

"나와 친구가 되어줘서 고마워. 가랑잎을 헤치고 달려오는 바람. 마음껏 날개 짓하며 깜빡이는 개똥벌레가 신호음을 보내왔다. 큰 소나무 아래에 서면 어둠 속에서 하나가 되어 모여드는 모든 생명체들의 집합소가 되었다.

모두들 나를 향하여 모여들었다. 손에 잡힐 듯 가까운 별, 바람, 고요가 내 가슴에 살며시 내려앉았다. 나는 날마다 산을 향하여 앉고 섰다. 내가 태어나기 이전에도 산은 푸르렀고 사방이 산으로 가득 찬 깊은 산 속에서 산이 아니면 살 수 없는 내가 되었다. 고요와 너그러움이 나를 감싸주는 산이 좋아서 눈만 뜨면 산으로 갔다.

온갖 보배를 가지고도 자랑하지 않는 겸손한 산을 보며 내 자신을 돌아본다. 어릴 적 슬픈 바다 앞에서 눈이 파라도록 울었던 아이가 언제부턴가 산을 사랑하며 산 속에서 아늑함과 행복함을 느낀다. 산을 보고 산을 배우는 나는 행복하다. 산의 품에 안겨 사는 지금이 좋다. 하늘과 땅에 다리를 잇는 산. 봄이면 산나물 이파리의 향기를 맡으며 행복을 느끼는 소녀.

언젠가 이 산을 떠나 살면 산과 함께 소나무 껍질을 벗겨 먹으며 살았던 지금을 그리워할 것이다. 온 동네의 책들로 밤을 새우고 교회로 달려갔던 검정 고무신의 소녀, 온갖 들꽃을 꺾어 성전 꽃꽂이를 하며 감동의 눈물을 하나님께 드린 소녀!

밤마다 나의 일기장에 '들꽃소녀 박순애'라고 기록을 했다. 내가 일하면 일할 뿐이지만 내가 기도하면 하나님이 나를 위해 일해 주신다. 하나님께 드리는 나의 기도는 내 현재의 환경과 운명을 초월하는 능력이 되고 큰 축복이다.

하나님께 눈물을 심으며 드리는 기도는 돈으로 가늠할 수 없는 상상을 초월하는 위대한 역사가 일어난다. 하나님의 기도하는 자를 위해 예비하신 은혜와 복은 놀랍고도 놀랍다. 때를 따라 내 인생에 돕는 자를 예비해 주시는 하나님의 섭리를 믿고 순종하며 나아가야 한다. 하나님은 내가 상상하지 못한 일들을 아주 오래 전부터 계획하시고 현실 속에서 이루어지게 하신다.

축복은 하나님께로부터 온다. 오직 하나님이 주신 것이 축복이다. 지금 내가 살고 있는 처절한 고난의 길도 하나님이 주신 길이기에 축복임을 믿는다. 고난도, 힘든 시간도 하나님 안에서 기도하며 이겨내는 이 모든 순간들은 축복의 시간표다. 내 인생이 죽을 것만 같은 일도 하나님 앞에서는 아무 것도 아니다.

여호와는 죽이기도 하시고 살리기도 하시며 가난하게도 하시고 부하게도 하시며 낮추기도 하시고 높이기도 하시는도다 _삼상 2장 6~7절

절대자이신 하나님이 나같이 천한 자를 사랑해 주시고 당신의 사랑의 품에 품어주시고 어떠한 고난 속에서도 나를 지켜주시고 보호해 주시는 하나님. 이 자연의 푸르름의 넉넉한 품에 안기어 가진 것이 없이도 행복하고 감사하는 이 가슴에 눈물이 흐른다.

시골의 작은 교회에서 부흥회가 열렸다. 부흥회를 위해 기도하고 사모하며 부흥회 날을 기다리고 있었다. 새벽예배 때 목사님이 '부흥회는 축복이다.'라는 말씀을 선포하실 때 내 마음속에, '아! 이 부흥회는 나를 위한 부흥회구나. 나를 위하여 부흥회가 열리는구나.' 하는 감동이 밀려왔다.

나는 하나님께 눈물로 간절히 기도를 드렸다.

"살아계신 하나님. 저를 위하여 이 부흥회를 열어주신 하나님. 부흥회는 축복이라고 하셨지요. 저를 위한 축복이라고 믿습니다. 이번 부흥회에 최고로 많이 은혜받기를 원합니다. 최고로 많이 복받기를 원합니다. 살아계신 아버지여! 저를 불쌍히 여겨 주옵소서. 제 인생은 오직 하나님 아버지께 있나이다."

내 몸을 하나님께
드립니다

새벽마다 눈물로 엎드렸다. 새벽예배를 마치고 성전 문 앞으로 걸어 나올 때, 부흥회 포스터가 많이 준비되어 있었다.

그 무거운 것을 몽땅 보자기에 싸서 집으로 가지고 왔다. 온종일 읍내 벽들을 돌며 혼자서 다 붙였다. 엄마가 쑤어준 풀을 냄비에 가득 담은 그대로 안고 읍내로 가서 포스터지 한 장 한 장을 뒷면에 풀칠을 해서 잘 보이는 시멘트벽마다 붙일 때, "주여. 제 인생에도 축복이 이와 같이 쩍쩍 붙게 해 주옵소서." 하는 기도를 그 많은 포스터를 마지막 장까지 다 붙일 동안 수백 번 되풀이 했다.

그때 내 마음 속에 축복이 쌓여간다는 기쁨과 감동이 일었다. 온종일 물 한 모금 먹지 못한 채 어둠이 덮일 때까지 부흥회 홍보 포스터를 붙이는 내 마음은 행복하고 감사함이 차고 넘쳤다. 나는 이미 복을 받은 자가 되어 있었다.

드디어 부흥회 날 새벽예배를 드릴 때였다.

"하나님. 기다리고 기다리던 부흥회 날이 왔습니다. 하나님이 예비하신 큰 은혜와 복을 받기를 원합니다."라며 간절히 기도를 드리는데, '하나님이 보내신 강사 목사님을 극진히 대접하라.'는 감동이 밀려왔다. 내 인생 처음의 부흥회였다. 강사님을 대접하면 복을 받는다는 것을 믿음으로 처음 아는 순간이었다.

멋진 식당에 모시고 최고로 좋은 것을 대접할 수 있는 형편이 전혀 아니다. 우리 집 흙집에서 산나물, 돌나물, 미나리, 부추, 배추전, 이 정도 수준으로는 상을 차릴 마음으로 '아멘. 순종하겠습니다. 하나님 아버지. 아멘 순종하겠습니다.'며 기도한 후, 담임목사님께 나의 간절한 마음을 말씀드렸다.

목사님은 깜짝 놀라시며 이미 대접하실 분들이 다 정해졌으니 신경 쓰지 말고 은혜만 받으라고 하시는 말씀에 마음이 무너졌다.

다시 하나님께 무릎 꿇고 간절히 기도를 드렸다.

그 날 오후, 교회로 오는 골목 입구에 서서 부흥회를 인도하러 오시는 강사님을 간절한 마음으로 기다렸다. 시간이 흘러갔다. 내 마음속에는 찬양, 감사, 기도가 저절로 터져 나왔다. 시간이 얼마만큼 흘러갔는지도 모른 채 강사님이 오실 때까지 기다리고 서서 내 마음속 부흥회를 하고 있었다.

그때였다. 처음 뵙는 양복 입은 신사분이 교회로 걸어 오셨다. 나는 그 앞에 다가가 절을 꾸벅했다.

"저희 교회 부흥회를 인도하러 오시는 강사님이시지요?"

"예. 그렇습니다."

나는 다짜고짜 너무도 감격한 나머지 눈물이 먼저 달려 나왔다.

"강사 목사님. 저의 소원이 있습니다. 흑흑…"

강사님은 깜짝 놀라시며, "아니. 이렇게 울면서 소원이 있다니. 대체 그 소원이 무엇입니까?"

"예. 저의 소원은 한 가지입니다. 강사님께서 저희 집에 오셔서 식사하시고 축복기도를 한 번만 해 주십시오. 제 소원입니다. 흑흑…"

"아! 감동입니다. 난생 처음 이런 산골로 집회를 오니 처음부터 은혜를 받습니다. 예. 오늘 저녁을 자매님의 집에 가서 먹겠습니다."

"감사합니다. 정말 감사합니다. 제 이름은 이 교회 청년 박순애입니다."

여전히 눈물을 흘리는 나를 보며 웃으시면서 혼잣말처럼, "박순애라…"라고 하시며, 교회로 들어가셨다. 나는 집을 향해 뛰기 시작했다. 그 먼 길을 어떻게 달려왔는지 내 마음은 벌써 집에 도착을 했지만 내 몸은 아직도 산을 넘고 있었다.

"아니 뭐라고? 강사 목사님이 우리 집에서 저녁을 드신다 캤나?"

눈이 휘둥그레진 엄마가 고함을 지르듯 말을 했다.

"엄마. 정말 오신다고 강사님이 내캉 약속을 했다."

"아이고, 이 누추한 집에 예수님이 오신다 카이 어쩌노. 니가 방 청소해라. 내가 큰 마을까지 가서 저녁 찬 거리를 구해봐야겠다."

엄마는 종종걸음으로 달려 나갔다. 내 심장이 얼마나 뛰는지, 흥분된 찬양이 입에서 춤을 추듯이 나왔다. 한참 후에 돌아온 엄마의 얼굴이 발그레해져 기쁨이 충만했다.

"주님이 이때를 위하여 다 예비해 놓으셨더라." 하시며 한 손에는 짚으로 묶은 자반고등어, 다른 손에는 계란 두 개를 들고 환하게 웃으며 오던 엄마의 모습. 그리고 가까운 집에 가서 뀌온 쌀 한 되… 이 모든 것은 다음 장날에 사 드리기로 하고 임시로 뀌온 것이다.

엄마의 주름 깊은 얼굴에는 봄 햇살 같은 웃음이 가득했다. '엄마의 마음도 내 마음과 똑같은 행복이구나.'를 느꼈다.

"순애야. 이러고 있을 때가 아니지. 얼른 식사 준비를 해야지."

산에서 뜯어온 온갖 나물들과 도라지를 찢어서 무치고, 고사리를 삶아 무쳤다. 윤기가 자르르 흐르는 계란찜에 침이 꼴깍 넘어갔다. 작은 상위에 산나물로 가득 채워졌다. 자반고등어는 머리와 꼬리 부분을 잘라서 무를 깔고 조림을 하고 가운데 토막은 석쇠에 구웠다.

아궁이의 재가 다 묻고 새까맣게 탔다. 엄마와 나는 상을 다 차려놓고 기다리고 기다렸는데 강사님은커녕 아무도 오지 않은 채 어둠이 내려앉았다. 부흥회 첫날, 손님을 기다리다가 교회도 못가고, 큰 마을까지 가서 꿔온 반찬은 대접도 못하고 다음 장날에 갚을 일이 까마득했다.

어둠이 내릴 때까지 기다리고 기다리다 저녁 7시가 넘어갔을 시간이었다. 엄마의 마음은 안절부절 못했다. 이미 어두워진 길을 자꾸만 바라보며 행여나 귀하신 강사님이 오실까… 아무리 기다려도 적막만 흘렀다.

"순애야… 안 오실라나 보다. 어쩌냐. 이것아. 다음 장날에 갚을라 카믄 죽었다. 생각해봐라. 밥 한 그릇 잡수실라고 이 골짜기까지 산을 넘어서 오시겠나. 처음부터 니 말을 믿고 이 큰일을 저지른 내가 잘못이다. 아이고 하나님… 이 일을 우짭니꺼. 부흥회 첫날부터 교회도 못 가고… 대접도 못하고… 이 일을 우짭니꺼. 하나님 아버지. 하나님 아버지……"

그때 캄캄한 어둠 속으로 성큼성큼 누군가가 걸어 들어왔다.

"흐흠…"

기침 소리가 들렸다. 엄마와 나는 울고 있다가 벌떡 일어나 달려나갔다.

"아이고. 목사님 오셨습니꺼? 이 늦은 밤에 여기가 어디라고 여기 꺼정 걸어 오셨습니꺼? 저희는 목사님이 안 오시는 줄 알고… 흑흑흑…"

나는 고개를 푹 숙이고 울면서 절을 했다. 그런데 강사님은 보이지 않으시고 목사님만 그대로 서 계셔 방으로 들어가시자고 방문을 열었다. 그때서야 언덕을 헐떡거리며 숨이 턱에 걸린 한 분이 올라오셨다. 그분이 강사님이셨다. 너무도 놀라신 강사님은 비틀거리셨다.

"아니. 이 산골짜기로 밥 먹으라고 오라는 청년 집이 여기였구만."

고개 숙여 절을 하는 나를 보고 기가 막혀 말이 나오지 않으신 강사님은 양복 겉옷을 벗고도 흰 와이셔츠가 땀에 흠뻑 젖어 있었다. 강사 목사님이 나를 보고 "이스라엘에 이만한 믿음을 보겠느냐."고 하시며 껄껄 웃으셨다. 담임목사님의 표정은 굳어진 상태로 아무 말이 없으셨다.

"누추한 곳까지 찾아주셔서 정말 감사합니다."

엄마가 방문 앞에서 두 손을 모으고 절을 하며 방문을 열었다. 어른이 서서 들어갈 수 없는 방문을 통과하니 방안에 아주 작은 상 하나가 한가운데 달랑 놓여있었다.

이것저것 무친 나물들은 접시 바닥에 물이 되어 넘쳤고 그토록 맛있어 보였던 계란찜은 바닥으로 가라앉아 말라 붙어버렸다. 밥 상이라기엔 시골 나물에 고등어 한 토막이 전부였다. 목사님과 강사님은 움막집 방안을 처음 들어와 보시는 듯했다.

발을 내딛기를 꺼려할 만큼 앉질 않으시고 구부린 채 엉거주춤 하셨다. 부엌에서 엄마는 신이 나서 큰 밥그릇에 고봉으로 쌀밥을 넘치도록 퍼 담는데, 자꾸 올리면 밥이 또 떨어지고 올리면 또 떨어지니 엄마가 손바닥으로 밥을 밥그릇 위로 올려서 꾹꾹 눌렀다. 손에 묻은 밥을 입으로 떼먹으며 손으로 밥을 맨질맨질하게 손질을 하여 밥그릇 속에 담긴 것보다 그릇 위에 올린 밥이 더 많도록 담아 두 분 앞에 내 놓았다.

강사님이 초라한 밥상 앞에서 "이 엄청난 길을 걷고 또 걸어서 이 밥 한 그릇을 대접받기 위해 이 산길을 걸어오게 하신 이가 하나님이십니다." 하시며 축복기도를 하셨다.

엄마와 나는 무릎을 꿇고 기도를 드렸다.

"살아계신 하나님. 이 먼 산길을 걸어 이 초라한 집을 찾아오게 하신 하나님. 이곳에 하나님이 함께 하시오니 감사하옵고 감격합니다. 이 가난한 가정을 불쌍히 여겨 주시사 큰 복을 내려 주옵소서. 이토록 믿음으로 대접하고자 하는 간절한 중심을 주께서 아시오니 하나님이 백 배로 갚아 주시옵소서. 일평생을 살아 갈 동안 최고로 복을 받아 가난한 이들을 위해 섬기며 나누어주며 사는 큰 복을 허락하여 주시옵소서. 예수님 이름으로 간절히 기도드리옵나이다. 아멘. 아멘. 아멘!"

믿음은 완성된 현재가 아닌
이루어질 미래다

 엄마와 나는 눈물 콧물을 쏟으며 방바닥에 얼굴을 묻

듯이 감격하여 울고 또 울었다. 목사님과 강사님은 고봉으로 담은 밥을 다 드시고 그 어둠 속을 걸어 다시 읍내로 출발하셨다. 엄마와 나는 서로 부둥켜안고 엉엉 울었다.

"하나님. 감사합니다. 저렇게 귀하신 하나님의 사자를 이 누추한 곳까지 보내주셔서 너무도 초라한 소찬에 넘치는 축복기도를 해주신 이는 하나님이십니다. 이 기쁨이, 이 감격을 어찌 하오리까. 하나님 아버지여!"

부흥회 마지막 날, "세상에서 가장 귀한 옥합을 깨뜨려라."는 강사님의 말씀대로 나도 옥합을 하나님께 드리고 싶다는 간절한 마음으로 하나님께 기도드렸다. "하나님. 옥합을 드리고 싶습니다. 제 인생의 옥합이 무엇입니까. 하나님이여. 제게도 옥합을 주소서. 옥합을 주소서."라며 세 시간이 지나도록 울면서 옥합을 드리게 해달라는 기도를 드렸다.

그때, 엎드려 울고 있는 내 심장에 '니 몸이니라.'는 감동을 주셨다.

"하나님. 옥합이 제 몸입니까. 이 천한 몸을 제 인생의 가장 귀한 옥합으로 하나님께 드립니다. 이 몸을 받아주소서. 이 천한 몸을 아버지께 드립니다. 이 몸 밖에 드릴 것이 없습니다. 아버지여… 흑흑…"

빈 봉투에 '이 몸을 드립니다.'라고 썼다. 그리고 하나님께 내 마음과 눈물을 담아 올려 드렸다. 강단 위에서 강사님이 봉투를 한 장 한 장 읽으셨다. 강사님께서 갑자기 내가 하나님께 드린 봉투를 손에 들고 '이게 뭐지? 내 몸을 드립니다.' 읽으시며 이 봉투를 드린 사람이 누구냐고 물으셨다. 가슴 조이며 울던 나는 그 자리에서 일어섰다. 깜짝 놀라신 강사님께서 눈이 휘둥그레지셨다. 그리고 한참 침묵이 흘렀다.

사람들의 웃음소리가 들렸다. 하나님 앞에 죄인 된 내 눈에는 걷잡을 수 없는 눈물만 흘러내렸다. '하나님을 향한 제 마음 아시지요. 제 생명에 오늘을 있게 해 주신 하나님을 이 생명 다 바쳐 사랑합니다. 이제부터 저의 삶은 아버지의 것입니다. 제 생명도 비천한 인생도 아버지께 바쳐진 목숨입니다. 하나님 아버지여. 저를 받아 주십시오. 으흑흑흑…'

그 순간 강사님께서, "기도합시다."라고 하시더니 두 손을 높이 드시고,

"주여. 울고 있는 저 딸을 받아 주옵소서. 저 생명도 인생도 이제는 아버지께 바쳐진 생명입니다. 드릴 것이 없어 이 몸을 드리오니 하나님께서 딸의 믿음을 받아주셔서 일평생 오직 하나님 아버지를 위하여 살게 하옵소서. 천한 자의 삶을 거룩하고 복된 삶으로 바꾸어 주시옵소서. 예수님 이름으로 기도드립니다. 아멘. 아멘."

꿈같은 기도를 받은 나는 내 인생의 처음 부흥회를 기적의 주인공이 되어, 영원히 잊을 수 없는 복을 받았다.

기도는 하늘에 쌓인 축복임을 세월이 흐른 뒤 알게 되었다. 이때 받은 축복기도가 내 인생에 그대로 이루어졌다. 기도대로 되었고 믿음대로 복을 받았다.

'믿음은 완성된 현재가 아니라 이루어질 미래다.'

'믿음은 미래이고 영원이다.'

현실 앞에 무너지지 않고 미래를 향해 영적으로 승리하며 전진하는 것. 이것이 믿음의 사람이 가야 할 길이다. 믿음의 사람은 환경을 초월한다. 믿음의 사람은 이성적 자기 세계를 뛰어 넘어 영적인 세계를 믿는다. 이성을 넘어선 하나님의 영적 세계 안에 들어가야 믿음의 사람이다.

현재가 잘 되고, 환경이 잘 되고, 하는 일이 잘 되는 것이 복이라고 생각하는 것은 이성적 생각이다. 영적인 사람은 현재가 잘 못되고, 환경이 힘들고, 하는 일이 잘 못되어도 감사하고 찬양하고 기도한다. 하나님이 나의 아버지임을 믿기에 전혀 두려워하지 않다.

예수 믿는 사람이 환경적 요소와 잘되는 것에 목매여 사는 것은 영적이지 못하다. 초월한 믿음 안으로 들어갈 때 진짜 복이 온다. 하나님을 나의 아버지로 정말 믿는다면 무엇이 두려운가.

'축복은 하나님의 시간표가 있다. 하나님의 방법이 있다.'

인간은 하나님의 시간표를 기다리지 못하고 자기가 원하는 때에 복을 주지 않으면 낙심하며 무너진다. 믿음의 완성은 '인내'이다. 인내가 없이는 이룰 수 있는 것이 없다. 하나님이 내게 복을 주시지 않은 것이 아니다. 내가 하나님의 시간표를 기다리지 못하고 포기한 것이다. 기다리지 못함이 믿음 없는 자의 모습니다. 인생에 가장 큰 문제는 믿음 없는 자로 사는 것이다.

'기도는 길어도 응답은 순간이다. 고난은 길어도 기적은 순간이다.'

여기에서 믿음은 '길어도'가 믿음이다. 길어도를 이루지 못하면 응답도 기적도 오지 않는다. 믿음의 사람만이 인내를 온전히 이룰 수 있다. 믿음의 확신이 인내를 이룬다.

'인간은 성공을 원하지만 하나님은 승리를 원하신다.'

인간은 성공하면 승리할 것이라 생각하지만 하나님은 승리하면 성공은 선물로 주신다. 성공은 이성적 세계가 원하는 것이다. 성경에는 '성공'이란 말이 없다.

내 인생에 가장 큰 자산은 가난 속에서도 하나님을 온전히 섬길 수 있음이다. 내 나이 스물세 살 때 성경을 한 자 한 자 손으로 다 썼다. 성경을 쓰면서 받은 은혜, 내 심령에 성령이 역사하도록 하나님의 베푸신 은혜가 너무도 크고 놀라워, 감격과 눈물 외에는 표현할 길이 없었다.

낮에는 남의 집 밭고랑을 기면서 일을 하고, 밤이면 골방에서 성경을 쓰고 동네에서 빌린 책들을 읽으며 중요한 부분을 공책에 기록하며 시간이 아까워 잠을 잘 수가 없는 몸부림 속에 나의 내면은 깊어져 갔다.

'수면 아래는 기도, 수면 위에는 삶'이다. 신앙의 생명은 수면 아래 기도가 뿌리다. 마치 말씀을 붙잡고 깊은 바다 속으로 들어갈 때, 믿음의 뿌리가 살아 있다. 믿음의 뿌리를 위해 내 모든 것을 집중할 때 영적인 생명력이 깊어진다. 믿음의 깊은 뿌리를 더 깊이 더 깊이 뻗치기 위해 내 영혼을 온전히 불살라 성경을 썼고, 생명줄 잡듯이 하나님을 붙잡았으며, 살기 위해 몸부림을 쳤다. 수많은 시간들을 하나님 앞에 눈물로 쏟아내며 운명적 저주의 고리를 끊고 오직 하나님의 은혜와 사랑으로 내 인생을 살려주신 감격으로 기도와 말씀을 붙잡고 달려온 내 길이다.

'기도는 저축이다. 하늘에 쌓이는 축복이다.'

하나님께 달려가는 발걸음은 언제나 꿈길을 달려가듯 간다. '하나님께 엎드리면 기도가 눈물이고 눈물이 기도가 되었다.' 마치 교회에 울기 위해 가는 사람과 같았다. 하나님 앞에 엎드리면 처절한 내 삶을 눈물로 씻겨내듯 울고 또 울었다.

믿음은 우물이다
기도의 깊은 우물을 파라

◀◀   '믿음은 우물이다. 깊은 기도의 우물을 파라.' 내 중심이, 심령이 하나님 앞에 선 자는 어디에서든지 기도의 우물을 판다. 끝없이 파 내려가고 파 내려간다. 그 우물의 깊이가 믿음의 깊이다.

'사람이 가장 아름다운 순간은 하나님 앞에 눈물로 무릎을 꿇는 것이다.' '주여, 나의 눈물을 주의 병에 담으소서.'하는 다윗의 고백처럼 말이다. 인간의 가장 위대함은 하나님 앞에 눈물로 엎드리는 것이다. 모든 믿음의 사람이 이 한 가지를 온전히 이룰 수 있다면 하나님은 그런 자에게 큰 은혜와 능력과 복을 주신다.

사람이 가장 힘든 부분이 바로 기도이다. 기도는 내 힘으로는 할 수 없기 때문이다. 기도해야 한다는 것을 알고 있어도 기도하지 않는다. 기도는 하나님이 하게 하시는 것이다. 내 무릎을 하나님이 꿇게 하신다. 내 눈에 눈물이 흐르도록 하나님이 내 심령을 만져주시는 것이다. 그 자리에 엎드려 끝없는 눈물로 깊은 우물을 파는 자는 반드시 하나님이 큰 능력을 주시기 위해 계획하신 것이다.

믿음에는 순종이 믿음 되게 한다. 우물의 깊이가 믿음의 깊이이고 믿음의 깊이가 큰 영적인 그릇을 준비하는 자가 되어 큰 능력과 복을 받는다. 그 뿌리가 기도이다. 기도 없이 능력 받은 자는 없다. 기도하지 않은 자를 하나님이 쓰신 자는 없다. 남들이 뭐라 말 할지라도 오직 하나님의 음성에만 귀 기울이며 나아가야 한다.

'기도의 차이가 능력의 차이다.' 하나님의 역사는 반드시 기도를 통해 주신다. 내가 기도할 때 하나님이 나를 위해 일해 주신다.

어느 새벽 예배 때, 강단 위에서 목사님의 눈물의 기도소리를 듣게 되었다. '우리 목사님이 왜 우실까?' 이유도 모르면서 내 가슴속에서도 눈물이 흘렀다. 그리고 돌아오는 주일. 목사님의 눈물의 이유를 알게 되었다.

당시 교회는 건물을 임대하여 사용했는데 이곳을 비워달라는 요청을 받게 된 것이다. 지금 교회 형편으로는 다른 곳으로 옮길 수 있는 물질도 없었고 일꾼도 없었다. 교회가 이러한 위기 상황에 놓이게 되자 목사님은 월요일부터 한 달간 특별 새벽기도를 선포하셨다. 그리고 다음 달 몇째 주에 특별 건축헌금을 드리고자 말씀하셨다. 그리고 강단 위에서 우셨다. 내 가슴에 간절한 소망이 생겼다. 벅찬 감동이 밀려왔다.

"하나님. 저를 사용해 주세요. 우리 교회를 위해서 저를 기적의 도구로 사용해 주세요. 비록 이 가난하고 천한 자이오나 하나님의 거룩한 성전을 이전하는 일에 저를 통해서 역사해 주세요. 흑흑…"

간절한 눈물로 기도가 저절로 되었다.

"내가 섬기는 교회, 내가 사랑하는 교회를 위해 저의 눈물이 씨앗이 되어 기적이 일어나게 해 주세요. 흑…"

며칠간을 눈물로 성전 바닥에 엎드려 기도할 때에 내 마음을 성령님이 강하게 사로잡았다. 내 마음속에 예레미야 33장 3절 '너는 내게 부르짖으라 내가 네게 응답하겠고 네가 알지 못하는 크고 비밀한 일은 네게 보이리라'라는 말씀을 주셨다. 나는 이미 응답을 받았다는 확신이 들었다.

눈물로 기도하는 내 마음속에 하나님이 주신 말씀이었다. 나도 모르게 감동이 강력하게 밀려왔다. 그때부터 하나님이 주신 성령의 힘으로 엄청난 기도를 하나님께 드렸다.

"주여! 우리 교회에서 최고 많이! 최고 많이! 최고 많이! 하나님께 드리기를 소원합니다."

밀려오는 감동을 붙잡고 더욱 확신을 가지고 기도했다. 날마다 주의 전에 엎드려 최고 많이를 기도할 때면 사람들은 믿지 않아도 하나님은 내 기도를 받으신다는 확신을 가지고 기도하였다.

'의심은 마귀가 주는 것이고 확신은 하나님이 주신다.'는 간절한 마음을 가졌다. 사실 나는 우리 교회에서 가장 밑바닥에 속하는 성도이다. 장날마다 무엇을 팔아야만 몇 천 원이라도 헌금할 수 있었다. 그런 내 마음에서 '너는 내게 부르짖으라 내가 네게 응답하겠고'라는 하나님의 말씀이 믿어지고 확신이 들었다.

이 확신을 붙잡고 오직 하나님 앞에 눈물 흘리며 한 없이 주님을 부르며 최고 많이를 외쳤다. 기도의 응답은 네가 알지 못하는 크고 비밀한 일이라고 이미 말씀으로 응답을 받았다. 내가 가진 것이 없어도 하나님께 복을 받은 자임을 믿고 간구하는 것이 기도의 능력이다.

세상 지식은 눈으로 보고 알지만 하늘의 축복은 믿음으로 아는 것이다. 내 인생의 가장 큰 축복이 바로 이 작정기도였다. 교회가 가장 힘들 때, 중요할 때, 우리 교회를 위하여 살아계신 하나님께 눈물로 부르짖는 목숨 건 기도를 드리는 이 시간이 하나님을 대면하는 시간이었다.

내가 사랑하는 교회를 위해, 내가 섬기는 교회를 위해 하나님께 눈물로 기도하는 나를 불쌍히 여기신 하나님. 이때 깨달은 진리가 있다. '기도는 깊게, 길게 해야 한다.'는 것을 더 깊은 무릎을 꿇으면서 깨달았다. 밤을 새워 기도하는 하나님과의 눈물의 스토리가 있는 것이 믿음이다.

많은 사람들은 밤을 새워 공부하여 성공할 수 있으나, 밤을 새워 기도하면 하늘 문이 열리는 기적의 인생이 된다. 깊은 기도의 뿌리가 하나님과 맞닿아 있는 자가 되어야 한다. 내가 가진 것이 없을수록 하나님께 기도하게 되고 내가 배운 것이 없을수록 성경 말씀을 읽으면서 쓰면서 텅 빈 내면을 하나님의 진리의 말씀으로 채웠다.

성경을 끝까지 다 썼을 때 내 영혼의 진동을 나는 잊을 수가 없다. 한없이 울었던 감격을 잊을 수 없다. 내게 하나님의 역사는 성경필사를 통해 일어났다. 내 안에 말씀으로 오신 주님, 자존감을 잃어버리고 극심한 열등감과 패배감, 아직 살아보지 않은 자의 가슴에 절망만 가득 채워진 나를 끝없이 말씀을 붙들고 살아나게 만드신 하나님께 다시 한 번 나의 소원이 하나님의 소원이 되게 해달라고 눈물로 기도했다.

새벽마다 강단에 엎드려 최고 많이 삼창을 외치는 나에게 사람들은 비웃음을 보냈다. 아무도 믿지 않았다. 그러나 내 가슴속에는 하나님의 말씀이 더욱 강하게 다가왔다.

'너는 내게 부르짖으라 내가 네게 응답하겠고 네가 알지 못하는 크고 비밀한 일을 네게 보이리라'

"아멘. 아멘. 아멘."

두 손 들고 아멘을 외치며 눈물과 통곡의 강을 이루었다. 주님은 정말 내 기도에 귀를 기울여 주셨고 내 마음에 확신을 주셨다. 처음 이 말씀을 받았을 때 깊은 감동이 왔다. 감동은 축복이고 응답이다. 나는 이미 응답을 받고 기도하고 있음을 믿었다.

그러나 우리 교회 그 누구도 나의 기도대로 정말 최고 많이 바칠 것이라고 믿는 사람은 아무도 없었다. 기도하는 자가 믿음의 확신으로 기도하면 된다. 남이 내 기도를 어떻게 볼까 염려할 필요가 없다. 하나님은 오직 나의 믿음을 보시고 복을 주시고 응답해 주신다.

골방의 기도 무릎을
꿇어라

🍂　　　하나님의 능력이 아무리 뛰어나도 내 믿음이 없이는 어떤 기적도 일어나지 않는다. 나의 믿음이 씨앗이 되어 기적이 일어난다. 내 믿음이 먼저다. 그러나 많은 사람들은 자신의 믿음은 보지 않고 하나님의 기적만 바란다. 나의 간절한 눈물은 새벽마다 강단을 적셨다. 이 깊은 우물을 파는 길이 내가 사는 길이고 하나님을 만나는 길이다.

나는 깊은 기도의 우물에서 영혼이 살아났다. 날마다 시편의 다윗의 시가 내 안으로 걸어 들어와 내 심령에 새겨졌다. 내 몸이 어디에 있는지 잊을 만큼 깊은 우물 속으로 빠져 들어갔다. 기도하던 사람들이 뿔뿔이 흩어졌다. 하나님 앞에 엎드린 나는,

"하나님. 저를 불쌍히 여겨 주세요. 저를 주 앞에서 쫓아내지 마시고 주의 성신을 내게서 거두지 마소서. 내 생명은 오직 하나님 아버지 앞에 있습니다. 그동안 하나님께 드린 것이 없는 저에게 단 한 번이라도 최고 많이, 최고 많이, 최고 많이 하나님께 드리게 하옵소서. 오직 하나님만이 하실 수 있나이다. 아버지여. 아버지여. 저의 소원을 들어주소서. 아버지여!"

고난이 차야 하나님의 때가 온다.

내 기도가 채워질 때까지 하나님은 기다리신다. 내 고난이 찰 때까지 하나님은 기다리신다. 축복은 하나님의 시간표에 있다. 하나님의 방법에 있다. 하나님은 서두르지 않으신다. 그러나 모든 일을

제 때에 이루신다. '기도는 길어도 응답은 순간이다.' 길어도가 믿음인 것을 가슴에 새기며 하나님께 기도하고 새 날을 교회에서 맞았다.

너무도 큰 소리로 온 교회가 눈물로 차오르도록 기도하는 나 때문에 불편해 하는 분들이 많았다. 우리 목사님마저 나보고 좀 조용히 기도하라고 말씀하셨다. 눈물을 닦으며 교회 문을 열고 나올 때에 하늘에서 한줄기 빛이 내 앞에 비쳐오듯이 구름사이로 빛이 쏟아져 내렸다. 그때 내 심령에 밀려오는 감동이 있었다.

"딸아. 내가 네 기도를 들었고 네 눈물을 보았노라."는 말씀이 천둥처럼 다가왔다. "주여…"를 외치며 성전 밖에서 하늘을 향하여 힘껏 외쳤다. 눈물이 펑펑 쏟아졌다. 이 감격, 이 눈물, 하나님이 내 기도를 들으셨고 내 눈물을 보셨다는 이 감동의 확신을 하나님이 주셨다.

집으로 달려오는 발걸음이 산을 어떻게 넘었는지, 집을 어떻게 왔는지 기억할 수가 없을 만큼 마치 구름을 타고 온 것처럼 내 심령이 기뻐 뛰고 있었다.

내 기도의 응답자로 하나님이 보내신 한 사람이 나를 찾아 먼 곳까지 왔다. 이유는 신문에 청송보호감호소 재소자들을 위하여 쓴 글을 보고 찾아왔다. 나는 신문에 글이 실린 줄도 모르고 있었는데 그분은 손에 신문을 들고 나를 찾아와 "재소자들을 돕고 싶습니다."라고 했다.

나도 모르게 내 입에서 "우리 교회를 도와주세요. 우리 교회를 도와주세요."라고 간절히 말씀 드렸다.

"교회를요?"

"예. 우리 교회는 갈 곳이 없어요. 우리 교회를 흑흑…"

동그란 눈으로 나를 바라보는 처음 보는 분에게 우리 교회 사정을 다 말씀드릴 때 내 눈에서 눈물이 흘렀다. 목이 매여 말을 할 수가 없었다. 말하는 내내 온몸이 떨렸다. 마치 언젠가 꿈속에서 있었던 일이 현실로 이루어지는 듯한 꿈같은 일이었다. 그런 나를 보고 있던 나를 찾아온 분이 혼자 기도를 하였다.

"하나님. 감사합니다. 하나님께서 제 기도를 응답해 주셨습니다."

나는 깜짝 놀라 눈물을 닦으며 그분을 바라보았다.

"자매님을 만난 것은 제 기도의 응답입니다. 하나님이 저를 여기까지 보내주셨습니다."

"예에?"

그분은 차근차근 당신의 간증을 하셨다. 지난 날, 처음에는 작은 사업을 하셨는데 하나님으로부터 엄청난 복을 받았다고 했다. 최고 좋은 집을 사고 빌딩도 사서 회사가 이사도 하고 세상에서 제일 잘 나가는 부자임을 자랑했는데 어느 한 순간 회사가 부도가 나서 그 많던 재산이 거품처럼 사라져 버렸을 때, 섬기던 교회가 성전 건축을 시작했다고 한다. 그때까지 자신을 위해 재산을 모으는 것이, 빌딩을 사고 사업을 키워 나가는 것이 최고의 축복인줄 알고 돈을 자랑하며 살았단다.

하나님께는 십일조 헌금은 물론, 물질을 온전히 드리지 못했단다. 항상 내가 쓸 돈이 먼저였고, 사업이 먼저였는데, 그 엄청난 재산을 몽땅 잃어버린 후에, 그 많은 물질은 하나님이 주신 것임을 뒤늦게 알았다 한다. 부자로 살던 지난날의 자신이 주님 앞에서는 가난한 자였음을 깨닫게 되었다 한다.

　모든 것을 잃어버린 뒤에야 주신이도 주님이시고 거두어 가시는 이도 주님이심을 깨닫고 깊은 눈물로 회개를 하였다고 한다. 그때 아주 조금 남겨진 돈으로 아무도 몰래 온가족을 데리고 자신들을 모르는 곳으로 도망가서 살자고 가족들에게 말을 했을 때, 고등학생인 아들이 울면서 이렇게 말하더란다.

　"아빠. 우리 교회는 성전을 건축하느라 아이들 저금통까지 드리며 기도하는데 이렇게 중요할 때 우리 집은 아무도 모르게 도망을 가다니요. 우리는 안 가요. 가시려면 아빠만 가세요."

　당신은 아들의 말에 깜짝 놀랐다고 했다.

　"아빠. 하나님이 그 돈을 왜 다 안 가져가시고 조금 남겨주셨는지 아세요? 우리 믿음을 시험하시는 거예요. 그 남겨진 돈으로 교회 성전건축헌금을 드리고 우리 다시 시작해요. 지금도 늦지 않았어요. 아버지… 아버지… 엉엉…"

　눈물로 호소하는 아들의 말에 믿음 없는 자신이 부끄러워 고개를 들 수가 없었다 한다. 온 가족들의 뜻이 모두가 하나님께 드리자는 말에 정신이 들어 이렇게 기도했단다.

　"하나님. 제가 잘못했습니다. 모든 것이 저 때문입니다. 저의 믿음 없는 것 때문에 이런 일이 일어났습니다. 하나님이 주신 축복을 하나님께 드리지 못하고 내 욕심으로 가득 찬 믿음 없는 저를 용서해 주십시오."

온 가족이 통곡하며 우는 자신을 안고 같이 울음바다가 된 그 이튿날, 남겨진 돈을 그대로 교회 성전건축헌금으로 다 드리던 날. 가졌을 때는 한 푼도 못 드렸을 물질을 다 잃어버린 뒤 그 남은 것을 몽땅 하나님께 바치고 난생 처음 그토록 감동의 눈물을 처음 흘려보았다 한다.

그리고 가족들과 작은 월 셋방을 얻었고 방 한 칸에 가운데 상하나 펴 놓고 온 가족이 그 상에서 밥을 먹었고 그 상에 둘러앉아 매일 가정예배를 드렸다 한다. 어느 하루도 울지 않은 날이 없는 눈물의 가정예배를 드릴 때면 하나님이 함께 하시는 기쁨과 감동이 충만하였단다. 그렇게 시작 된 가정예배를 일천 번, 새벽 제단을 일천 번을 드릴 동안 성전건축이 완공되었고 하나님이 잃어버린 축복을 다시 회복시켜 주신 감동의 간증을 하셨다.

하나님께 드리는 모든 소원은 반드시 이루어진다

처음 보는 나에게 눈물을 닦으시며 간증하시는 자신이 장로임을 밝혔다. 이제는 하나님께서 하나를 주시면 두 개를 바치는 인생이 되었으며 시골에 교회가 없는 곳에 교회를 짓고 하나님이 가장 기뻐하시는 선교에 앞장서는 삶을 살고자 노력하고 있다고 한다. 부도난 후 전 재산을 교회 성전건축헌금으로 바칠 때 그 예물은 사르밧 과부의 마지막 떡과 같은 헌금이었다고… 그때만 생각하면 심장이 뛰는 것은 그 헌금이 기적의 씨앗이 되어서 자신의 인생에 오늘이 있는 것이라고 했다.

모든 것을 잃어버려도 믿음으로 순종하는 자세를 하나님이 받으셨다. 하나님은 내게 마지막 남은 것마저 빼앗아 가시는 분이 결코 아니다. 그 마지막 남은 것으로 내 믿음을 시험하신다. 순종하지 않은 것은 믿음이 아니다. 하나님께 드려진 것이 씨앗이 되어 내 인생에 기적이 일어난다. 그분은 하나님께 이전보다 더 큰 복을 받았단다. 수많은 선교사님들을 도우며 시골에 교회를 건축하는 곳에 이 물질을 드리고 싶다며 기도하고 있는데 나를 만났다 한다.

"쉰 중반을 넘고 보니 이제야 주님의 마음이 느껴집니다. 자매님은 이렇게 가난한 환경에서도 너무 귀한 믿음을 가지셨네요. 주님께서 인도하신 만남입니다. 얼마면 되겠습니까?"

"네에? 얼마나 필요한지 저는 잘 모릅니다. 하나님께 최고 많이, 최고 많이, 최고 많이 달라고 기도했을 뿐입니다."

빙그레 웃으시더니 고개를 끄덕이셨다.

"혹시, 수표 한 장으로 끊어올까요?"

나는 무슨 말인지 알아듣지 못했다. 아니 수표가 뭔지 알지 못했다.

"아니요. 만 원짜리로 주세요."

그렇게 말을 하면서도 믿어지지 않는 현실을 받아들이기 힘들었다. 기도하면서도 한 번도 상상해 본 적이 없는 일이 내 눈앞에서 일어났다. 사람들은 이것을 현실로 믿을까. 나도 내가 경험한 일이 아니라면 믿기 어려울 것 같았다. 그런데 내 눈앞에 그분이 큰 뭉치 한다발 안고 내 앞으로 성큼 다가오셨다.

"여기 있습니다."

나는 깜짝 놀라고 말았다.

"이게 다 무엇입니까?"

"예. 만 원짜리입니다."

"아… 아니. 이것이 전부 다 돈이라구요?"

그 분은 웃고만 있었다. 나는 심장이 멎을 것만 같았다. 팔이 벌벌 떨렸다. 내게 건네주신 큰 뭉치를 펼치는데 만 원짜리 돈다발이 들어 있었다. 이 세상에서 내가 한 번도 꿈꿔 본 적이 없는 일이 내 눈앞에서 일어났다. 태어나서 그렇게 많은 돈을 처음 보았다. 나는 겁부터 덜컥 났다.

"싫어요. 이렇게 많이 달라고 한 적이 없어요. 저는 이 돈을 갚을 수 없어요."

두 팔이 덜덜 떨고 있었다.

"갚지 않아도 됩니다. 주님이 갚아 주실 것입니다. 허허…"

이렇게 멋진 사람을 처음 보았다.

"그럼 그냥 주시는 거예요?"

"주님이 주라고 하시네요. 허허…"

"아니… 이 엄청난 돈을요."

그때서야 "감사합니다. 정말 감사합니다. 이 은혜를 평생 간직하겠습니다. 감사합니다."하며 절을 꾸벅했다.

눈물이 흘렀다.

"하나님 감사합니다. '하나님이 이루어 주셨습니다. 이런 기적을 예비해 주시고 저에게 너는 내게 부르짖으라 내가 네게 응답하겠다'고 하셨지요. 하나님 감사합니다."

내 마음속에선 눈물과 기도가 멈추질 않았다. 믿어지지 않는 현실이 눈 앞에 펼쳐졌다.

"하나님. 이것이 꿈이라면 어떡하지요. 정녕 꿈은 아니겠지요."

내 소원은 헌금 한 번 실컷 드려보는 것이었다. 정말 하나님은 나 같은 자의 소원도 들어 주셨다. 교회 옆 사택으로 달려가 현관문을 두드렸다. 내 마음이 어찌할 바를 모른 채 뛰어 들어갔다. 목사님이 깜짝 놀라셨다.

"무… 무슨 일 있어요?"

"이것을 하나님이 주셨어요."

목사님은 어리둥절한 표정으로 나를 바라보았다. 그리고는 건네받은 보따리를 펼쳤다.

"으아!"

그 안에 들어있는 돈다발들을 보시더니 깜짝 놀라 입을 다물지 못하셨다. 너무도 놀라신 목사님이 그 자리에서 눈물로 기도를 하시는 게 아닌가!

"하나님! 제가 잘못했습니다. 제가 잘못했습니다. 제가 잘못했습니다. 흑흑…"

점점 목소리가 더 커지셨다.

"하나님 아버지. 교회는 인간의 생각에 있는 것이 아니라 하나님의 섭리 안에 있음을 알았습니다. 이 가난한 자를 통해 역사하신 하나님을 보았습니다."

목사님은 한참을 우신 후에 드려진 헌금 위에 손을 얹고 간절한 눈물로 축복기도를 해주셨다.

"주님 앞에 최고 많이 드리고 싶어서 그렇게 몸부림치던 이 딸의 눈물의 기도를 응답하신 하나님. 이 딸의 믿음을 축복하여 주옵소서. 일평생 가는 길을 축복해 주시고 그 걸음을 견고케 해 주소서."

나는 눈물로 "아멘. 아멘. 아멘."을 고백했다. 목사님이 우시니 내 눈에도 눈물이 흘렀다. 하나님은 최고 부자가 아닌 가장 가난한 나를 들어 역사해 주셨다. '기도대로 되고 믿음대로 된다.'는 것을 보여 주셨다. 이 기적을 경험한 날 나는 이 세상에 다시 태어나는 인생이 되었다.

드림을 보면
내 믿음이 보인다

교회는 하나님이 주인이시다. 하나님께서는 당신의 일을 절대로 멈추지 않으신다. 교회는 가진 자가 헌금하고 헌신을 하는 것이 아니다. 믿음의 사람만이 온전히 드린다. 내 믿음이 진짜이면 진짜를 드리고 내 믿음이 가짜이면 소중한 것을 절대로 드리지 못한다. 드림을 보면 내 믿음을 안다. 드린 것이 무엇인가를 보면 내 믿음이 보인다.

진짜 믿음의 옥합을 깨뜨리는 자에게는 반드시 기적을 주시는 하나님이다. 이성적 한계 안에서 신앙 생활하는 사람들은 한 번도 제대로 순종하지 못한다. 기적은 하나님이 주신다. 내 믿음의 크기가 복의 그릇이다. 이성적 한계를 넘어서는 것이 기적이다. 내 안에 일어날 수 없는 일이 일어나는 것이 기적이다.

하나님은 이 가난한 자에게 기적 같은 체험을 하게 하셨다. 내 인생이 상상도 할 수 없는 일을 경험케 하신 하나님이 믿음의 능력을 보여주셨다. 믿고 구하는 자에게는 반드시 하나님의 기적 같은 역사가 예비되어 있음을 증명해 주셨다. 이 놀라운 기적을 경험한 후 내 심장이 더 펌프질을 해왔다. 내 속에서는 끝없이 떠오르는 것이 있다.

하나님이 보낸 사람이다. 그분이 남긴 고백을 내 가슴속에서 수없이 되새김질이 되었다. 하나님이 보내주신 천사로 쓰임 받은 그분의 앞날에 놀라운 축복이 임할 것이다. '아! 하나님의 기적의 길은 이렇게 열리는구나.' 시간이 지나도 이 엄청난 일이 내 가슴에서 지워지지 않았다.

"하나님. 감사합니다. 내 인생에도 그런 기적을 보여주신 하나님! 감사합니다. 하나님의 살아계심을 체험케 해주신 하나님! 하나님이 나와 함께 해주신다는 사실을 알게 해주신 하나님! 더 확실하게 믿게 해 주신 하나님! 이제부터 제 삶이 온전히 하나님 앞에서 살기를 원합니다."

돌아보면 내가 무엇을 했기에 지금까지 하나님 앞에 이렇게 달려온 것이 아니었다. 내가 한 것은 하나님 앞에 눈물로 엎드린 것이 전부였다. 하나님은 나의 기도를 받으시고 모든 것을 다 주셨다.

세상에서 다 자란 나무란 없다. 살아있는 생명은 계속 자란다. 하나님 앞에 무릎으로 사는 나의 믿음도 끝없는 몸부림 속에서 자라나고 있었다. 사방이 병풍처럼 산으로 둘러쳐진 청송 산골에서 내 꽃다운 젊음은 눈물겹게 살고 있었다. 남의 고구마 밭에서 이삭을 주우며 소꼴을 베어 쇠죽을 끓이고 옥수수, 감자를 삶아서 밥 대신 먹었다. 현실은 처절해도 밤마다 하나님 앞에서 살아있는 시간을 내 영혼에 책을 붙들고 살았다.

배움이 없는 텅 빈 내면을 하나님 말씀으로 채우고 눈물과 기도로 채웠다. 밤을 새워가며 이집 저집에서 빌려온 책에 내 영혼을 담았다. 한 권 한 권의 책을 통해 광범위한 문학 세계 속으로 빨려 들어갔다. 내 나이 스물다섯이 되었을 무렵, 내 영혼의 눈이 문학과 역사책들을 넘어서 '서양 철학사'로 올라갔다.

아테네 철학, 소크라테스, 플라톤, 아리스토텔레스를 넘어 20세기 실존주의 철학까지 왔을 때, 내 나이 스물일곱이 되었다. 사람은 그의 영혼 속에 무엇이 담기느냐가 그의 인생이고 미래였다. 수많은 철학자들의 생애와 그의 철학적 사고, 학문들을 깊이 파고 들어가면서 먼저 살다간 천재들의 깊은 고뇌를 만났다.

여기에서 한 가지 깨달은 사실이 있었다. 하나님과의 만남이 그 영혼 속에 온전히 이루어지지 않으면 자신의 학문과 사고가 염세적이고 비관적이고 무신론적으로 흘러간다는 것이다. 인간의 지식에는 생명이 없다. 학문일 뿐이다. 그런 위대한 천재적 인물들이 하나님과의 깊은 만남을 통해 영혼의 빈자리를, 생명과 진리인 하나님의 말씀으로 채울 수 있었다면 이 땅에 생명의 성령의 법이 임하지 않았을까.

철학은 지식이 아니라 생각하는 것이다. 그 생각을 넘어서면 영적인 세계 속으로 들어간다.

낮에는 들로 산으로 산나물을 뜯고 약초를 캐며 다니다 개울가에서 오이랑 풋고추를 된장에 찍어 식은 밥과 먹노라면 꿀맛이었고, 도랑에 뒷걸음쳐 도망가는 가재를 보면서 한바탕 웃곤 했다. 여름이면 마당에 피운 모깃불 연기가 하늘로 솟아올랐다. 밤이면 냇가에서 동네 아이들과 함께 멱을 감았고 우물물을 하루 세 동이씩 머리에 이고 와 쇠죽을 끓이며 남의 소를 키웠다.

마을 사람들은 여름 내내 붉은 고추를 말리느라 전쟁을 치르고, 모내기철이 되면 비를 맞으면서 온종일 손으로 모내기를 했다. 여름에는 마당에 깔린 멍석 위로 쏟아진 환한 달빛을 깔고 저녁을 먹었다. 밥상도 달빛에 잠기고 밥그릇 안에까지 가득 차는 달빛. 저녁을 먹고 있는 나는 그 달빛을 먹었다.

숲속에서는 바람이 잠들고, 마을에서는 지붕이 잠들고, 온 들판에 내려앉은 잔잔한 산골마을을 덮은 달빛이 내 마음마저 물들였다. 뿌리 깊은 소나무들이 천 년을 달려온 바람과 마주하고 선 나지막한 마을. 그 따뜻한 언덕이 포개져서 이어졌다. 노랗게 물든 아름드리 은행나무, 조용한 기와 담장 너머 길게 뻗은 고상한 나무들이 오목조목한 시골 마을을 지키고 있다. 봄부터 가을까지는 온 산으로 다니며 눈코 뜰 새 없이 산나물과 고사리를 뜯었다. 여름이면 산도라지를 캐고 약초를 캐서 장에 가서 팔았다. 가을이면 이집 저집 가을걷이로 바쁜 일손을 도왔다. 속이 차오르는 김장배추를 짚으로 묶어주는 일도 내 몫이었다.

축복은 고난의 포장지에 싸여서 온다

✒️ 엄마와 나는 8년 동안 남의 소를 키웠다. 두 마리는 주인에게 큰 소가 되어서 갔고 송아지 한 마리를 수고의 삯으로 받았다. 그 송아지를 2년을 더 키워 큰 소가 되었다. 엄마는 '이 소 한 마리는 우리 순애 시집가는 밑천이다.'라고 생각하며 정성을 다하여 키웠다. 엄마와 내게 전 재산과 같은 소를 새벽같이 읍내의 장으로 몰고 가서 우시장에 내다 팔았다. 소를 팔던 날, 엄마와 나는 울었다. 큰 다발 돈이 몇 개였다. 지금까지 엄마와 내가 살아오면서 처음으로 가져보는 가장 큰 돈이다.

그때였다. 엄마와 내 마음속에서 동일하게 온 감동이 있었다. 그것은 하나님께 이 소 한 마리를 몽땅 드리는 감동이다. 엄마와 나는 하나님이 주신 감동을 가슴에 안고 감격하며 울었다. 하나님께 드린다는 기쁨이 너무 커서 계속 눈물이 흘렀다. 소를 팔고 온 날 밤, 성경책 위에 그 돈다발을 올려놓고 엄마가 울면서 대표기도를 했다.

"하나님 아버지께 드릴 것이 이것이 전부입니다. 이것이 전부입니다. 이 소 한 마리를 하나님께 드립니다. 하나님 아버지여. 받아 주소서. 흑흑…"

8년 동안 지게에 소꼴을 베어 지고 다니며 작두로 여물을 썰어 쇠죽을 끓여 키운 소를 팔아 교회 성전 이전 헌금으로 드리고자 눈물로 기도하며 전 재산과 같은 소 한 마리를 하나님께 바치던 날… 엄마와 나는 부둥켜안고 엉엉 울었다.

하나님의 살아계심이 믿어지는 사람은 하나님께 바치는 것이 가장 행복하다. 내 믿음이 진짜 이기에 내 인생의 가장 소중한 것을 드림이 축복이었다. 자신의 임계점을 넘는 물질을 하나님께 드릴 때, 미래에 기적이 온다. 기적은 반드시 씨앗이 심겨진 사람에게 오는 것이다. 대부분의 사람들은 하나님께 드리지 못하고 내가 끌어안고 있는 것을 축복인줄 안다. 내 욕심이 축복인줄 안다.

믿음이 축복이다. 욕심은 복을 가로 막는다. 이성적 신앙인은 욕심을 따라 살면서 축복의 삶을 산다고 착각한다. 하나님이 내게 물질로 복을 주시는 것은 전도하고 선교하고 구제하라고 준 복이다. 비움이 준비된 자에게 채움이 온다. 인간은 자신의 욕심을 따라 이성적 세계를 넘지 못하고 자기 욕심 안에 갇혀서 산다. 자기 욕망 속에서 산다. 그것은 인간의 어리석음을 벗어나지 못하고 마귀에게 잡힌 인생을 사는 것이다.

마귀는 하나님께 물질을 못 드리게 한다. 안 드리면 남을 줄로 안다. 절대 아니다. 안 드린 것은 마귀가 다 빼앗아간다. 반드시 뺏어갈 길을 만든다. 하나님께 드리지도 못하고 내게 남아 있지도 않게 한다. 그것이 마귀의 전략이다.

하나님께 드리는 것은 공짜가 없다. 그 어느 것 하나도 땅에 떨어지지 않는다. 기도하며 눈물로 드린 모든 것은 주님의 심장 위에 올려 진다. 하나님을 사랑함이 내 인생에 가장 큰 축복이다. 하나님 한 분을 온전히 사랑하고 내 삶의 모든 중심이 하나님께 맞춰져 있을 때, 어떤 절망과 좌절이 와도 반드시 하나님의 시간표가 온다. 죽고 싶은 만큼 고통스러운 나날일지라도 기도하면 새로운 생명으로 다시 태어나는 기적을 볼 것이다.

내가 지을 수 있는 유일한 죄가 있다면 나를 죽음에 이르게 하는 죄, 그것은 곧 희망의 끈을 놓는 죄다. 절망적 상황이 천둥처럼 다가올지라도 희망의 끈을 놓지 않는다면 하나님의 살아계심이 내 인생 속에 일어난다. 인간은 날마다 죄 속에서 살 수 밖에 없지만 오직 하나, 희망의 끈을 놓지 말아야 한다. 희망마저 포기하는 죄만은 짓지 말아야 한다. 영적인 세계는 환경을 초월한다. 이성적 인간은 환경 안에 갇혀 산다. 육과 영을 구별하고 육으로 살지 말고 영적인 존재로 더 큰 믿음을 담은 자가 될 때 고난의 터널을 통과한 후 믿음의 반석 위에 세워진다.

인간이 겪는 고난은 두 가지에서 온다. 첫 번째는 인생의 뿌리가 하나님과의 관계가 끊어지므로 온다. 하나님으로부터 생명의 젖줄을 공급받지 못하면 자기 혼자의 몸부림일 뿐이다. 인간 안에는 능력도 힘도 없다. 하나님으로부터 오는 능력과 축복이 끊길 때 절망이 온다. 이 절망적 상황은 하나님 앞에 엎드려 깊은 회개의 기도를 드림으로 하나님과의 관계 회복을 먼저 이루어야 한다. 그러면 하나님의 시간표에 하나님의 방법으로 풀어주신다.

두 번째의 고난은 내가 가는 길이 막히게 하시는 것에서 온다. 나를 영적으로 깊은 우물을 파는 시간을 갖게 한다. 막힘이 축복임을 훗날에 깨닫는다. 길이 막히기 전에는 나를 위해 열어놓은 하나님의 길이 보이지 않는다. 하나님이 주시는 고난, 하나님으로부터 온 고난은 반드시 피할 길을 예비해 놓으신 고난이다.

하나님이 주시는 축복은 고난의 포장지에 싸여서 온다. 겉으로는 고난이지만 그 속엔 하나님이 예비하신 기쁨과 감동, 은혜와 축복이 넘치는 영적인 축복이 있다. 이것이 하나님이 주시는 축복이다. 환경은 절망인데 마음에 기쁨이 있고 두렵지 않는 것은 환경적 염려와 근심 걱정은 환경의 문제가 아니고 믿음의 문제이기 때문이다.

영적으로 살아나면 기도가 살고 성경 말씀이 꿀송이처럼 가슴에 달게 빨려든다. 절망적 환경 앞에 무너지지 않는 담대한 믿음. 그 믿음이 이 세상을 이기는 하나님의 능력이다. 기도의 줄이 생명줄이다. 이 줄을 놓으면 세상 염려가 나를 차지하고 절망하며 내 마음이 먼저 무너져 내린다. 산골에서 푸른 내 청춘의 시간표를 견뎌낼 수 있었던 것은 기도의 힘, 하나님을 붙잡았던 믿음의 힘이었다.

고난의 자리는 기도의 자리다. 하나님을 깊이 만나야 한다. 고난의 자리는 나를 보는 쉼표의 시간이다. 이 산골에 박혀서 하늘만 바라보며 이 멈춤의 시간을 나의 내면을 다지며 깊이 파고들어 가는 시간으로 채우기를 힘썼다. 못 배운 것에 원망하지 않고 내면을 갈고 닦기를 힘썼다.

학문은 책에만 있는 것이 아니다. 독서는 책 속에만 있지 않음을 알았다. '신천운물'과 일상의 삶 속에 담긴 모든 기운이 독서요 학문임을 깨달았다. 푸른 풀밭에 누워 하늘을 보며 공책 위에만 글을 쓰는 것이 아님을 알았다. 저 구름 위에 푸른 하늘 위에 글을 쓴다. 풍경 위에 글을 쓴다. 졸졸졸 흐르는 냇물 위에 내 마음을 띄워 보낸다. 절망을 딛고 있는 누군가의 가슴에 전해줄 희망의 꽃씨를 띄워 보낸다.

풀 하나의 행복, 작은 돌멩이 하나의 내면을 본다. 하나님이 지으신 자연의 들꽃 하나가 똑같은 것이 없듯이 내 인생도 하나님이 지으신 작품이라고 느낄 때 눈물이 흘렀다. 계절은 일점일획 변함 없이 흐르고 있었다.

문고리에 손이 달라붙고 머리맡에 걸레가 꽁꽁 얼던 겨울, 달빛마저도 볼이 시려 불그레하던 색이 허옇게 추위에 떠 있고, 울어대던 산짐승들은 자취를 감추고 빈 몸으로 속울음을 삼키는 겨울나무들의 인내를 보았다. 그물에 걸리지 않는 바람이 떨어져 뒹구는 낙엽들을 한자리에 모아놓고 찬바람 속에도 참꽃나무가 기지개를 펼 것이라고 일러주었다. 바람이 나뭇가지를 스치면 영원히 주저앉을 것만 같은 동장군은 눈 녹듯이 사라진다.

계절도 하나님이 만드신 것을… 인생의 겨울도 가고야 만다. 겨울을 이겨낸 이에게 숨죽인 생명들이 기지개를 켜는 봄의 향연을 기꺼이 맞게 해주는 때가 오고야 만다. 땅 속에서 부르지도 않은 작은 풀들이 돋아나고 개미들도 집짓기에 바쁘니 농사는 농부만 짓는 것이 아닌 겨울을 이겨낸 모든 생명들이 다 분주하다. 내게는 화려하고 분주한 일상보다는 고독하게 침묵하며 하나님 앞에 있는 내 영혼의 시간을 더 많이 가졌다.

영혼의 정면을 바라보며 그 속에서 나를 보았다. 깊은 산골보다 더 깊은 영혼의 시간을 스물일곱, 그 해를 다 보낸 시간을 고독과 외로움과 동무하며 영혼을 파고 들어가는 시간 속에서 산 자의 숨소리를 냈다.

기도는 생명이었다. 그 깊은 산골에서 나를 살게 하는 능력. 그것은 기도였다. 경건이 있고 성령이 있고 거룩을 향해 내 중심이 선 것이 생명기도다. 기도는 삶과 함께 갈 때 능력이 되고 기적이 온다. 수면 아래 기도를 심어야 뿌리를 깊이 내린다. 그러면 수면 위의 삶이 풍성해진다. 성령님이 내 안에 이성적 세계를 깨부수지 않으면 깨지지 않는다. 배울수록 이성적이다. 학벌이 높을수록 자기세계를 강하게 믿는다.

성장보다 멈춤이
생명의 시간표다

이성적 세계 안에는 하나님의 기적은 없다. 자기 생각

은 쓰레기임을 성령받은 자만이 깨닫는다. 대나무의 마디는 성장 멈춤에서 생겨나고 그 마디 때문에 올곧게 자란다. 대나무가 성장만 있고 멈춤이 없다면 곧게 서서 자신을 지킬 수가 없다. 대나무는 마디가 생명력이다.

인간에게도 고난이 멈춤이다. 인생의 마디가 생기는 시간표다. 멈춤이 없이 달려가기만 한다면 내면이 채워지지 않는 공허 속을 달리다 사라지는 존재가 될 것이다. 성장보다 멈춤이 생명의 시간표다. 인생은 고난이 뿌리이고 그 뿌리가 하나님과 맞닿아 있는 생명나무가 된다. 믿음은 보이지 않는 것을 실상처럼 믿는 것이다.

이성적 사람은 보이는 것만 믿고 자신이 이해가 되는 것만 믿는다. 기도의 깊은 우물을 파는 사람이 영성의 사람이다. 기도의 깊이가 믿음의 깊이다. 잡다하게 분주한 사람의 삶은 허망함으로 끝난다. 기도의 깊은 우물의 바닥에 닿아야 하나님의 본질과 만난다. 깊은 기도의 심령이 영적인 목표가 되는 것이다. 더 넓은 세상으로 나가기 전에 죽음 같은 시간을 깊은 산골에서 오직 하나님만 바라보며 깊은 우물을 끝없이 파 들어가는 훈련을 받았다. 내가 달려갈 날들에 어떤 일이 펼쳐질지 나는 모른다. 높은 산을 오를 때는 언제나 눈앞만 보고 한 걸음 한 걸음 포기하지 않고 걷다보면 어느새 정상을 정복했듯이 산골에서의 훈련도 기도하지 않는 하루는 죽은 하루로 살았다.

그리고 1989년 12월. 내 인생의 영원한 무덤 같은 곳 산골마을을 떠날 마음을 다졌다. 세상 속으로 나아간다는 것의 두려움을 안고 청송을 떠나던 날, 하늘에서 쏟아지는 눈송이 같은 눈물이 내 발등에 떨어졌다. 비록 비참한 인생이여도 하나님의 보냄을 받은 존재라는 확신으로 무덤 같은 곳을 떠났다. 세월이 흘러 언젠가는 이곳에서의 삶을 그리워 할 것이라는 생각을 했다. 얼마나 많은 눈물이 산길에 뿌려졌던가. 얼마나 많은 땀을 이 길 위에 흘렸던가. 이 처절한 자가 흘린 눈물이 축복이 될 것이라는 것을 하나님은 알고 계셨다.

하나님 앞에 깊게 파내려간 기도의 우물이 훗날 내 인생의 큰 능력이 될 것을 상상하지 못했다. 하나님 앞에 드려지는 눈물은 내 인생의 가장 소중한 향기가 되어 하나님께 올려졌다. 가난한 나에게 돈만 있으면 행복할 것이라는 생각 안에 갇히지 않은 것이 가장 큰 축복이었다. 가난할수록 하나님께 드리고 싶은 눈물과 몸부림이 처절했던 그 중심을 하나님이 보셨다. 돈을 사랑하지 않고 하나님을 사랑함이 진정한 축복임을 가난한 날에 깨달았음이 내게 최고의 축복이었다.

이성적 눈으로는 결코 깨달을 수 없는 믿는 자에게 가장 중요한 깨달음이다. 믿음의 사람이 물질을 뛰어 넘을 수 없다면 하나님을 사랑함이 절대가치가 될 수 없다. 하나님이 주시는 복을 더 사랑하는 사람은 기적 같은 복을 받을 수 없다. 하나님을 사랑하는 간절한 마음, 순도 100%의 순수한 믿음이 내 인생에서 가장 큰 축복이다. 하나님을 사랑하는 마음이 복이다.

내 안에서 오직 주님만 바라보는 감동과 눈물이 가득하다. 내 심령이 은혜 안에서 살고 충만하면 그 마음이 복을 담는 그릇이 되어 하나님이 기뻐하시는 사람이 된다. 복을 받기 원한다면 복의 사람이 먼저 되어야 한다.

세상에는 남들이 부러워하는 모든 것을 다 가지고도 행복하지 못하고 끝없는 불안과 이생의 염려로 잠 못 이루는 사람이 많음을 알았다

내가 살았던 깊은 산골에서의 삶은 "너희 몸을 하나님이 기뻐하시는 거룩한 산 제물로 드리라 이는 너희가 드릴 영적 예배니라 너희는 이 세대를 본받지 말고 오직 마음을 새롭게 함으로 변화를 받아 하나님의 선하시고 기뻐하시고 온전하신 뜻이 무엇인지 분별하도록 하라"는 로마서 12장 1~2절 말씀을 날마다 가슴에 새기며 여호와를 찬양하며 말씀에 합당한 삶을 살기 위하여 끝없이 기도와 간구로 여호와 앞에 나아갔다.

구룡포에서 버려진 아이로 살다가 엄마를 만나 남의 집 식모로 살았던 일과 그 후 이 산골에서 미래도 희망도 붙잡을 꿈도 없던 인생을 불쌍히 여겨주신 하나님의 은혜가 너무도 크고 놀라워 그 감격의 눈물로 주님께 달려갔던 수많은 나날들은 하나님 앞에 흘린 눈물의 기도가 절망에서 나를 건져 낸 하나님이 주신 절대희망이었다. 하나님께 드릴 것이 눈물 밖에 없었다. 이 기가 막힐 웅덩이와 수렁에서 나를 만나주신 하나님, 살려주신 하나님, 오직 하나님만이 길이고 진리이며 생명이었던 그 하나님을 향한 사랑의 마음이 간절해질수록 내 속에는 애절한 눈물이 되어 흘렀다.

날마다 주님 앞에 엎드려 통곡할 때 나의 심장 위에 눈물 한 방

울이 뚝 떨어졌다. 그것은 나를 위해 흘리신 주님의 눈물이었다. 나 혼자 흘리는 눈물은 약한 자의 눈물에 불과하지만 하나님 앞에 드려지는 눈물은 위대한 역사를 이룬다. 죽을병에 걸린 히스기야 왕에게 들려주신 "내가 네 기도를 들었고 네 눈물을 보았노라"는 열왕기하 20장 5절 말씀을 가슴에 새길 때마다 하나님께서 내게 하시는 말씀이라는 감동으로 받았다.

믿음의 사람은 잠시 지나갈 고난에 절망하지 말고 영원한 영광을 바라보며 오늘의 고난을 감사함으로 승리해야 한다. 과거는 오늘 나에게 가장 좋은 교과서다. 과거를 보면 지금의 나와 미래의 나를 볼 수 있다.

하나님이 쓰신 사람들에겐 고난 속에서도 인내를 온전히 이룬 한결같은 공통점이 있다. 고난을 견뎌내지 못한 축복은 없다. 눈물로 무릎 꿇을 때 하나님은 내 속에서 일하신다. 내가 멈출 때 하나님이 일하신다. 하나님의 축복은 나의 눈물의 무릎에서 나온다. 내 인생에 어떤 광풍이 일어날지라도 오직 그 기도자리에 엎드려 하나님이 일하시는 하나님의 시간표를 기다리는 사람이 되라. 부모의 기도 무릎이 자녀의 평생 축복이다.

4장

기도의 차이가
축복의 차이다

겸손과
여호와를
경외함의 보상은
재물과
영광과
생명이니라
잠언 22장 4절

예수님의 생명을
담은 자는 복되다

❦　　　내 눈물의 어머니를 고향 산골에 혼자 두고 난생 처음 눈물을 심은 산골을 떠나 서울로 올라오던 날, 휘몰아치는 눈보라 속에서 "내가 네게 명한 것이 아니냐 강하고 담대하라 두려워하지 말고 놀라지 말라 네가 어디로 가든지 네 하나님 여호와가 너와 함께 하느니라 하시니라" 하는 여호수아 1장 9절 하나님의 말씀이 나를 붙잡고 있었다.

눈물로 아멘을 고백했다. 십 년 동안 내 눈물로 무릎 꿇던 교회를 떠나 서울이라는 낯선 땅으로 올라올 때에 모든 것이 캄캄한 미래를 안고 나와 함께 하시겠다고 말씀으로 약속하신 하나님 앞에 눈물로 감사기도를 드렸다. 나를 보내는 어머니의 눈물이 내 가슴에 고였다.

"돈 한 푼 없이 가는 우리 순애를 하나님이 인도해 주소서. 이 불쌍한 순애를 버리지 마소서. 지는 하나님만 믿고 우리 순애를 보냅니다. 하나님 아버지시여. 불쌍한 우리 순애의 발걸음마다 함께 해주시고 복을 주옵소서. 흑흑…"

　내가 떠날 때 눈물로 기도하시던 어머니의 울고 계시는 모습이 차창 밖으로 비쳐졌다. 인간은 존재의 의무를 가졌다는 괴테의 글이 생각났다. 인생은 길지 않더라도 그것을 영원으로 연결되는 여정이기에 아름답다. 심장 위에 예수 그리스도의 생명을 담은 자는 복되다. 그 존재는 영원과 맞닿아 있는 생명을 가진 자다. 겉으로는 두더지 옷을 걸쳐도 영혼이 살아 빛을 발하는 존재임을 사람들은 모른다. 예수 그리스도의 생명을 가진 자는 모든 인간이 빠진 죽음의 권세를 이긴 자요, 인류의 절망을 오직 예수 그리스도의 부활로 이겨낸 하나님의 능력과 권세를 받은 자다. 믿음과 권세는 모든 것을 있게 하는 하나님의 능력이다.

　몸도 마음도 내 인생의 절망을 이긴 자로 살아왔다. 내면의 눈이 커지고 세상을 보는 영적인 눈도 달랐다. 인간은 아프지 않으면, 고난 없이는 내면이 깊어지는 성숙이 오지 않는다. 깊은 영성을 가진 자는 자신의 경험을 넘어선 삶과 자신의 생각의 세계를 넘어선 영안을 가지고 남이 보지 못한 세계를 본다.

　난생 처음, 서울 청량리역 광장 시계탑 앞에 서서 분주한 발걸음으로 오가는 '서울'이라는 곳을 음미했다. 마치 누군가를 기다리는 것처럼 말이다. 눈앞이 어리둥절했다. 그리고 공중전화부스로 가서 종이에 적힌 서울에 사는 오빠에게 전화를 걸었다. 갑자기 서울이라고 전화를 건 나에게 퉁명한 대답이 건너왔다.

　"뭣 하러 서울을 왔어?"

"……"

앙칼진 오빠의 목소리가 비수처럼 내 심장에 와 꽂혔다.

"하나님께 기도하고 왔어."

믿지 않는 오빠는 기가 차다는 듯 헛웃음을 쳤다. 공중전화의 동전이 똑딱똑딱 떨어지고 있었다.

"오빠. 집 어디야?"

사실 어디라고 해도 나는 전혀 알지 못한다. 그 집에 가겠다는 말을 이렇게 한 것이었다. 오빠는 아무리 반갑지 않아도 하나밖에 없는 친 동생이 오빠에게 기별도 없이 무작정 서울로 올라왔으니 이대로 내칠 수는 없었던지 나를 데리러 오겠다고 했다.

서울의 어느 언덕배기 반지하였다. 숨 막히듯 좁은 공간에 두 식구가 살고 있었다. 두 사람은 서로 눈길 한 번 마주치지 않는 칼날 같은 냉기를 서로에게서 뿜었다. 딱 3일 만에 오빠는 내게 고함을 질렀다.

"당장 여기서 나가! 니가 뭘 하든 상관 않겠다. 내 집에서 나가."

그 자리에서 굳어버린 몸이 영혼이 빠져나간 송장처럼 껍데기만 서 있었다. 내 마음은 칼날에 베이듯 오빠의 그 독을 담은 눈빛과 말에 이미 갈기갈기 찢겨졌다. 내 몸을 움직이려고 해도 생명이 끊어져버린 자처럼 정지되어 꼼짝하지 못하고 굳어졌다. 이빨을 깨물었다.

산골에서 엄마와 살면서 막연하게나마 서울에 살고 있는 오빠를 동경한 적이 있었다. 그 허상의 실체가 벗겨지는 순간이었다. 방구석 천정에 거미줄에 고정된 나의 시선이 움직이고 있을 때, 칼날에 베인 내 영혼이 갈기갈기 찢긴 내면을 추스려 담기에 분주했다.

내가 서울로 올 때 목적지가 이곳이 아니었기에 잠시 머물다 갈 곳에서 예상 밖으로 깊이 찔린 영혼에서 피가 흐른다. 낯선 곳에서의 삶이 이렇게 피 흘린 상처로 출발하게 될 것을 상상하지 못했다.

비틀거리지 않으리라. 절망하지도 않으리라. 생명을 함께 나눈 핏줄이라는 현실이 무색했다.

"서울 가거들랑 니 오라비 집에 가봐라. 니 오라비가 순애 니를 얼마나 이뻐했니. 꼭 가보레이…"

엄마의 모습이 떠올랐다. 내 심장엔 폭풍이 일어났는데 겉으로는 아무 일도 없었던 것처럼 언덕 아래로 떠벅떠벅 걸었다. 온종일 서울이라는 낯선 거리를 헤매고 다녔다. 뱃속이 텅 비어 몸이 더 떨렸다.

주머니엔 동전 한 닢이 없었다. 산골생활이 풍요로움이었다는 것을 서울의 거지가 된 후 알았다. 그때는 그때가 가장 가난한 날인줄 알았는데, 그때와 비교할 수 없는 지금이야 말로 맨몸으로 버려졌다.

밤 12시가 되었다. 빈속에 오한이 턱 밑까지 차올랐다. 나는 다시 눈물로 걸어 내려온 그 언덕배기집을 향해 올라가고 있었다. 그 날카로운 오빠의 얼굴을 다시 보기는 죽음만큼 힘든 일이나 당장 쓰러질 것 같은 불덩이 같은 몸을 가눌 수 없기에 오늘 하룻밤만이라도, 밥 한 그릇만 얻어먹고 가겠다고 말해야겠다고 속으로 생각했다.

어느덧 내 발걸음이 오빠네 집 반지하 문 앞에 섰다. 노크를 하려고 손을 내미는데 문고리 부분에 주먹만 한 쇠뭉치가 달려있었다. 어둠 속이라 몸을 굽혀 자세히 보니 자물쇠로 굳게 잠겨 있었다. 떨리는 몸을 차가운 바닥에 주저앉아 두어 시간이 지나갔다. 몸은 앉은 바닥에서 끙끙 신음소리와 함께 웅크리고 있었다. 굳게 잠긴 문은 끝내 열리지 않았다.

눈물을 삼킬 때 목젖이 떨렸다. 찬바람이 볼을 치고 지나갔다. 맨몸으로 선 것처럼 바람이 온몸에 찔려왔다. 몸이 꽁꽁 얼었다. 비틀거리며 옮기는 걸음마다 지붕 위에서 나를 보고 있던 절망이 내 발등 위로 내려앉았다.

나의 양 어깨를 딛고 절망이 우뚝 섰다. 마귀가 내 인생을 무너뜨릴 때는 몸보다 마음이 먼저 무너지게 했다. 몸은 무너지고 있어도 더욱 세워야 하는 것이 마음이었다.

그때 내 눈에 다가온 십자가의 불빛이 있었다. 속으로 억눌렸던 눈물이 펑 구멍이 뚫린 듯 솟구쳤다.

"몸이 무너지는 것은 괜찮아."라고 나에게 말을 했다. 십자가의 불빛이 점점 가까워졌다. '나의 하나님은 여기까지 나와 함께 하시는구나.'라고 생각하며 성전 문을 열었다. 예배당 안으로 들어갔다. 어둠 속에서 다가오는 아늑함은 내 아버지의 품속이었다. 강단 위에 걸린 십자가를 보며 신발을 벗었다. 그리고 강단 앞에 엎드렸다. 그때까지 힘겹게 버텨온 내 마음이 무너져 내리며 통곡이 쏟아졌다.

"하나님 아버지! 으아악… 으아악…. 아버지… 아버지."

멈출 수 없는 통곡에 다물 수 없는 입에서 눈에서 코에서 터져 나오는 절망의 찌꺼기들을 다 토해졌다. 보이지 않는 먼지처럼 내 속에 쌓인 절망의 씨앗들을 씻어 내는 데는 오직 성령의 능력만이 가능하다. 하나님의 품 안에 안겨 드리는 나의 기도는 안도의 눈물이었고 다시 살아났다는 감격의 눈물이었다. 하나님만이 내 생명의 주인이심을 고백했다.

왜 살아야 되는지 아는 자는 모든 것을 이겨낸다

1989년 12월을 며칠 남겨둔 날이다. 내 나이 스물일곱의 인생이 성전 바닥에 다 쏟아졌다. 인생의 가장 처절한 바닥에서 또 바닥을 파는 순간들이 하나님의 시간표였다. 내 인생의 끝을 보았다. 이것이 나다. 나의 전부다.

"하나님! 이제부터 제 인생은 하나님 밖에는 아무것도 없습니다. 하나님만이 나의 전부이십니다. 흑흑흑…"

마음에 평온이 찾아왔다. 죽음 같은 천둥번개가 그토록 쿵쾅쿵쾅 소리를 내며 몰아치던 그 밤이 감쪽같이 사라지고 새로운 새벽을 맞았다. 나의 내면이 하나님의 날개 그늘 속으로 더 안전하게 파고 들어가 있었다. 천둥 몇 개, 벼락 치는 흔들림이 나를 하나님 안으로 더 밀어 넣었다. 눈앞에 보이는 환경으로는 무너지지 않는 내 마음으로 무장되어 있었다. 밤마다 무릎 꿇던 성전으로 들어가 하나님을 대면하듯 불 꺼진 강단 앞에 엎드려 눈물로 여호와의 이름을 불렀다.

> 너희가 내게 부르짖으며 내게 와서 기도하면 내가 너희들의 기도를 들
> 을 것이요 너희가 온 마음으로 나를 구하면 나를 찾을 것이요 나를 만
> 나리라 _예레미야 29장 12~13절

살아계신 하나님이 선명하게 말씀을 통해 내게 말씀하신 응답을
받으므로 감격하고 감격함으로 부르짖었다.

세상의 모든 사람들은 나처럼 버려지지 않고도 잘도 살았다. 추
위와 배고픔에 허덕이지 않아도 잘도 살았다. 그런데 왜 나에게는
끝없는 처절함이 내게 달라붙어서 떨어질 줄 모를까. 세상 사람들
은 이런 내 인생을 운명적 저주라고 말할지도 모른다. 구룡포에서
버려진 열 살배기 아이가 여기까지 쫓아오지 않았는가? 내가 나를
본다. 화장터 화덕 앞에서 울던 아이가 서울에서 거지의 모습으로
새해, 새 날을 맞았다. 낮에는 어디든지 돌아다녔지만 밤이 깊어지
면 내 아버지가 기다리는 포근한 꿈속 같은 교회로 돌아왔다.

몇 시간의 기도와 눈물을 하나님 앞에서 쏟아낸 후, 텅 빈 장의
자에 깔린 가죽시트 위로 누웠다. 하나님을 생각했다. 뜨거운 눈물
이 눈꼬리를 타고 흐르더니 귓속으로 들어갔다. 서울에서 내가 찾
아갈 곳 언덕배기 예배당을 갈 때면 내 어머니가 기다리고 있는 집
을 찾아가는 발걸음이었다. 서울에서 내가 누울 수 있는 유일한 곳
으로 하나님이 예배해 주신 곳이다.

어느 새벽, 떨면서 잠든 내 몸 위에 누군가가 헌 스웨터를 덮어 주었다. 그다음 날 새벽기도를 마치고 스웨터의 주인이 내게 다가왔다.

"왜 이렇게 지내는지 물어봐도 될까요?"

"……"

고개 숙여 머뭇거리는 나를 이끌고 자신의 집으로 갔다. 다세대 주택의 좁은 집이었다. 나는 속으로 오빠네 집과 비슷하다고 느꼈을 때 작은 밥상을 내왔다.

"밥도 제대로 못 먹은 것 같은데 한 술 떠봐요."

나는 감사하다는 절을 꾸벅하고는 다짜고짜 걸신들린 듯 씹지도 않은 밥숟갈을 입으로 퍼 넣었다.

"여기 물 있어요."

밥을 좀 천천히 먹으라는 말 대신 물 컵을 내밀었다. 그 물 한 컵도 다 마셨다. 텅 빈 뱃속을 밥과 물이 뒤섞여 가득 찬 것 같았다. 나를 보고 있는 그분의 표정이 애처롭다는 눈빛이었다. 그분의 눈빛에서 예수님을 보았다. 밥숟갈보다 더 굵은 눈물이 목젖에 걸렸다. 그 밥을 다 먹고는 고맙다고 절을 했다. 문을 나서는 나에게 웃으며 물었다.

"내일도 교회 올 거지요?"

고개를 끄덕하며 그렇다는 표정을 지었다. 추위가 수그러든 것처럼 속이 찼다. 이게 얼마만인가. 밥이 내 뱃속에 들어간 것을 생각하고 있었다. 인생을 가슴에 담았다. 그분의 사랑을 내 몸속에 담았다. 그분의 눈빛에서, 표정에서 사랑이 묻어났다.

그 이튿날도 새벽예배 때 내게 다가왔다. 자기 집으로 이끌었다. 어제보다 더 준비된 밥상이 나왔다. 이 주변에 누가 있느냐고 물었다. 끝내 오빠의 이야기는 하지 않았다.

"방 하나 구할 수 있을까요?"

불쑥 나온 말은 내게 맞지 않는 말이었다. 내 기도가 나온 것이다. 방 한 칸을 달라는 기도를 하고 있었다.

"방을 얻게요? 한 번 알아볼게요."

그분은 내게 마음을 다 쏟았다. 나는 밥상에 티끌하나 남기지 않고 싹 비웠다. 꿀맛이다. 그리고 고맙다고 꾸벅 절을 하고는 그 집을 나왔다. 걸어 나오는 나의 뒷모습에 웃음을 보냈다. 서울에서 처음 만난 천사였다. 내 인생이 죽지 않을 만큼 하나님이 거두어 먹여주심을 알았다. 하나님은 나를 이렇게 인도해 주셨다.

왜 살아야 하는지를 아는 사람은 그 어떤 상황도 견뎌 낼 수 있다. 내 인생의 겨울을 이겨내느라 수척해진 몸과 마음을 하나님이 천사처럼 따뜻한 마음을 가진 사람을 통해 만겨주셨다. 어디서 난 줄 모르는 한 줄기 바람이 내 마음의 가지에 와서 앉았다. 내 마음이 새 초록이 나오도록 바람이 와서 마음을 어루만진다. 아릿한 내 마음의 허기에 하나님의 사랑이 채워졌다.

내 인생의 빛바랜 책장을 넘기듯 하나님의 성전에서 날마다 새 날을 맞았다. 내게 밥을 먹여주던 고마운 분의 도움으로 근처에 허름한 창고 건물에 붙은 낡은 방 한 칸을 돈 한 푼 없이 얻었던 날, 냉방에 시린 무릎을 꿇고 기도 응답으로 받은 방에서 하나님의 사랑에 감격하여 눈물을 흘렸다.

일주일 뒤 전봇대의 구인광고를 보고 찾아간 어느 무허가 가구 공장에 취직이 되었다. 내 생명이 죽음 같은 바닥을 짚고 난 후 한 발짝 내딛는 걸음 위에 눈물 한 방울이 뚝 떨어졌다. 내 힘과 내 노력으로 이 세상을 살 수 없음을 뼈저리게 느끼게 한 후, 하나님은 당신의 길을 열어주셨다.

어린아이가 첫걸음을 옮기듯 신기하고 감격했다. 나를 에워싸고 있는 암흑 속에서 한 줌의 빛을 주시는 하나님, 비천함으로 에워싸인 내 인생에 내려준 실낱같은 희망의 빛줄기를 잡고 눈물겹게 일어서 보려고 했다. 뻗어나간 가지가 담장을 넘는 풍성한 은혜를 내 인생의 미래에 부어주실 하나님의 기적을 믿기엔 나의 현실이 너무도 처절해도 흔들리지 않았다.

제로 인생이 되어 보아야 보이는 세상이 있다. 몸 하나 기댈 곳이 없는 그야말로 제로 인생이 되어 보니 '인생은 이렇게 출발하는구나.'를 깨달았다. 새벽마다 성전에 엎드려 나 같은 인생도 하나님께 영광이 되게 해달라고 세 시간씩 눈물의 기도를 드렸다. 서울에서 거지로 지냈던 내게 직장을 간지 보름 만에 가불한 돈으로 첫 십일조 만 원을 하나님께 바치던 날, 작은 기적을 경험했다.

사방이 캄캄하던 산골에서 하나님께 드린 눈물의 기도를 지금, '그 기도의 응답을 받고 있구나.'를 알게 되었다. 기도할 때는 현실이 된 지금을 믿는 것이 아닌 미래에 이루어질 하나님의 역사를 믿었다. 기도는 저축이고 믿음은 미래이다. 하나님이 주신 믿음의 확신으로 날마다 새벽 기도를 생명줄로 잡고 일어서기를 간절히 바랐다.

축복의
동이 튼다

어느 날, 한 달 월급을 온전히 받았다. 이 세상에서 처음 받아보는 월급이었다. 산골에서 살던 내가 제일 부러웠던 것이 월급 받는 것이었다. 하나님께 십일조 헌금을 최고 많이 드리게 해달라는 기도를 드릴 때, 아무도 믿지 않았다. 그러나 나는 믿었다. 첫 월급을 이십 이만 육천 원을 받던 날. 내가 이렇게 많은 월급을 받게 될 줄은 몰랐다. 난생 처음 받은 최고 많은 월급에서 삼만 원을 십일조 헌금으로 드렸다.

마음이 절제되지 않을 만큼 기뻤다. 월세로 오만 원, 십일조 헌금 삼만 원, 감사헌금 이만 원을 드리던 날, 시골에서 이천 원을 감사헌금으로 드리기 위해 장날마다 장에 나가 팔아도 이천 원을 드리지 못했다. 그 열배를 감사헌금으로 드리도록 첫 월급부터 큰 복을 받았다는 확신과 기쁨이 왔다.

월세와 십일조, 감사헌금까지 다 드리고도 십만 원과 이만 몇 천 원이 남아 있었다. 하나님께 간절히 기도를 드렸다.

"이 남겨진 돈을 어떻게 해야 할까요. 돈이 아직도 많이 남아 있어요."

처음 돈을 벌어서 이만 원으로 한 달 동안 생활비를 하기로 했다. 그리고는 남은 십 만원을 "하나님께 몽땅 다 드리게 해주소서." 기도했다. 그때 마음에 온 감동이 있었다.

주일학교 교사를 하고 싶다는 간절한 소원이었다. 새벽마다 교사가 되기를 소원하는 기도를 드렸다. 새벽마다 하나님께 드린 기도의 응답으로 한 달만에 교사로 임명을 받았다. 하나님이 주신 감동을 따라 기도하면 마음이 기쁘고 행복하다. 서울에 와서 가장 큰 기쁨은 교회가 가까이에 있음이다. 시골에서는 산길을 한 시간 삼십 분을 걸어서 교회를 갔던 길을 생각하며 이렇게 가까운 교회로 새벽예배를 갈 때마다 감사 찬양이 저절로 나왔다. 하나님이 주시는 축복의 비밀은 기도 속에 숨겨놓은 보물찾기와 같다.

아침이면 공장으로 출근하여 온갖 힘쓰는 일들을 했다. 허리가 휘청하도록 몸을 아끼지 않고 일을 했다. 내 산골의 소원이 월급을 받는 것이었다. 죽을 만큼 일을 해 또 한 달이 되어 월급을 받으면 하나님께 드리는 감사 기도에 눈물이 났다. 새벽마다 성전에 엎드려 세 시간씩 기도드렸다. 기도는 깊게, 길게 해야 한다. 새벽기도가 내게는 생명줄과 같았다. 나의 하루는 하나님께 무릎으로 시작되었다.

주일학교 교사로 임명되어 오전 9시 예배를 아이들과 함께 드렸다. 설교가 끝나고 각자 분반공부를 하는 시간이 되니 각자 선생님을 따라 아이들이 흩어졌다. 내게는 단 한 명도 아이들을 맡겨주지 않았다. 몇 주가 지나도 내게는 반을 맡겨주지 않았다.

"하나님. 저에게도 아이들을 맡겨 주세요. 한 영혼이라도 좋으니 꼭 아이를 보내주세요."

새벽마다 간절히 기도를 드렸다. 놀랍게도 2주 후에 한 명의 낯선 아이가 처음 교회를 왔다. 너무도 기뻤다. 이 아이는 나의 기도의 응답으로 하나님이 보내 주셨다는 확신이 들었다. 그 아이의 손을 잡고 감사의 기도를 간절히 드렸다. 끝나고 보니 30분간을 그 아이를 잡고 기도했다. 내게 잡혀 있던 교회 처음 온 아이가 내게 "선생님. 저 오늘만 왔어요."하면서 일어나 가 버렸다. 나는 깜짝 놀라서 그 아이를 잡으러 달려 나갔다. 결국 그 아이는 내게 잡혔다.

"어! 선생님."

깜짝 놀란 아이에게, "애야. 뭐 먹고 싶은 거 없어?" 하면서 내 주머니에서 파란 돈 만 원짜리를 보여주었다. 그 날, 그 아이를 데리고 서울에서 처음 짜장면 집으로 갔다. 그 아이는 아침을 안 먹은 것처럼 어른이 먹을 만큼의 짜장면 한 그릇을 금새 다 먹어치웠다.

다음 주일에 꼭 교회 오기로 새끼손가락을 걸고 약속했다. 그리고는 그 아이를 꼭 안아주었다. 부끄러워 빙긋이 웃으며 그 아이는 갔다. 한 주간을 기도하며 기다렸다. 그 아이는 나와 약속을 지켰다.

"선생님. 친구도 데리고 왔어요. 내 친구도 짜장면 사 줄 거지요?"

"응, 그럼. 예배 잘 드리면 사줄게."

우리 반은 두 명의 아이로 늘어났다. 두 아이를 가슴에 안고 하나님께 감사의 기도를 드렸다. 내가 공장에서 받은 월급의 절반 가까운 매월 십만 원씩을 나를 위하여 저축하지 않고 몽땅 주일학교 우리 반 아이들을 위해 그 돈을 다 쓰기로 했다. 십만 원을 4주로 나누어서 그 주의 몫으로 애들에게 선물, 맛있는 것을 사주며 전도할 수 있도록 친구들의 이름을 적어내면 그 명단을 들고 집집마다 찾아갔다.

나는 라면 한 봉지로 이틀을 버티어도 주일학교 아이들에게는 짜장면을 사 먹였다. 아이들이 늘어났다. 내 마음의 행복도 늘어났다. 주일 아침 일찍부터 아이들을 태우러 가는 차를 따라갔다. 집집마다 아직 이불 속에 있는 아이들까지 준비시켜 교회 차에 태우기까지 2분이면 충분했다. 차량 운행하는 집사님을 따라 가보면 아이들이 이불 속에서 머리는 새둥지이다. 게다가 눈꼽을 달고 시선은 TV에 고정되어 있다.

"선생님. 저 교회 못 가요."

이불 속에서 얼굴만 내민 아이가 교회 갈 생각을 하지 않았다.

"아이고. 우리 애는 교회 갈 준비가 안 되었는데…"

"어머니. 안녕하세요. 잠깐 방에 들어가도 될까요?"

달려 나온 엄마에게 고개 숙여 인사드리고는 수돗가의 찬물을 손에 듬뿍 묻혀서 아이가 있는 방으로 들어갔다. 아직 비몽사몽으로 TV만 뚫어져라 보고 있는 아이의 얼굴을 차가운 물 묻은 손으로 세수를 시켰다. 그 손으로 새둥지 같은 머리카락을 단숨에 양손으로 뒤로 묶듯이 내 손목에 미리 준비해 간 고무방울로 말끔히 묶었다. 깔끔하게 변신한 아이를 이불 속에서 당겨낸 후, 벽에 걸린 옷을 입혀 허둥지둥 차에 태우기까지 2분이면 충분했다.

내 가방에 준비된 사탕 하나씩을 애들 입에 물려주며 약속했다.

"다음 주일, 예쁘게 씻고 옷 입고 준비하고 있으면 예쁜 선물 줄게."

"진짜요?"

"그럼 진짜지. 약속."
아이들과 나는 새끼손가락을 걸었다.

하나님의 날개
그늘 속으로 들어가다

❦   주일 아침마다 애들 태우러 가는 차를 세 번을 따라
나갔다. 한겨울이여도 땀이 날만큼 덥다. 아침 7시부터 차로 세 번
째 태워오면 9시 예배가 시작된다. 매주 수십 명의 아이들 집을 돌
면서 엄마들과 짧은 눈인사라도 나누는 것이 기뻤다. 아이들 집을
안다는 것도 좋았다.

형편이 어려운 집 아이는 헌금도 챙겨주고 선물도 주었다. 그때
에는 달란트 시장이 한창 열릴 때였다. 그 달란트는 친구 전도, 성
경요절 외우기, 헌금 드리기, 매주일 출석상 등이 모두 달란트였
다. 한 명도 없이 기도하여 시작된 우리 반은 석 달이 넘었을 때 열
여덟 명의 아이로 부흥되었다. 하나님의 은혜가 넘치고도 넘쳤다.
주일학교에 내 모든 마음이 드려졌다.

어느 날, 성경을 돌아가면서 읽었다. 그 많은 아이들 중 두 명이
성경을 읽지 못했다. 나는 그 아이에게 계속 읽으라고 하자 아이가
그냥 울어버렸다. 그때 옆에 있던 아이들이 말했다.
"선생님. 애는 글씨 몰라요. 학교에서도 맨날 빵점 맞아요."

"쟤는 책도 못 읽어요."

"우리 반 꼴등이에요."

아이의 울음이 커졌다. 나는 깜짝 놀라서 울고 있는 글씨 모르는 아이를 꼭 껴안았다.

"괜찮아. 울지 마. 글씨 못 읽어도 괜찮아."

며칠이 지났다. 그 아이의 집을 찾아 갔다. 그리고 그 아이를 내 골방으로 데리고 왔다.

"이제부터 선생님과 같이 공부하자!"라고 말했더니 아이가 머리를 끄덕였다. 그 아이를 꼭 안고 하나님께 간절히 기도를 드렸다. 내 마음 깊은 곳에는 구룡포에서 어릴 적 내 모습이 여기까지 달려와 있었다. 그 구룡포의 아이가 선생이 되었고 나와 비슷한 아이를 꼭 안아줄 때, 나의 심장이 아려왔다.

'이 아이는 나다.'라는 생각을 했다. 또 한 명의 아이가 성경을 못 읽었다. 이 두 명을 밤마다 나의 골방으로 불렀다. 매일 성경을 하루에 세 장씩을 쓰게 했다. 산골에서 성경을 쓰면서 한글을 배웠던 나의 방법 그대로 밤마다 성경을 열 칸 공책에 쓰게했다.

창세기 1장 1절부터 소리 내어 읽은 후 띄어쓰기까지 칸에 딱딱 맞추어서 밤 1시경까지 성경을 썼다. 그렇게 일주일을 계속 쓰던 날, 한 아이가 코피를 쏟았다. 한 아이는 팔 인대가 늘어나서 깁스를 해왔다. 다음 날, 한 아이의 엄마로부터 쪽지를 받았다.

교회 선생님께

부족한 우리 아이 공부를 가르쳐 주셔서 감사합니다. 그런데 우리 아이가 선생님의 학습 방법을 많이 힘들어 합니다. 아이의 수준에 맞게 공부를 가르쳐 주시면 더욱 감사하겠습니다. 참, 선생님의 가르쳐 주신 성경쓰기는 학교 받아쓰기에 나오지 않습니다.

받아쓰기 시험에도 나오지 않는 성경을 붙잡고 아이들 기운빼지 말라는 뜻인 듯했다. 나는 성경쓰기를 끝까지 다 했을 때 그 아이가 받을 은혜와 감동이 엄청나고 글씨도 다 뗄 것이 분명했기에 자신감이 있었다. 그런데 아이의 가방에서 성경은 사라지고 대신 학교교과서 '읽기' 책을 보냈다.

책을 펴보니 그림이 많고 주먹만 한 글씨가 몇 줄 안 되어 한 장이 넘어갔다. 성경 쓰는 것에 비하면 거저먹기였다. 나는 속으로 웃었다.

'하나님이 나를 쉬운 길로 인도하시는 구나.' 생각했다. 읽기 책으로 매일 받아쓰기를 백 번까지 불렀다. 먼저 쓰기 공부를 한 후 받아쓰기를 하는데, 한 문장씩 백 번까지 받아쓰기를 하면 아이가 방바닥에 쭉 뻗어 버렸다. 그런데 두 개 맞고 다 틀렸다. 똑같은 문제를 세 번 불렀는데 아이는 몰랐다. 이렇게 꽉 막힌 아이와 한 달을 훈련할 동안 읽기 책을 세 번을 썼다. 매일 받아쓰기 백 번을 불렀다. 한 달이 되었을 때, 절반. 50문제를 바르게 썼다.

학교에서 열 문제 받아쓰기에서 백점을 맞았다. 울면서 달려온 아이를 안아주면서, "선생님은 네가 백점 맞을 줄 알았어. 힘 들었지? 잘했어."

아이의 울음소리는 더 커졌다. 나는 두 팔로 꽉 안아주었다. 머리를 쓰다듬어주고 등을 토닥여 주었다. 더 놀라운 일은 이 아이가 성경책 어디를 물어봐도 줄줄 다 읽는 것이 아닌가. 정말 깜짝 놀란 것은 나였다.

"너 언제 성경까지 다 떼었지?"

아이가 웃으며,

"선생님이 다 가르쳐 줬잖아요."

"아! 하하하…"

우린 마주보고 함께 웃었다. 하나님이 하신 것이다. 그 아이는 내 실력과 똑같아졌다. 더 이상 가르칠 것이 없었다. 이제 교회에서 성경 읽는 것이 막힘이 없게 되었다. 태어나면서부터 공부 못하는 아이는 없다. 조금 더 노력하고 집중하면 된다. 그리고 하나님께 기도하면 하나님이 도와주신다.

나는 한글을 떼는 데 몇 년이 걸렸는데, 이 아이는 한 달 만에 다 떼었다. 내일까지만 공부하자고 했다. 나의 실력이 여기까지 인걸 아이들은 모른다. 아이들은 계속 공부를 가르쳐 달라고 졸랐다.

"선생님이랑 공부하는 게 너무 재미있어요. 계속 공부 가르쳐 주세요."

"선생님이랑 공부하니까 너무 좋아요."

눈치 없는 아이들이 나를 졸랐다.

다음 날, 아이들이 엄마와 함께 찾아왔다.

"선생님. 이제야 인사드리러 왔습니다. 과외비도 드리지 않고 아이를 맡겨서 너무나 죄송합니다. 우리 아이가 선생님에게 공부를 한 다음 실력이 얼마나 좋아졌는지… 받아쓰기를 글쎄 100점을 다 맞았습니다. 오늘 제가 김치를 담그면서 선생님 생각이 나서 한

통 담아왔습니다."

"예에… 어머니. 잘 먹겠습니다."

김치라니! 상상도 못 할 일이다. 너무도 고마웠다. 나는 그 엄마에게 말을 했다.

"오늘까지만 공부 하는 거 알고 계시지요?"

"예. 사실은 그래서 왔습니다."

엄마가 사정을 털어 놓았다.

"애가 다녀보지 않은 학원이 없습니다. 한 시간이 지나면 집으로 보냅니다. 그런데 선생님은 몇 시간씩 집중해서 우리 애를 가르쳐 주시니까 머리에 쏙쏙 들어오고 너무 좋다고 합니다. 오늘 우리 애가 다니던 학원을 아예 끊고 왔습니다. 이제부터 우리 아이 과외를 부탁드립니다."

"예에? 과외라니요?"

"제가 이렇게 과외비를 가지고 왔습니다."

오늘 다니던 학원을 끊었다고 했다. 그 돈으로 과외비라며 봉투를 내밀었다. 나는 '과외'란 말을 지금 처음 들었다. 그런데 내가 과외를 하다니…

"어머니. 과외가 뭐예요?"

"예에? 선생님… 지금까지 우리 애를 가르쳐 주신 게 과외잖아요."

"예에…"

속으로 큰일 났다고 생각했다. 그 엄마에게 내 실력이 여기까지라고 말을 해야 될 것 같았다. 눈앞이 캄캄하여 쩔쩔 매고 있었다. 그러다가 불쑥,

"저는 과외를 못합니다."

라고 말하고 고개를 들지 못했다.

"선생님. 그렇잖아도 선생님이 어떤 분일까 생각해 봤는데 직접 뵈니 역시 눈빛에서 총기가 흐르는 모습이 겉으로는 수수해도 이런 분이 실력 있는 분인 거 알고 있습니다. 선생님!"

"어머니. 무슨 말씀이세요."

"이래 뵈도 제가 사람 볼 줄 압니다. 이젠 선생님만 믿습니다."

그 엄마는 강제로 과외비 봉투를 내 앞에 놓고 가버렸다. 나는 속으로 한숨이 저절로 나왔다. 이튿날 새벽예배에 과외비 봉투를 들고 가서 하나님 앞에 내어놓고 간절히 기도를 드렸다.

하나님이 부으시는
기적

"하나님 아버지. 돈을 보면 욕심이 나고 아이들을 보면 겁이 납니다. 제가 어찌해야 합니까. 하나님."

나의 배우지 못함이. 나의 약함이 내 눈앞에 놓여있었다. 하나님은 강제로 두 명의 아이를 내게 보내시며 공부에 대해 눈을 뜨게 하셨다. 내 눈앞은 캄캄하여도 하나님 앞에 무릎 꿇어 기도할 수 있음이 유일한 나의 길이었다. 기도하며 하나님이 주시는 감동의 마음을 따라 순종하리라 결심하였다. 내 생각 속에 미래가 있지 않음을 깨닫는 마음을 기도를 통해 주셨다.

이튿날, 서점을 찾아갔다. 서울에서 나 같은 자가 배움의 길을 찾아 나섰다는 것이 기쁨이었다. 그날 산책이 '표준 완전학습'이란 학습지였다. 내용을 쭉 훑어보는데 맨 뒤에 답안지가 붙어있는 것이 아닌가. 너무도 감사해 "오. 하나님 감사합니다. 문제는 하나도 몰라도 답안지가 있어서 감사합니다."라는 기도를 드렸다.

답안지를 잘라내어 꼭꼭 숨겨두고 문제집만 풀도록 아이에게 주었다. 두 명의 첫 과외아이는 방바닥에 배를 깔고 엎드려 고개를 까딱까딱하며 문제를 풀었다. 몇 분이 지나지 않았는데 그 어려운 내용 두 쪽을 금세 다 풀었다며 내게 내밀었다.

나는 깜짝 놀라 입이 다물어지지 않았다. 그 어려운 문제를 이렇게도 빨리 다 풀다니 놀랍기만 했다. 아이에게,

"응. 밖에 나가서 조금만 놀아. 선생님이 채점 해 놓으면 들어와."

"네. 야! 신난다."

하며 아이들은 밖으로 뛰어 나갔다. 여전히 뛰는 가슴을 쓸어내리며 숨겨 둔 답안지를 꺼냈다. 아이가 풀었던 부분을 찾아 한 문제씩 답안지와 맞추어 보았다. 그런데 채점 해 갈수록 내 눈이 동그래졌다. 나도 모르게 "어… 어… 어"라는 표현이 의식할 수 없도록 터져 나왔다.

두 아이가 모두 다 틀렸다. 빵점이었다. 아이가 틀릴수록 나는 신음하듯이 기도가 절로 나왔다. 아이가 틀린 문제를 나도 전혀 모르기 때문이다. 답안지에 답은 있는데 왜 이 답인지는 몰랐다. 아이가 방에 들어왔다. 빵점 맞은 책을 보고 아이는 놀라지도 않았다.

"선생님. 이건 어떻게 푸는 거예요?"

"응? 어떻게 푸느냐고? 음…"

말이 막혔다. 나도 모른다는 말을 할 수가 없었다.

"○○아! 공부는… 혼자 하는 거야."

"예? 혼자? 모르는데요."

또 말이 막혔다. 등허리에 식은땀이 났다.

"있지… 공부는 한 문제라도 내가 직접 풀어보고 다시 또 풀어보고 해야 내 것이 되지, 다른 사람이 다 풀어주면 내 것이 되지 않아. 그래서 학교에서 시험 치면 다 틀리는 거였어. 이제부터는 공부를 혼자 해본다. 알았지?"

"어. 학원에 가면 다 가르쳐 주는데… 나 혼자서 못해요. 가르쳐주세요."

나는 그 아이의 손을 꼭 잡고 기도 무릎을 꿇었다. 아이도 깜짝 놀라서 내 앞에 무릎을 꿇었다. 나는 하나님께 간절히 기도를 드렸다.

"하나님 아버지. 우리 ○○에게 지혜를 주세요. 지금까지는 혼자서 풀 수 없었던 문제집을 집중하여 풀 수 있도록 도와주세요."

두 아이의 손을 땀이 나도록 꼭 잡고 기도가 끝났을 때 내 눈에 눈물이 흘렀다. 그런 내 모습에 감동을 받았는지 두 아이가 방바닥에 엎드려서 다시 문제집을 풀기 시작했다.

처음보다는 엄청 진지하게 집중하며 풀었다. 처음 빵점이던 문제를 서너 문제 맞췄다. 그 아이를 꼭 안아주며 잘했다고 칭찬을 해주었다. 이튿날도 그 이튿날도 과외 아이는 내 골방에 와서 문제집을 혼자서 풀었다.

새벽마다 주님의 성전 강단 앞에 엎드려 하나님께 간절한 기도를 드렸다.

"하나님. 들통 나지 않게 해주십시오. 못 배운 나에게 어제에 두 아이를 보내주신 하나님. 저를 지켜 주십시오."

몇 시간의 기도는 과외비 받은 두 아이를 위해 기도하게 되었다. 내가 상상도 할 수 없는 일이 내 눈앞에서 일어난 것이다. "이 두 명의 아이들 보내주신 하나님의 뜻을 알게 해주소서."라는 기도를 매일 드리고 있었다. 더욱 놀라운 일은 나는 그 아이에게 공부를 가르칠 수가 없다는 것이다. 그 아이가 배우는 초등학교 2학년 문제집을 전혀 몰랐다. 풀 수가 없었다. 그 아이는 내게 와서 공부는 늘 혼자 했다. 나는 채점을 해주었고 기도를 해주며 칭찬을 했다.

한 달이 눈 깜짝할 사이에 지나갔다. 이렇게 석 달을 지나올 동안 나의 공부 실력은 조금도 나아지지 않았고 더 깊은 기도만 하나님께 드리고 있었다. 과외비를 석 달치 받았다. 내가 가르치는 것이 없는데도 아이가 계속 공부를 하러 온다.

"하나님. 이 아이를 더 이상 가르칠 수가 없습니다. 자격 없는 제가 아이에게 계속 과외비를 받고 있다는 것이 잘못된 것 같습니다. 하나님! 어떻게 해야 그 어머니에게 잘 말씀을 드려서 마무리를 할 수 있을까요. 하나님. 저를 도와주십시오. 하나님 아버지."

내 삶 속에 일어나는 모든 일들을 하나님께 아뢰며 기도를 드렸다. '자수하여 광명 찾자'란 말이 내 속에서 맴돌고 있었다.

"어머니. 제가 이 아이를 가르칠 자격이 없었는데 어머니께서 너무도 강하게 밀어 붙여서 석 달이나 왔습니다. 지금까지 저에게 주신 돈이 전부 얼마인데 절반은 십일조 헌금과 아이들 간식비로 썼고 나머지 절반은 지금 가지고 왔습니다. 제가 쓴 절반을 꼭 벌어서 갚겠습니다. 그러니 부족한 저를 다른 사람에게 소문내지 마시고 저를 용서해 주십시오."

어머니를 찾아가 말씀드릴 내용을 새벽마다 기도 중에 연습하고 있었다. 이 고백을 어머니께 드려야 내 마음에 무거운 짐을 내려놓을 수가 있었다.

과외를 내려놓을 준비가 되었을 때 뜻밖의 일이 일어났다. 나에게 과외받는 아이가 학교에서 월말고사를 보았는데 51명 중 38등으로 성적이 올랐다며 시험지를 들고 뛰어왔다. 그 아이보다 더 놀란 사람은 나였다.

"너 성적이 어째서 그만큼이나 올랐어? 오! 하나님. 감사합니다."

내 심장이 뛰었다. 어머니를 찾아가서 '더 이상 과외비를 받으며 이 아이를 가르칠 자격 없는 나를 고백하리라' 결심을 했는데 흥분한 아이가 시험지를 내미는 것이 아닌가. 그날 밤, 내가 찾아가서 만나기로 마음먹었던 어머니가 나를 찾아왔다.

"선생님. 우리 애가 이번에 시험을 이렇게도 잘 본 것은 모두가 선생님 덕분입니다. 선생님. 너무도 고맙습니다. 저는 선생님을 처음 볼 때부터 이렇게 뛰어난 분인 줄 알았습니다."

아이와 같이 어머니도 흥분된 상태였다. 고개 숙인 나는 속으로 한없이 부끄러웠다. 하나님은 아신다. 지금 내 마음이 어떠한지…

어머니에게 어떻게 말을 해야 하나 고민하고 있을 때, 아이의 어머니가 눈을 동그랗게 뜨고 내게 말을 했다.

"선생님께 부탁이 있습니다."

표정이 진지했다.

"부…탁이라니요?"

내 심장은 더욱 뛰고 있었다.

기도의 차이가
축복의 차이었다

"얘 위에 4학년 오빠를 부탁합니다. 선생님 같은 분에게 맡겨야 안심을 하겠습니다. 꼭 받아주세요."

너무도 놀란 나는 시선을 어디에 둘지 몰랐다. '어머니. 저는 4학년 문 앞에도 못 갔습니다.' 말하려 했는데 내 입에서 겨우 나온 말이 "저는 4학년을 못 가르칩니다."로 말을 했다. 그 어머니가 내 손을 덥석 잡으며 "선생님. 대학 나오신 분은 2학년을 가르치나 4학년을 가르치나 똑같습니다. 처음 가르쳐도 괜찮습니다. 우리 아들은 공부라 하면 죽기보다 싫어합니다. 공부에 취미를 붙일 수 있도록 도와주십시오. 선생님께 부탁드립니다."라며 정중히 말씀하셨다. 내 얼굴에 열기가 올라왔다. 마음속으로 저절로 고백되어지는 "하나님 아버지. 저를 도와주소서. 지혜를 주소서. 아버지여. 아버지여. 제가 어찌해야 하오리이까." 탄식이 터졌다.

석 달 동안 2학년 딸을 맡기신 어머니가 동생보다는 과외비를 1.5배 더 넣은 봉투를 내게 강제로 밀어놓고 도망치듯 가버렸다.

"저는 선생님만 믿습니다."

"저는 하나님만 믿습니다."라고 고백했다.

내 눈앞에 믿을 수 없는 일이, 내가 한 번도 상상해 본적이 없는 일이 일어나고 있었다. 이튿날 새벽, 하나님 앞에 무릎을 꿇고 엎드려 내 삶속에 일어나고 있는 일들이 하나님보다 돈을 따라가는 삶인지, 하나님이 내게 주신 축복인지 깨닫게 해달라고 기도하였다. 몇 시간을 엎드려 울었다.

"나를 너무도 잘 알고 게시는 하나님이 내게 이런 놀라운 일을 보여주심이 어쩜이니이까. 하나님의 뜻을 온전히 이루어 주소서"

난생 처음 '동아전과'를 샀다. 4학년이라는 오빠는 알고 보니 특수반이었고 백 단위 더하기 빼기를 하고 있는 전교에서 꼴등이었다. 바로 그 오빠가 배우고 있던 공부의 진도가 내가 구룡포에서 학교를 중퇴할 때 바로 그 수준이었다. 그 아이와 내가 함께 필요한 부분은 학교공부의 시작점이었다.

1-1을 샀다. 정말 쉬웠다. 그러나 이 과정을 거치지 않고는 1-2로 갈 수가 없었다. 나는 오늘 이 4학년을 위해 어젯밤에 하루 먼저 배워야만 했다. 이렇게 나는 하루살이 과외선생이었다. 나이 스물여덟이 되어 이렇게 수준 낮은 공부를 해야 하는 나 자신이 상

상하지 못한 공부이지만 어느 날 문득, 이 4학년 아이를 내게 보내신 하나님은 내게 공부의 길로 인도하고 계심을 깨달았다.

'아! 하나님이 나를 공부하라고 하시는구나.'

눈물이 났다. 내 마음속에선 이미 포기한 공부를 하나님은 포기하지 않으셨다. 그리고 한 아이를 통해 끝없이 나를 공부의 길로 인도해 주셨다. 내가 꿈꾸지 못한 일을, 계획하지도 않은 일을 하나님은 계획하셨다. 하나님의 때가 되면 하나님의 방법으로 인도하시고 이루어 주심을 깨달았다.

하나님 안에 거하는 자는 돈이 없어도 복된 자이고 배운 것이 없어도 복 받은 자다. 돈이 복이 아니다. 믿음이 복이다. 권력이 복이 아니다. 믿음이 복이다. 인기가 복이 아니다. 믿음이 복이다. 이 놀라운 하늘의 비밀은 믿음 없이는 알 수 없다. 예쁜 꽃은 빨리 꺾인다. 재능이 탁월한 자의 생명은 짧다. 못생긴 나무가 산을 푸르게 하듯이 못난 인생일수록 하나님만 바라봄이 인생 최고의 복이다.

4학년 아이가 3개월이 되었을 때, 학교선생님이 어머니를 학교로 불렀다. 깜짝 놀란 어머니가 학교로 간 날, 늘 사고뭉치였던 아들에 대한 불안감으로 달려갔는데 선생님이 시험지를 내밀었다.

놀란 어머니 앞에 성적이 오른 시험지와 함께,

"어머니. 집에 어떤 변화가 있습니까. 아이가 달라졌어요. 이렇게 성적이 올랐어요. 수업 태도도 완전히 달라졌어요. 무슨 일이 있습니까?"

"어떤 분께 과외를 받고 있습니다. 그때부터 우리 아이가 달라졌어요."

"아··· 그래요. 과외? 그렇다면 그 과외선생이 진짜 선생님입니다."

그 날 저녁나절, 종종걸음으로 달려온 어머니가 내 손을 잡더니,

"선생님. 정말 고맙습니다. 선생님을 만난 것이 우리 아이에게 최고의 행운입니다."라고 말씀하시곤 눈물을 글썽이며 돌아가셨다.

깜짝 놀란 일은 그다음날 일어났다. 나에게 과외를 해 달라며 자녀의 손을 잡고 온 어머니가 6명이나 되었다. 모두가 4학년 아이의 어머니에게 듣고 온 것이다.

내 말은 듣지 않고 모두가 봉투 속에 과외비라며 넣은 돈이 4학년 오빠가 내는 금액과 동일했다. 전교 꼴등이던 그 아들의 성적이 올랐다는 말에 달려온 어머니들. 눈앞이 캄캄해진 나는 무슨 말을 어떻게 해야 할지 몰랐다.

"하나님. 정녕 살아계신 하나님을 이렇게 제 삶에 체험케 하신 기적의 하나님. 저 같은 자에게 부어주신 이 놀라운 은혜를 어찌 갚아야 할지요."

기도의 깊은 뿌리가 하나님과 맞닿아 있는 자의 삶에는 하나님의 약속이 이루어진다. 한꺼번에 몰려온 아이들을 한 명씩 실력을 테스트하는 시험지를 만들어 처음 오는 날 풀어보게 하였다. 개인지도의 장점이 맞춤형 공부이다. 각각 그 아이의 진도에 맞는 학습이 이루어질 때 아이의 학습 능력을 키울 수 있다.

전과 책으로 밤마다 공부에 집중하여 나의 실력을 키우며 낮에는 공장에 출근하여 하루 종일 온갖 일로 기운을 다 빼고 집으로 오면 과외 아이들이 기다렸다. 밤늦도록 과외 아이들 한 명 한 명

씩을 돌아가면서 개인지도하며 혼자 풀게 하면서 모두가 돌아가고 나면 그때부터 내 공부가 시작되었다.

밤낮으로 코피가 날 정도의 정신없는 삶 속에서도 새벽이면 나의 생명줄과 같은 기도의 제단을 쌓았다. 과외아이는 점점 늘어나서 20명을 넘어서 다니던 공장을 그만두었다. 작은 월세방에 칠판을 걸고 본격적으로 과외에 돌입했다.

새벽마다 성전에 엎드려 기도와 찬양을 하나님께 올려드릴 때, '내 평생 소원은 과외뿐'이라며 가사를 바꿔 불렀다. 하나님은 내게 공부를 하게 하셨고 어제 배운 것을 오늘 가르치며 내가 배운 것을 아이들에게 가르치며 다시 한 번 복습하게 하셨다.

나는 초등학교 4학년 전과를 떼고 5학년 과정을 배우고 있었다. 큰 상 두개를 펴고 구룹지도를 했는데 모두 세 팀으로 나누었다. 두 시엔 1~2학년, 네 시엔 3~4학년, 여섯 시엔 5~6학년. 서른 명에 이르는 아이들이 들어왔다. 나의 실력은 아슬아슬하게 지나가고 있었다. 내 삶을 지탱하는 힘은 내가 배운 실력이 아니었다. 나를 지키시는 하나님의 은혜였다. 서울엔 배운 사람이 얼마나 많겠는가.

나 같은 초등학교 중퇴자가 전과 책으로 혼자 배워가며 서른 명의 아이를 가르친다는 사실을 사람들은 아무도 믿지 않을 것이다. 믿을 수 없는 일이다. 그러나 하나님이 함께 하시면 믿어지지 않는 일이 현실로 일어난다. 내 삶의 증거이며 증명이다.

기도의 뿌리가 하나님과
맞닿아 있는 자여!

　　❦　　엄마가 서울로 올라왔다. 처음에는 작은 방문 앞에 열 명이 넘는 아이들의 신발을 보고 깜짝 놀랐다. 방문을 여는 순간, 방 안 가득 찬 아이들을 보고도 놀랐지만 무엇보다 칠판에서 글을 써 가며 아이들을 공부 가르치는 나의 모습에서 놀란 입을 다물지 못했다. 그때 엄마가 방안 가득 찬 아이들 앞에서 큰 소리로 말했다.

"국민 학교도 못 나온 야가 지금 뭐 하노?"

화살처럼 나아 온 엄마의 억센 말에 하늘이 무너져 내리는 충격을 받았다. 이 아이들이 한 방 둘러앉아 있는 이곳에서 절대로 해서는 안 되는 말을 거침없이 해버린 엄마 때문에 온몸에 식은땀이 나고 현기증으로 쓰러질 것처럼 주저앉고 말았다. 그때 한 아이가 말했다.

"선생님. 할머니가 뭐라고 말했어요?

깜짝 놀란 나는 아이들을 바라보았다. 모두가 눈을 동그랗게 뜨고 나를 쳐다보았다. 순간! 나는 알았다. 서울 아이들이 우리 엄마의 말을 아무도 알아듣지 못했다는 사실을…

아이들이 돌아간 방에 엄마와 나는 부둥켜안고 울었다.

"엄마. 얼마나 보고 싶었는지 아나? 흑흑…"

"내가 와 모르겠노. 우리 순애. 야를 쪼매마 공부를 더 갈챘으면 이래 살아갈 아가 아인데… 흑흑… 우리 순애를 국민 학교도 못 갈챈건 내 탓이다. 니를 버리고 도망가서 니가 학교를 못 댕겼으니 이게 다 내 때문이다. 이 애미 때문이다. 흑흑…"

"엄마. 괘안타. 이제 그런 거 걱정하지 마라. 내 서울 와가 낮에는 공장 댕기고 밤에는 혼자 공부해가 국민 학교 육학년 꺼정 다 땠다."

"오냐. 오냐. 우리 순애. 엉엉엉…"

엄마의 울음소리가 더 커졌다. 나를 더 힘껏 껴안았다. "우리 순애는 하나님이 다 지켜 주신다. 순애가 어디를 가든지 하나님이 니캉 함께 하실 줄 이 엄마는 믿고 있었다."는 고백과 함께 엄마와 나는 그리움의 시간을 눈물로 채웠다. 이 딸을 바라보는 엄마의 눈빛이 신기하고 대견하다고 말하는 것 같았다.

지금까지 공장에서 받은 월급에서 월세, 십일조 헌금, 감사 헌금을 드린 나머지 금액을 몽땅 주일학교에 쏟아부을 동안 내 인생에 일어난 기적은 이루 말할 수 없을 정도다. 그리고 과외의 십일조 헌금이 매월 삼십만 원에 이르렀다. 공장에서 받은 월급보다 과외를 통해 주신 십일조 예물로 더 큰 기적을 경험하고 있었다.

엄마가 올라오고 처음으로 쌀 한 포대를 샀다. 라면도 한 박스 샀다. 계란도 난생 처음 한 판을 샀다. 냄비, 그릇, 숟가락도 샀다. 엄마가 해주는 따신 밥을 계란찜으로 엄마와 같이 상에서 밥을 먹는데 목이 메었다. 하얀 쌀 밥그릇 위에 소리 없이 눈물방울이 뚝뚝 떨어졌다. 엄마와 나는 서로 한 마디의 말도 하지 않았다. 꿈만 같은 현실 앞에서 울고 있을 뿐이었다.

이 모든 것은 하나님이 주신 축복이고 은혜임을 말하지 않아도 우린 알 수 있었다. 이튿날부터 새벽기도를 엄마와 함께 교회로 갔다. 예배가 끝나고 기도시간에 몇 시간을 기도하고 먼저 집에 가서 아침밥을 준비하는 엄마가 있어서 세상에서 나는 최고로 행복한 딸이 되었다. 엄마는 내가 아이들 공부 가르치는데 방해된다며 동네에서 좀 떨어진 외곽에 하우스 안에서 꽃을 따는 일을 하러 도시락을 들고 가셨다. 나는 더욱 아이들을 가르치는 일에 전념하기 위해 집중하였다.

그러던 어느 날, 와르르 몰려와야 될 아이들이 하루아침에 발길이 뚝 끊어졌다. 한 어머니가 나를 찾아오더니,

"선생님. 우리 애들이 학교에서 불법과외에 다닌다고 선생님께 불려 나가서 혼이 났다고 합니다. 이젠 애들을 이곳에 더 이상 못 보내게 되었어요. 미안합니다."

나는 속으로, "불법 과외. 이런 곳에 더 이상 못 보낸다."는 엄마가 남기고 간 말을 되뇌이며 넋을 잃고 있었다. 일을 마치고 온 엄마가 아이들이 한 명도 없는 텅 빈 방안을 보고 더욱 놀랐다. 그 충격으로 삼일을 이불 속에서 나오지 못했다. 밥 한 톨이 넘어가지 않았다. 금식도 아닌 굶식을 했다.

"하나님 아버지. 어찌하여 저를 이렇게 버리십니까. 6학년까지 겨우 다 배웠는데 과외가 끝나버리다니요. 하나님이 이렇게 하신 것입니까. 하나님. 흑흑…"

기운 없어 쳐져 한 없이 울고 또 울었다. 울고 있는 내 마음 깊은 곳에서 '너는 40일 무릎을 꿇어라.'는 감동이 밀려왔다.

"아멘. 아멘."

내 입술이 아멘을 고백할 때에 하나님이 나와 함께 하신다는 사실을 그대로 믿고 그대로 받았다. 나의 길이 막힌 것은 하나님의 길을 내시기 위함임을 뒤에 알았다. 나의 길이 막힌 것이 축복임을 그 길을 지나고 난 뒤에 알았다. 내가 원하는 것이 다 이루어지는 것이 축복이 아님도 믿음이 더 성숙된 후에 알았다.

기도할수록 내 뜻은 꺾이고 하나님의 뜻이 이루어진다. 그때부터 달려간 40일 작정 기도의 눈물의 시작은 성전에서 밤을 새우며 '기도는 깊게. 기도는 길게.'를 실천하는 작정 기도가 되었다. 과외로 일어서던 내 인생이 다시 바닥을 짚을 때 내가 잡고 있던 모든 것들을 놓아버린 지금 하나님이 내 안에서 마음의 평안을 주셨다.

맑은 눈으로 나의 이끼 낀 내면을 보며 마귀가 뿌려놓은 죄의 씨앗을 눈물과 회개의 영으로 뽑아냈다. 날마다 부대끼며 같이 공부했던 아이들이 보고 싶을 때마다 기도로 나를 붙잡았다.

40일의 기도는 내 심령의 시내산에서 올려드리는 눈물의 기도였다. '하나님 안에 거하는 나는 복된 자다.'라는 확신으로 기도의 불을 밤을 새워 피웠다.

23일이 된 날, 낮에 잠시 가까운 곳에 들려 생선을 사서 들고 집으로 오는데 지나는 사람과 스치듯, 순간의 찰나에 내 뒤에서 걸음을 멈추는 소리가 들렸다. 내 발걸음도 잠시 주춤하다가 그대로 걸었다. 몇 초가 지나 그 사람과 나 사이는 점점 멀어지고 있을 때, 갑자기 빠른 걸음으로 내게로 다가오는 그 발자국 소리는 분명 조금 전 나를 스쳐간 사람의 소리였다.

그가 성큼 내 앞으로 다가와 섰다. 나와 그가 정면으로 마주보는 순간이었다. 내 눈도 그의 눈도 동시에 서로를 감지하는 순간,

"박순애 선생님 아니십니까?"

그가 또렷하고 분명한 목소리로 내 이름을 불렀다.

그의 눈동자에 생기가 돋아났다. 눈에 익은 얼굴이다. 이름까지는 기억할 수 없지만 청송보호감호소를 출소한 사람임을 직감했다. 초라한 내 모습이 처음 누군가에게 노출되는 순간이었다. 순순히 내 마음은 이 느닷없는 만남을 받아들이고 있었다.

"예. 반갑습니다."

고개를 숙여 인사를 했다. 나보다 이십 년 정도 나이가 많았다. 그 날 그가 내게 준 감동은 놀랍고 경이로웠다. 그는 나의 강의를 듣고 내 인생에 감동을 받았단다. 내 강의를 듣고 내가 쓰고 있는 성경쓰기를 그는 감옥 안에서 끝까지 썼단다. 청송보호감호소의 마지막 체육대회의 그 감동의 물결 속에 그 사람이 있었단다. 그 후 출소하여 자신의 신장을 기증하여 죽어가는 군인의 생명을 살렸는데, 이 모든 것은 성경을 쓰면서 자기 내면의 변화가 일어나 그 변화로 지금 자신의 인생으로 바꾸었다고 한다. 그의 인생 속에서 하나님이 역사하셨음을 내 가슴에서도 동일하게 느껴졌다. 그리고 그는 나를 궁금해 했다.

기도하면 내 생각이 꺾이고
하나님이 보인다

처음 서울에서의 나의 삶을 지금 그대로 고백했다. 삼일 뒤 그가 나를 찾아왔다. 무조건 같이 가야 할 곳이 있다고 했다. 순순히 따라갔다. 어느 낯선 사무실 안으로 들어갔다. 처음 보는 사장인 분이 자리에서 일어나며 인사를 했다. 아무 영문도 모르는 나도 고개를 숙였다. 그 사장이 내게 한 첫마디가,

"그렇게 좋은 일을 하신 분이라고요. 저도 좋은 일 한 번 하고 싶습니다. 학원을 하시려면 얼마쯤이면 되겠습니까?"

"예… 에?"

앞도 뒤도 없이 본론으로 "얼마를 빌려 드릴까요?"라고 말을 하는 것이 아닌가. 숨이 턱 막혀 말이 나오지 않았다. 그 사장은 대뜸,

"한 천만 원이면 되겠습니까? 그 천만 원을 제가 빌려 드리겠습니다. 허허…"

눈만 동그랗게 뜬 나는 속으로, '천만 원, 천만 원.'을 되새기고 있었다.

"어떻게 저를 믿고 그 큰돈을 빌려 주신다는 것인지요?"

출소자가 근무하는 회사다. 그가 나를 위하여 이 큰일을 도와주었다. 눈물이 났다. 내 친형제에게도 내쫓김을 당하였는데 이 사람이 나에게 이런 역할을 해 주다니… 하나님이 하셨음을 깨달았다. "감사합니다."를 몇 번이나 말하며 고개 숙여 인사하고 돌아온 밤. 교회로 갔다.

"하나님. 이 놀라운 일을 행하신 이가 여호와시요. 이 일을 이루신 이가 여호와 하나님이심을 믿나이다."

눈물로 고백했다.

이튿날부터 학원을 위해 동분서주 했다. 먼저 교육청을 찾아가서 상담을 했다. 그리고 건물을 임대해 건물 주인과 임대차 계약서를 썼다. 학원에 필요한 모든 집기류를 중고로 사들였다. 먼저 사무실 칸막이를 치고 책, 걸상, 칠판 등 갖추어야 할 모든 사항을 다 준비했다. 날마다 기도하며 난생처음 준비하는 학원은 하나님의 은혜로 진행되었다. 학원시설을 다 갖추고 학원 허가를 받는 과정에서 자격증이 있어야 함을 알았다. 처음으로 눈앞이 캄캄했다. 하나님께 간절히 기도를 드렸다. 여기서 막힐 길이라면 하나님은 처음부터 열어주지 않았을 거라고 생각했다.

여기까지 기적을 여신 하나님이 마지막에 막으실 리가 없음을 확신했다. 다시 한번 교육청으로 달려갔다. 자격증에 대하여 알아보았다. 여기서 하나님이 역사하심을 강력하게 느끼는 순간이었다. 그것은 학원 강사의 자격은 반드시 대학을 졸업해야 되지만, 원장인 설립자의 자격은 조건이 없다는 사실 앞에 감사의 기도가 내 안에서 폭풍처럼 밀려왔다.

나의 자격은 필요 없었다. 설립자의 자격은 기준이 없었다. 세상에 이런 일이 있을까 싶을 만큼 놀라웠다. 그러나 하나님이 나를 위하여 예비한 길이었음을 깨달으며 감사의 기도를 드리는데도 눈물이 흘렀다.

광고지에 강사 구함을 냈고 신설학원의 첫 선생이 정해졌다. 학원 허가가 완료되고 학원 등록증을 받았다. '설립자 박순애' 이름이었다. 40일의 기적의 기도가 드려지던 날이 되었다. 속셈학원 개원 예배를 드리는 날이었다. 하나님의 시간표는 완벽하다. 인간의 생각과 상상으로는 따라갈 수 없는 기적이 언제나 기도 속에 감춰진 축복이으로 있었다.

학원 문을 열고 첫 수업이 시작된 날, 나의 기도는 과외의 마지막 인원 서른두 명이 다 돌아오는 것이었다. 그런데 문 여는 날, 육십 명의 아이들이 몰려왔다. 과외의 아이들과 어머니가 다른 아이까지 데리고 왔다. 그 아이들이 영원히 가버린 줄 알았던 나는 다시 만난 과외 때 아이들을 안고 하나님께 감사와 감격의 기도를 드렸다. 하나님은 언제나 나에게 최고의 복을 주셨다.

속셈학원 문을 열면서 나는 원장이 되었다. 기도의 능력, 기도의 기적을 내 삶 속에서 끝없이 보여주시는 하나님의 숨결을 느끼는 순간이었다. 내가 그토록 붙잡고 싶었던 과외가 문을 닫지 않았다면 오늘 내게 이런 기적 같은 학원의 문을 열 수 있을까? 내가 가고 싶었던 길이 닫히고 내 마음은 절망으로 무너진 그 그루터기에서 오직 하나님만 바라보는 간절한 기도, 절박한 심령의 기도가 하나님께 드려질 때 하늘 문이 열리는 기적을 경험하게 된 것이다.

하나님의 축복의 공식은 반드시 내가 잡고 있던 것을 내려놓을 때, 하나님만 바라보며 무릎 꿇을 때 일어난다. 많은 믿음의 사람들은 내가 원하는 것, 소중한 것을 포기하지 않고 기적을 받고 싶어 한다. 하나님이 주시는 축복에는 반드시 씨앗이 있어야 한다.

씨앗을 심지 아니하고는 축복의 열매를 맺을 수 없다. 그 씨앗은 바로 내가 가장 가지고 싶은 것, 지키고 싶은 것을 내려놓음이다.

이 세상의 가장 위대한 것은 포기를 선택하는 삶이다. 포기보다 더 위대한 선택은 없다. 내 중심으로 신앙 생활하는 많은 사람들은 더 가지는 것이 축복이라고 생각한다. 더 가짐은 내 욕망과 탐심을 따라 사는 것이지 복이 아니다. 참된 믿음의 복은 더 가짐에 있지 아니하고 다 내려놓음에 있다. 갖고자 하는 내 생각을 포기하는 것보다 위대한 선택은 없다. 내가 기쁨으로 내려놓지 않으면 하나님은 강제로 뺏어 가신다. 하나님보다 더 사랑하는 것을 포기하지 않으면 당신의 방법으로 내게서 뺏어 가신다. 이것이 하나님의 방법이며 사랑이다.

내가 기쁨으로 드릴 때 그 중심을 받으시고 그 믿음을 보시고 복을 주신다. 강제로 빼앗아 가시면 그 후 나의 깊은 회개의 무릎을 통해 내 속에 헛된 것을 위해 살고, 썩어질 것에 내 전부를 걸고 살아온 수많은 날들을 마귀에게 빼앗긴 삶에서 회개하고 돌이킬 때 위대한 회복의 역사를 일으키시는 하나님이시다. 내 삶에서 끊임없이 그 기적을 누리며 사는 비결은 내 마음과 중심이 온전히 주님 안에 거하여 내 인생을 주님이 인도하시도록 내어드리는 기적의 삶을 사는 것이다.

내 인생은 이미 내 자신의 한계와 수준을 넘어선 기적의 삶 속으로 들어갔다. 눈만 뜨면 변함없이 교회로 달려가 무릎 꿇는 하루를 출발하지만 이제는 공장으로 출근하는 것이 아닌, 집에 공부방에서 아이들을 모아 가르치는 생활도 아닌 어엿한 학원 원장으로 내 책상과 사무실이 있는 학원으로 출근을 하는 사람이 되었다. 그것도 초등학교 과정을 밤마다 전과 책으로 다 떼고 아이들을 가르칠 수 있는 어느 만큼의 실력을 갖춘 나로 만들어 주신 하나님의 방법으로 나를 인도해 주신 길이다. 이 얼마나 놀라운 은혜인가. 내 인생에 이런 일이 있을 것이라고 어찌 상상할 수가 있었을까. 나의 운명적 저주를 뛰어 넘은 하나님의 기적은 내게 축복으로 부어졌다.

나는 기도밖에 한 것이 없는데 하나님은 내게 상상 할 수 없는 기적을 수 없이 보여주시고 이루어 주셨다. 내가 드린 '기도 밖에'가 내 인생의 시작이고 삶이고 끝이여야 한다. 기도가 전부가 되어야 한다. 기도하지 못하는 사람은 아무 것도 하지 않은 사람이다. 기도하지 않고 이룬 것은 내 인생에 복이 아니다. 다 거품처럼 사라지고 만다. 오직 기도를 통해 주신 것만이 축복이고 영광이며 생명이다.

이 놀라운 하나님의 은혜가 내 안으로 샘솟는다. 하나님이 주신 학원이 석 달이 넘어서니 속셈학원의 정원이 90명으로 허가를 받은 인원을 넘어섰다. 그런데도 아이들은 계속 밀려왔다. 나는 상담을 담당하였고 아이들이 점점 많아지므로 선생님을 계속 뽑아야만 했다. 이렇게 정신없이 달려온 일 년 동안 어느새 아이들이 180명을 넘어섰다.

작은 속셈학원 건물에 정원의 두 배가 차고 넘친 것이다. 기도

중에 하나님이 주신 지혜로 두 번째 피아노 학원을 준비하게 하셨다. 속셈학원 문을 연지 1년 만에 두 번째 학원의 문을 열게 되었는데, 바로 피아노 학원이었다. 새로운 건물을 임대하였다.

건물을 임대해 피아노 학원에 맞춘 내부공사를 하였다. 피아노를 7대 이상 갖춰야 하는데 아홉 대를 구입했다. 각각 피아노 룸에 칸막이에 소음 방지까지 겸한 공사를 했다. 그리고 이론 공부실이 있었고 거실에는 그랜드피아노를 놓았다. 너무도 멋진 피아노 학원을 준비할 동안 기도하는 것보다 더 중요한 준비는 없었다.

속셈학원을 통해 주신 물질로 피아노학원을 개원할 수 있도록 하나님이 모든 것을 이루어주셨다. 피아노 학원에는 세 명의 전공자 선생을 뽑았다. 아무 자격이 없는 나에게도 설립자로서 원장이 될 수 있도록 이런 제도를 만들어 주신 하나님의 은혜에 감사드리며 속셈 학원에 이어서 피아노 학원의 원장도 겸하였다.

교만이란 하나님 자리에 내가 주인 된 것이다

두 군데 학원을 다니는 아이들이 300명을 넘어서는 기적 같은 일이 나의 삶 속에서 자연스럽게 이루어졌다. 나의 기도는 새벽마다 하나님께 드려졌다. 나의 하루가 바쁠수록 기도의 자리, 예배의 자리에 더욱 나아가기를 힘썼다. 그리고 두 군데 학원을 통해 들어오는 학원비가 매일 백만 원을 넘어설 만큼 컸다.

1991년 가을 무렵이었다. 학원은 토, 일요일을 쉬고 주5일간 문을 열었다. 두 군데 건물의 월세와 일곱 명의 선생님 월급, 큰 차한 대, 기사 한 명, 학원 유지비 등 매월 총 2,400만 원의 학원비에서 지출비 전액을 뺀 나머지 금액 750만 원이 순수하게 남았다. 여기서 매월 팔십만 원씩 십일조 헌금을 드리게 되었다. 매일 새벽마다 예배와 기도가 3시간씩 드리는 어느 날, 상상할 수 없었던 일이 일어났다. 그것은 하나님이 주시는 성령님의 음성이었다.

'너는 온전한 십일조를 드려라.'

천둥처럼 들려온 내 가슴에 새겨진 음성이었다. 너무도 놀란 나는 '오! 하나님.'을 부르며 눈을 떴다. 여기가 어디일까. 내가 늘 무릎 꿇는 성전 앞 강단이 아닌가. 아무도 없는 예배당. 새 날이 환하게 밝아진 성전에 다시 두 손을 모으고 눈을 감았다. 하나님이 지금 나의 십일조를 보고 계셨다. 십일조 헌금을 온전히 드리라고 말씀하셨다. 어떻게 드리는 것이 온전한 십일조 헌금일까. "하나님이 알려주소서. 제가 어떻게 드려야 하오리까. 아버지. 아버지…"

그다음 첫 월요일부터 그날그날 평균 백만 원 이상 들어오는 학원비에서 월세, 월급이 먼저 나가기 전, 학원비가 들어오는 그 날마다 학원비 봉투 위에 손을 얹어서 하나님께 간절히 기도를 드렸다. 이 학원비를 내게로 보내주신 이가 살아계신 하나님임을 고백하며 감사의 기도를 간절히 드렸다. 아무 지출도 하기 전에 총 금액에서 십일조 헌금부터 새 돈을 골라서 십일조함에 매일매일 십일조 헌금을 넣었다.

'바로 이것이었음'을 깨달았다. 모든 지출을 다 뺀 십일조 헌금이 아닌 모든 지출보다 먼저 십일조 헌금부터 드리고 월세, 월급 등 지출을 하라는 하나님의 마음을 느끼고 나니 기쁨이 충만했다.

"아멘. 하나님 아버지. 이 학원 모두를 주신 하나님께 십일조 헌금만이라도 온전히 드리지 못한다면 믿음이 아니지요. 하나님." 순종의 기쁨을 주신 하나님께 진심으로 감사의 기도를 드렸다.

"겸손과 여호와를 경외함의 보상은 재물과 영광과 생명이니라"는 잠언 22장 4절 말씀을 가슴에 새기며 감격과 기쁨의 찬양과 기도를 하나님께 드렸다. 여호와의 말씀을 따라 살고 그 말씀이 내 심령 깊은 곳에 새겨지는 삶. 내 인생의 주인 되신 하나님이 내게 주시는 감동을 따라 순종하며 살아가는 겸손의 삶을 축복하시는 하나님. 서울에서의 거지로 살던 나에게 이 모든 것을 다 이루시고 아낌없이 부어주신 하나님의 크신 사랑 앞에 날마다 무릎을 꿇는 삶을 살게 하셨다.

교만이란 내 속에 하나님의 자리에 내가 주인 되어 사는 것이다. 오직 자기만을 위하여 집중된 삶. 모든 것이 내게 맞춰진 시간표. 내 삶 속에 하나님의 자리가 없는 자의 삶은 교만한 자의 삶이다. 자기를 위한 바쁨은 허망함으로 끝난다. 하나님께 드리지 못한 시간의 끝은 허망과 멸망이요, 하나님께 드리지 못한 자의 물질도 마귀에게 다 빼앗기고 마는 썩어질 재물이 될 것이다.

마귀는 하나님이 내게 주신 물질을 하나님께 못 드리게 한다. 하나님이 내게 주신 시간을 하나님께 못 드리게 한다. 시간과 물질을 하나님께 드리면 복을 받으니 그 복의 길을 막고 차단하여 멸망의 길로 끌고 간다. 인간의 이성이 좋아하는 코드에 맞춰진 악한 영이 나를 지배하게 한다.

십일조를 승리하며 1992년을 맞았다. 하나님이 기도 중에 앞으로 우리나라가 컴퓨터 시대가 보편화가 될 것이니 컴퓨터 학원을 준비하라는 감동을 주셨다. 기도 중에 받은 감동은 분명 하나님의 음성임을 믿었다. 용산 전자상가를 찾아가서 컴퓨터를 알아보고 컴퓨터 학원에 합당한 위치와 상가를 물색했다. 놀라운 사실은, 어느 곳을 찾아가든지, 누굴 만나든지 하나님이 이미 예비해 놓으신 길이라는 것을 느낄 수 있었다.

일사천리로 준비되어 속셈과 피아노에 비하면 두 배로 큰 건물을 임대하였다. 용산 전자상가에서 30대의 컴퓨터와 책상 세트를 설치하였다. 너무도 근사하고 멋졌다. 사무실도 원장실도 크고 좋았다. 컴퓨터 학원이 어른, 선생님, 직장인, 대학생, 청년, 중고등부, 초등학생까지 다양하게 누구든지 등록하다 보니 밤늦도록 오는 분들이 많았다.

십일조 헌금이 확 올랐다. 몇 달 뒤 하나님은 내게 본격적으로 준비하도록 감동을 주신 것이 유치부 아이들을 위한 교육기관이었다. 미술학원, 웅변학원을 신설하며 유치부 아이들을 집중 교육하는 연수를 받았다. 그리고 큰 규모로 유치원 아이들을 위한 건물을 임대하여 대대적인 모집에 들어갔는데 5세~7세까지 아이들이 280여 명이 되었다. 그 이하 어린이집 아이들이 70명, 종일반이 주로 많았다.

줄을 서서 상담이나 입학을 원하는 학부모님을 상대하느라 원장인 나는 밥도 먹을 수 없으리만큼 바빴다. 수백 명의 유치원 아이들이 대거 모집이 된 이후, 학원과 유치원을 완전히 반석 위에 올라설 수 있도록 하나님이 학원 운영을 굳건하게 세워 주셨다.

교회를 다니지만 세상에
뿌리를 내린 자여!

❦　　상상할 수 없는 하나님의 은혜가 날마다 새로운 새날을 살게 하셨다. 아침부터 어린이집에 수십 명이 체계적인 수업과 놀이가 진행되고 유치원 아이들 반에 따라 선생님도 대거 모집을 하였다. 아침부터 두 시까지가 유아학교수업시간이다. 이 엄청난 인원이 각 학원별로 몰려들었다. 나의 하루는 그야말로 눈코 뜰 사이가 없었지만, 기도의 능력, 기도의 축복을 체험하느라 감사의 탄성이 절로 나왔다.

한쪽에서 다른 건물을 임대하여 태권도 체육관을 신설하였고 또한 학교 가까운 곳에 땅을 사서 학원 건물, 빌딩을 짓기 시작했다. 새벽마다 드려지는 나의 소원의 기도는 바로 학원 타워를 짓는 기도였다. 하나님이 주신 꿈은 내가 다다를 수 없는 곳까지 인도해 주셨다.

교육기관이 늘어남에 따라 매월 월세로 나가는 돈이 너무도 많았다. 하나님이 부으시면 막을 자가 없는 기적의 뿌리는 하나님으로부터 오는 것이다. 이 기적의 역사를 이루는 능력은 바로 기도다. 하늘의 보물을 땅에서 받는 길은 하나다. 기도의 길이다. 기도를 온전히 하나님께 드리는 자의 삶은 기적 위를 달리는 삶을 산다. 내 생각과 계획을 따라 사는 자의 삶은 기적은 없다. 나의 삶에서 가장 강력하게 체험하는 부분이 바로 이것이다.

'기도와 기적은 함께 간다.'는 사실이다. 내 생각으로 가득찬 자에겐 하나님이 주시는 기적 같은 축복을 볼 수도 없고 느낄 수도 없다. 교회를 다니면서도 여전히 내 생각으로 사는 사람들이 많다. 하나님의 기적은 생각 속에 있지 않고 믿음 안에 있다. 기도 속에 감춰진 보물찾기와도 같다.

내 삶속에 겸손과 여호와를 경외함을 온전히 이룸이 곧 거룩을 회복하는 삶이다. 일상이 거룩인 삶, 내 생각으로는 힘든 것 같으나 하나님 안에 온전히 거하는 삶을 이루면 거룩은 저절로 온다. 내가 하려고 할 때는 힘들지만 하나님이 하게 하시면 저절로 된다. 내 속에서 내 생각, 나의 힘을 빼고 주님의 마음을 담는다. 하나님의 언어, 말씀을 날마다 내 심령 속에 심는다. 시편에 하나님의 사람들이 하나님의 언어로 기도한 말씀을 날마다 마음에 새기며 기도한다.

성경은 내 인생이 나아갈 가장 큰 배움의 터전이고 가르침의 생명 책이었다. 하나님의언어로 기도해야 하나님이 받으신다. 성경을 읽지 않으면 하나님의 언어를 모르기 때문에 기도할 수 없다. 성경을 읽지 않는 자가 기도하는 삶을 절대로 살 수 없다. 하나님은 내 기도에 응답하실 때도 말씀으로 하시고, 축복도 말씀으로 주신다. 말씀을 모른다면 하나님을 모르는 것과 같다. 부모에게 못 배우고 학교에서 못 배워도 성경에서 하나님의 언어로 배우게 하셨다. 산골에서 밤마다 호롱불 아래서 성경을 쓸 때 지금 내 인생에 쏟아 붓는 축복을 그때 이미 예비해 주셨음을 이제야 알았다.

기도는 내 뜻을 꺾기 위한 순종이다. 내 뜻을 관철시키는 기도는 헛된 기도이다. 믿는 자가 아무리 기도해도 자기의 뜻만 구한다면 응답은 오지 않는다. 내 속에 나의 욕망과 탐심을 꺾고 하나님의 뜻을 온전히 이루어 나감이 기도의 순종이다. 기도하지 않는 그리스도인은 내적 변화가 없고 내 속에 뿌리 깊은 죄성을 따라 사는 자다.

나의 삶이 세상과 전혀 구별되지 않으며 오히려 믿지 않는 자와 같이 세상에 편승된 자의 삶을 산다. 교회를 다니지만 뿌리를 세상에 내린 자다. 지극히 세속화된 삶이다. 하나님과는 멀리 있고 내 속의 죄성을 따라 뿌리가 썩은 삶을 사는 자다. 하나님께 진정한 회개의 기도 위에서 새 삶을 출발해야 한다. 회개가 없는 시작은 없다. 비움이 없이는 채움이 없다. 비움은 내가 하는 것이고 채움은 하나님이 하신다. 인생은 회개로부터 출발해야 삶의 목적이 달라진다. 회개가 없는 출발은 자기 욕망을 채우기 위한 수단일 뿐이다.

인간의 모든 문제는 하나님과의 관계가 끊어진 상태에서 일어난다. 인생의 산소 호흡기가 끊어졌다. 하나님께 간절히 기도해야 내 생명이 살아난다.

1994년, 모든 허가를 다 득하여 하나님이 주신 땅에 학원 타워를 짓는 응답을 눈앞에서 보았다. 설계도면이 완성되고 건축을 담당할 건설사가 확정되었다. 인부들이 모여들어 땅을 파고 기초를 놓았다.

내가 할 수 있는 일은 기도뿐이다. 기도하는 일은 어떤 일보다도 우선 되어야 하며 먼저 올려드려져야 할 일이다. 기도를 하면 나머지는 하나님이 이루신다. 기도하지 않으면 내 힘으로 모든 일을 다 해야 한다. 하지도 못하고 할 수도 없는 나 자신을 아는 자만이 기도의 무릎을 꿇는다.

그 이듬해 3월 31일, 상상 속의 학원타워가 하나님의 은혜로 완공되었다. 기도의 삶은 기적의 삶이다. 믿을 수 없는 현실 앞에서 얼마나 감격의 눈물을 흘렸는지 하나님은 아신다. 이런 기적을 내 인생에 이루어 주신 하나님. 오백여 명의 학부모님들을 초대하여 종합학원 개원 예배를 드리던 날, 울지 않으려 안간힘을 써도 북받쳐 오르는 눈물을 억제할 수가 없었다. 태권도 체육관은 학원 빌딩 바로 옆에 단독 건물로 새로 짓고 학원 빌딩은 종합학원으로 허가 내어서 모두 천여 명에 가까운 인원이 학원과 체육관에 매일 다녀갔다. 수십 명의 선생님들과 같이 밥을 먹었고 같이 회의를 했고 같이 기도를 드렸다.

꿈속에 내가 있었다. 난생 처음 기적 같은 십일조 헌금을 드리기를 점점 더하여져 최고의 십일조를 드렸다. 학원을 운영하면서 하나님이 주신 마음 중 한 가지로, 고아원아이들과 생활보호대상자, 할머니가 돌보는 아이들은 무료로 가르쳤다. 그런 아이들이 많았다. 돈을 받지 않고 가르치는 아이들에게 내 마음도 더 많이 갔다. 하나님께 이 아이들을 무료로 가르칠 수 있게 해 주셔서 감사하다는 기도를 더 많이 드린 것 같다.

내가 성공하기를 원할 때 성공이 오지 않는다. 하나님을 위해 내 마음의 중심이 온전히 드려질 때 기적은 선물로 온다.

1990년에서 2000년까지 만 10년 동안 하나님은 내게 기적 같은 하늘의 물고를 열어주신 시간이었다. 이 모든 일들은 내가 기도하고 간절히 원하여서 이루어진 일들이 아니었다. 조건 없이 주신 하나님의 은혜와 사랑, 축복이었다. 내게 있는 모든 것은 하나님의 것이고 하나님이 주셨다.

나 같은 바닥 치는 인생을 이렇게 사회교육자의 자리에까지 올려주신 하나님. 그분이 원하시는 것은 무지한 자를 통하여 영광 받으시기를 원하심이다. 축복의 씨앗을 심은 자에게는 반드시 열매를 맺게 하신다는 하나님의 말씀이 나의 삶 속에서 이루어주신 살아계신 하나님께 모든 영광을 올려 드린다.

5장

내가 죽으면
나를 살리시는
하나님

모든 위대한 것들은 위독함에서 나왔고
철저한 고독에서 나온다.
인간은 죽음의 바닥을 짚을 때
거짓의 옷을 벗고 맑은 영혼으로
다시 태어난다.

내면이 바뀌지 않고
미래가 바뀐 사람은 없다

❦　　　　어릴 적 버려진 아이로 살아왔던 작은 가슴속엔 나를 버리고 도망 간 엄마에 대한 그리움으로 가득 차 있었다. 아구까지 찬 눈물이 건들기만 해도 줄줄 흘렀다. 훗날, 죽음 같은 고난의 강을 건너서 엄마를 다시 만났을 때, 안으로 꾹꾹 누르고 밀어 넣었던 슬픔이 다 토해 내지지 않았다. 엄마를 만난 후 식모로 가게 되었고 그 식모에서 다시 한 번 무너진 내면적 존재감, 상실감, 절망 앞에 죽은 자처럼 살았다.

그러한 인생의 바닥에서 또 바닥을 팠던 수많은 시간 속에서 차곡차곡 쌓인 내면적 깊은 슬픔을 열아홉 성령체험을 했을 때 잠 못 이루며 울고 또 울었던 눈물 속에서 내 슬픔이 다 녹아져 내렸다. 빛이 내 안에 들어오면서 어둠이 사라져 버린 그 슬픔의 자리에 살아계신 하나님 아버지가 온전히 임하셨다.

내면이 바뀌지 않고 인생이 바뀐 사람은 없다. 하나님은 인생을 바꾸기 전에 사람의 내면부터 변화시키신다. 식모에서 돌아와 산골에서 산나물, 약초꾼으로 지냈던 삶 속에서 언제나 엄마가 내 옆에 있었다. 교회 가는 것을 가장 좋아했고 그 교회를 못가면 안달이 나는 나를 보며 엄마의 가슴 속에 간절한 소원이 생겼다. 그것은 내가 목회자에게 시집가는 것이었다.

나는 엄마에게 정말 잘하는 딸이었다. 엄마는 내 그리움이고 나의 눈물이었기에 엄마가 좋아하는 일이라면 무엇이든 다 하고 싶었다. 내 인생의 전부와 같은 나의 엄마가 나의 아버지의 후처로 와서 오빠 둘과 나를 낳았다. 그런데 엄마는 아버지와 혼인신고를 한 적이 없었다. 법적으로는 엄마와 아버지가 아무런 연관도 없을 뿐더러 아무 상관이 없는 남남일 뿐이었다는 사실을 나는 커서 알았다. 엄마는 당신이 낳은 삼남매를 당신 호적에 이름을 올릴 수 없었다. 우리 삼남매는 아버지의 자식으로만 올려져 있었다.

내 나이 스물다섯이 되었을 때, 엄마가 울면서 말을 했다.

"나는 너거 아부지한테 와서 그토록 죽을 만큼 맞았고, 배를 곯아가며 너희 삼남매를 낳고 살아도 이름도 없다."

당신 이름으로 자식을 올리지도 못하고 고생과 저주 속에 살아온 엄마는 살아계신 하나님이 주인 되셔서 눈만 뜨면 하루를 기도로 시작하였고 잠들 때도 기도하다가 잠이 들었다. 바로 그 엄마의 소원이 내가 목회자에게 시집을 가는 것이었다.

나는 엄마의 소원을 꼭 이루어 드리고 싶었다. 아니, 반드시 이루어 드려야만 했다. 엄마의 소원이 나의 소원이 되었다. 엄마에게 나는 유일한 희망이었다. 엄마는 나만 바라보며 살았다. 순애는 엄마를 보고 살았다. 우린 서로를 가장 소중히 여기며 아끼고 사랑하며 살고 있었다.

　그런 내가 엄마의 가슴에 대못을 꽝꽝 박듯이 큰 슬픔을 안겨 드린 엄마의 뜻에 불순종한 일이 일어났다. 그것은 바로 그토록 엄마가 반대한 결혼을 한 것이다. 나로 인해 엄마가 흘린 눈물은 한강을 이룰 정도였다. 불쌍하고 가련하리만큼 눈물로 살았던 나의 어머니. 하루에 열일곱 시간을 기도로 사셨던 그 어머니가 내게 없었다면 지금의 나도 없을 것이다. 그토록 반대하는 결혼을 하고 죽음 같은 고통의 날들을 사는 나를 보고 애간장을 녹였던 어머니를 생각하면 내 가슴이 무너져 내린다.

　내게 닥쳐온 죽음 같은 고난으로 인해 내 자신을 내가 포기하고 싶었을 때, 힘겹게 잡고 있는 삶의 줄을 놓아버리기만 하면 영원한 고통에서 벗어날 수 있다는 죽음을 생각하고 있을 때, 이 세상에서 나를 포기하지 않고 결사적으로 하나님께 기도하신 분이 나의 어머니다.

　"하나님. 불쌍한 우리 순애를 이렇게 버리십니까."

　오열하는 엄마의 통곡의 기도를 우연히 목격하던 날! 나는 내 가슴을 찢고 싶었다. 그토록 처절하게 살아 온 어머니의 인생은 나를 위해 목숨 걸고 금식하며 눈물로 드린 기도로 죽음과 맞닿아 있었던 내 인생을 끌어 올려주시고 하늘나라로 가셨다.

　세월이 흘러도 그때 어머니의 가슴에서 샘솟듯 솟구치는 그 눈물은 이 글을 쓰고 있는 내 가슴에도 동일하게 흐르고 있다. 어머니는 이 세상에 없어도 기도는 영원히 남아 있음을 어머니가 떠나신 후에 알았다. 어머니의 가슴을 그토록 눈물의 기도로 펌프질을 하게 했던 깊은 슬픔이 무엇이었을까…

1989년 봄이 끝나갈 무렵, 내가 살았던 산골로 술이 덜 깬 알콜 중독자의 혈색을 한 남자가 찾아왔다.

"순애 씨. 교도소 재소자들만 불쌍한 인생이 아닙니다. 저를 좀 잡아 주십시오."

자신은 농약을 먹고 자살을 하려다 농약병을 싸 간 신문지에서 청송교도소 재소자들을 위해 봉사하는 기사를 보고 찾아왔단다. 죽고 싶은, 죽을 수 밖에 없는 자신의 인생을 나에게 다 털어놓고 상담을 받고 싶다며 애원을 하는 것이 아닌가. 그때 엄마와 나는 '주의 종을 만나게 해 주소서'의 제목으로 하나님께 간절히 기도드리고 있을 때였다.

"예수님을 믿으세요. 하나님만이 우리 인생을 살릴 수 있습니다."

그의 이야기를 듣고 마지막에 내가 한 말이었다.

"예? 예수님을 믿으라고요."

깜짝 놀라며 술이 확 깬 얼굴로 그리하겠다는 대답을 남기고 돌아갔다. 그 상황을 본 엄마가 걱정의 말씀을 하셨다.

"저런 말 다 들어줄 필요가 없다. 단번에 딱 끊어버려야지, 고분고분하게 대해주면 자꾸 찾아온다. 두고 봐라. 내 말이 틀렸는가."

정말이었다. 그 남자가 사흘이 멀다 하고 술에 취하여 그 먼 길을 걸어서 산골마을까지 찾아오는 것이 아닌가. 그때마다 엄마의 표정이 굳어졌고 나는 엄마의 눈치를 보며 그 사람이 행여나 돌아가서 농약이라도 먹고 확 죽어 버릴까봐 단번에 내치질 못했다.

그 영혼을 주께로 인도하면 주님이 그 영혼을 살리실 것을 확신하였기에 계속 믿음을 심어주기를 힘썼다. 한 영혼이 천하보다도 소중하지 않은가. 이 세상에 귀한 자, 천한 자가 형편에서 나누어지는 것은 아니다. 영혼이 주님 안에 있으면 천한 자도 존귀한 생명이 되는 것이기에, 이 영혼을 내게 붙이신 하나님의 뜻에 순종하며 그를 내치지 못했다.

어느 날, 그에게 두 아들이 있음을 알았고, 그 아이를 데리고 온 날. 상상도 하지 못한 구룡포에서 버려진 내 모습을 보았다. 나도 모르게 처음 보는 아이를 가슴에 꼭 안아주는 순간 가슴이 울컥했다.
"하나님. 내 가슴속에 꼭꼭 숨겨두었던 버려진 그 아이가 나를 찾아 여기까지 왔네요. 이 아이도 하나님이 보내주셨습니까… 하나님, 흑흑…"
두 손으로 아이의 얼굴을 만지며 눈을 맞추었다. 내 눈에서 왜 눈물이 흐르는지 그 아이는 모른다. 내가 잊으려 하면 하나님은 내 슬픈 날의 모습을 마치 잊지 말라고 말씀하시듯 버려졌던 내 모습과 닮은 두 아이를 보내주셨다.

하나님의 축복은
아주 작은 씨앗으로 온다

그 날 이후 내 기도 속에는 언제나 울고 있는 두 아이가 있었다. 나를 찾아오는 그에게 말을 하지 않고 시골을 떠나 서울로 올라왔다. 그렇게 그는 내 속에서 멀어져 갔다.

엄마가 서울로 올라와 월 셋방에서 함께 지냈던 때, 그 남자가 바로 그 월 셋방 앞에 나타났다. 엄마와 나는 놀라 거의 동시에 입이 쩍 벌어졌다.

"순애 씨. 어디를 가도 저는 순애 씨를 찾을 수 있어요. 내 인생을 살려주신 내 생명의 은인인 순애 씨! 흑흑흑…"

다짜고짜 방안으로 들어와 무릎을 꿇고 그가 한 말이다. 무언가 불길한 예감 때문인지 엄마가 벽을 짚으며 퍽 주저앉았다. 긴 한숨이 새어 나왔다. 무릎 꿇은 그를 외면한 채 앉으신 엄마의 입에서 절규하듯 신음소리가 흘러나왔다.

엄마의 눈빛에 힘이 들어갔다.

"그 시커먼 속을 내가 모를 줄 알고!"

나는 엄마 옆에 앉으며 흔들리는 어깨를 감싸 안았다. 그리고 아무 말도 하지 않았다. 엄마의 굳어있는 표정을 본 그 사람은 짐짓 놀라더니 고개를 숙인 채 일어났다. 방 안쪽에서 엄마의 어깨를 감싸고 있는 나를 힐긋 보았지만 엄마의 강한 기세에 눌려 눈물을 훔치듯 밖으로 나갔다.

"어휴…"

엄마의 입에서 깊은 한 숨이 표출되었다. 그때서야 내 마음은 안심이 되었다. 엄마가 이겼다는 표정으로 바뀌었기 때문이다.

그 사람이 어떻게 서울에 왔는지, 아이들은 잘 있는지, 처음 두아이들을 본 날부터 내 마음속으로 들어온 두 아들의 모습이 그 사람을 보는 순간 되살아 났다.

"순애야!"

"응. 엄마."

엄마가 진지한 표정으로 내 이름을 불렀다.

"엄마는 오직 우리 딸이 주의 종을 만나 행복하게 잘 살기를 기도하고 있다. 알제?"

나는 엄마의 눈빛을 마주 보며 고개를 끄덕였다. 웃으며 눈빛으로 대답했다. 그렇게 엄마는 내 마음을 확인했다. 그리고 그 길을 가야 한다고 다시 한 번 못을 박았다. 나는 엄마를 꼭 안았다.

밤새워 공부하며 과외준비를 했다. 일주일이 지났을 무렵, 남자가 멀리서 우리 집을 지켜보고 돌아가곤 했다. 나와 마주칠 기회를 보며 몇 시간이든 겉만 빙빙 돌았다.

그러던 어느 날, 반찬거리를 사서 집으로 오고 있는데 오른쪽 골목 입구에서 그 남자가 나타나 내 앞에 성큼 다가왔다. 깜짝 놀라 발걸음을 멈춰 섰다.

"순애 씨. 한 번은 이렇게 만날 날을 기대하며 몇 날 며칠을 기다렸습니다."

너무도 진지하게 말을 하는 그 남자 앞에서 나는 속으로 '몇 날 며칠'이란 말을 곱씹고 있었다.

"순애 씨. 이렇게 길거리에서 얘기를 해야 합니까. 잠시만 시간을 내 주십시오."

애원하듯이 말을 했다.

"아니요. 그건 안 됩니다. 저희 엄마가 기다리고 계세요."

라는 말과 함께 오른발을 한 발 내딛었다.

"순애 씨. 제발 제 말을 한 번만 들어 주십시오. 예? 제 소원입니다."

발이 멈춰 섰다.

"여기서 말하세요. 듣겠어요."

그에게서 술 냄새가 났다. 단 한 번도 술 안 먹고 온 적이 없었음을 속으로 생각했다.

"좋습니다. 말씀드리지요. 저는 순애 씨를 만나지 못했다면 벌써 죽어버렸을 목숨입니다. 살 가치도 이유도 없습니다."

갑자기 주머니에서 담배를 꺼내 불을 붙였다. 긴 한숨이 그의 입에서 뿜어져 나왔다. 한숨이 연기가 되어 하늘로 길을 뚫듯이 올라갔다. 몇 번 빨아 당기던 담배개비를 발 아래로 던져 신발로 밟았다. 나는 그의 불안전한 행동을 말없이 지켜보며 기다려 주었다.

지나가던 사람들이 우리 둘을 힐긋힐긋 쳐다보며 자기들의 길을 갔다.

"순애 씨! 저 같은 놈이 감히 말씀드릴 자격이 없다는 것을 압니다. 저는 순애 씨를 만날 수 없다면 살아갈 자신이 없습니다. 이 세상에 제 생명을 지켜줄 사람은 순애 씨 밖에 없어요. 제발. 저를 내

치지 말아 주십시오. 이 말씀을 드리고 싶어서 날마다 순애 씨와 마주치기를 학수고대하고 기다렸습니다. 제발 저의 소원을 외면하지 말아 주십시오. 흑흑…"

예상했던 부분이었지만 막상 오열하는 그 남자를 보니 마음이 아팠다. '예수님을 믿겠다고 약속했는데 믿고 있느냐, 믿는다면 왜 술을 마시며 골초가 된 모습 그대로냐,'를 생각은 했지만 그에게는 묻지 않았다.

"오늘은 그만 돌아가세요."

낮은 톤으로 이 한마디를 남기고 혹여 내 앞을 가로 막아도 밀치고 나갈 기세로 힘 있게 걸음을 내딛었다. 그가 막아서지는 않았다. 그 남자의 말을 내가 잘 알았다고 받아들였으리라 생각한 것 같다.

과외받을 아이들이 한 방 가득 모여 앉아 나를 기다리고 있었다. 내 마음속에 어둠의 그늘이 더 깊게 드리워졌다. 하나님께 기도드릴 때면 절박한 벼랑 끝에 선 그 남자의 인생이 내 기도 속으로 쑥 들어온다.

그리고 열흘 후, 방문 밖에 아이 소리가 났다. 오늘은 토요일, 과외하는 날이 아닌데 싶어 방 청소를 하다 말고 방문을 열고 밖으로 나갔다. 순간! 깜짝 놀랐다. 문 밖 먼발치에 선 남자와 방문 앞에서 장난치며 뛰어 노는 그 남자의 두 아들이었다. 소식이 궁금했던 아이들이었다.

"아! 선생님이다. 선생님."

나를 보는 순간 두 아들이 내게 매달렸다. 나도 모르게 앉으면서 양팔을 벌려 두 아들을 안았다.

"선생님이 보고 싶다고 맨날맨날 말했어요."

"아… 그랬어? 많이 컸구나."

나의 두 손이 아이의 얼굴을 만지며 머리를 쓰다듬었다. 그리고 힘껏 안아주었다.

"그동안 어디서 지냈어?"

"예. 할머니 집에 있었어요."

"아… 할머니 집."

그 남자가 내 앞에 서서 감격하며 울고 있었다.

"얘들아. 할머니께도 인사 드려야지."

남자는 두 아들을 데리고 엄마가 있는 방 안으로 들어왔다.

엄마는 쯧쯧…하며 얼굴에 표정을 잃었다.

"할머니. 안녕하세요."

시골에서 한 번 본적이 있는 두 아이와 남자가 엄마에게 무릎 꿇어 절을 했다. 엄마는 아무 말도 하지 않았다. 남자는 애들을 보고 밖에 나가서 놀고 있으라고 했다. 두 아들이 나갔다.

"어머님. 반갑지 않은 제가 또 왔습니다."

남자는 울먹이며 말을 했다. 남자는 결심을 한 것 같았다.

"어머님. 정말 죄송합니다. 어쩌다가 저같이 못난 자가 순애 씨 같은 분을 알아서 진작 죽어야 할 목숨을 지금까지 지탱해 왔습니다. 엉엉…"

엄마는 눈빛이 차갑게 바뀌면서 금방이라도 '듣기 싫다.'고 소리를 지를 것 같은데 참고 있었다.

"어머님과 순애 씨에게 드릴 말씀이 있습니다. 저는 순애 씨가 내친다면 갈 곳도 살 곳도 없습니다. 여기서 순애 씨가 보는 앞에서 죽어버리고 싶습니다. 저의 부탁은 아무 죄 없는 불쌍한 우리 아이를… 엉엉… 천사 같은 순애 씨가 거두어 주십시오. 엉엉엉…"

엄마의 눈에 힘이 들어갔다.

내 딸이 왜 당신 새끼를 거두냐고 고함이 터져 나올 것 같았는데 꾹꾹 참고 있었다.

"제가 순애 씨와 함께 살 수 없다면 여기서 죽기로 결심했습니다. 저를 죽이느냐 살리느냐는 순애 씨에게 달려 있습니다. 사실 저는 지금 경찰에 쫓기는 수배자 신분입니다. 언제 붙잡힐지 모르는 상태입니다. 제발 불쌍한 우리 애들을 외면하지 말아 주십시오."

그는 애들 얘기를 할 때면 울음소리가 더 커졌다.

인생에서 가장 처절한 길을 선택하다

❧ 그는 방바닥에 얼굴을 박으며 자신이 죽어야 할지, 말지. 자신을 받아 줄 것인지, 말 것인지 협박아닌 협박을 하며 울었다. 엄마는 기가 막혀서 할 말을 잊고 놀란 가슴을 쓸어내리고 있

었다.

그때였다. 울고 있던 남자가 시뻘건 눈으로 악을 썼다.

"내 하나만 죽어버리면 세상은 다 끝난다. 죽으면 그만이야. 이렇게 구질구질하게 사느니 차라리 죽자 죽어! 아아아…"

방바닥을 치며 울울고 있는 남자를 떠밀어내며 말했다.

"저에게도 시간을 주세요."

허탈한 마음이 무너져 내리듯 그 자리에 주저앉아 울었다. 작심하고 찾아 온 남자였음을 확인한 순간이었다. 내 운명을 옭아매듯이 그 남자의 죽음을 눈앞에 둔 운명과 나의 운명이 같은 실타래에 감겨가고 있었다.

내 인생이 벼랑 끝으로 몰려가고 있는 것 같았다. 운명을 건 금식기도를 드려야 할 때가 왔음을 알았다. 하나님이 나에게 '지금이 기도할 때'라고 말씀하시는 것만 같았다.

이튿날부터 새벽기도에 무릎 꿇으며 금식을 시작했다. 하나님의 허락 없이 저 남자가 내 인생에 나타날 리가 없음을 알기에 하나님께 내 인생의 길을 물어야 했다.

"내 생각이 꺾이고 주님의 마음을 내 속에 담으소서. 아버지의 마음을. 아버지의 뜻을 알기를 원합니다. 나의 하나님이여…"

하루, 이틀, 사흘. 엎드려 울고 있는 내 가슴에 말씀으로 오신 성령님. 요한복음 12장 24절 말씀을 내 심령에 담아 주셨다.

한 알의 밀알이 땅에 떨어져 죽지 아니하면 한 알 그대로 있고 죽으면 많은 열매를 맺느니라

"하나님! 아버지의 뜻이 여기에 있었습니까? 흑흑…"

금식기도를 통해 살아계신 아버지의 마음이 내게로 왔다. 내 마음은 받아들일 준비가 되지 않았는데 하나님은 내게 한 알의 밀알이 되라고 하셨다. 쫓기는 몸으로 두 아이를 내게 부탁한다는 절규하는 그의 눈물을 나에게 닦아주라고 하신 것이다.

이제 무너져 내릴 엄마의 충격을 어찌 감당해야 하나!

"하나님 아버지. 너무 가혹하십니다. 어찌 저에게 이런 절박한 길을 가라고 하십니까? 아버지여 아버지여. 저를 불쌍히 여겨 주소서."

통곡의 기도가 가슴을 치고 올라왔다. 하나님 앞에 엎드려 내 감정과 생각을 빼내고 내 속에 다가오는 주님의 음성 듣기를 눈물로 간구하였다. 몇 날 며칠을 내면의 소리에 귀 기울이며 하나님만 바라보았다.

"하나님. 저는 그 사람에 대하여 아는 것이 없습니다. 그 사람과 결혼할 것이라는 생각을 가져본 적도 없습니다. 그 사람의 일방적인 감정과 형편에 제 삶이 요동치고 있습니다. 이 모든 일이 아버지의 뜻입니까? 제가 가야 할 길을 알게 하소서. 흑흑…"

막무가내로 밀어붙이는 그 남자의 행동에 엄마는 충격에 빠졌다. 온종일 기도가 심령에서 올라왔다. 간절함이 사무치도록 하나님의 절대적인 역사가 내 삶 속에 임하시기를 가슴 떨며 기도했다. 남자는 자신의 절박한 인생에 목숨 걸고 내게 매달렸다. 나는 엄마의 눈물 앞에서 피 말리는 기도를 하나님께 드렸다.

출렁이는 내 삶을 잡아 주실 분은 오직 하나님 한 분 뿐이시다.

그가 나타날수록 나의 절박한 기도는 성전의 문턱에 강이 되어 넘쳤다. 하나님은 내게 다른 길을 허락하지 않으셨다. 단 한 길만을 열어놓고 그 길을 가라고 하신다. 선택이 내게 있지 않은 인생이었다.

지금까지 살아왔던 모든 과정을 뒤돌아 보면 단 하나의 길 뿐이었다. 나의 결혼의 길에 다른 길을 보여주시거나 열어주시지 않을 하나님 앞에서 내 마음의 결정만 남았다. 결정인지 순종인지 모르겠으나 하나님의 뜻에 순종함이 맞는 것 같았다. 내가 이 사람을 선택하는 순간, 나 하나만 바라보고 살아오신 엄마의 인생이 무너질 것이다.

인간의 힘으로는 갈 수 없는 불가능한 내 인생은 기로에 서서 나의 결혼을 결정해야만 했다. 온종일 내 마음속엔 기도의 강줄기가 흐른다. 밤이 되면 교회로 발걸음을 옮겼다. 하나님 앞에 엎드렸다. 나의 심령 깊은 곳에 주시는 하나님의 음성을 듣고 싶었다.

"나의 푸르른 날을 산 속에서 한 권의 책으로 못 배운 자의 내면적 허기를 채우려 애썼던 저를 불쌍히 여겨 주소서. 믿음으로 살고자 발버둥 치며 깊은 기도의 우물을 팠던 그 몸부림이 나의 삶의 축복의 밑거름이 되게 하신 하나님. 주의 종을 만나서 엄마와 함께 오직 주 여호와를 위해 살기를 간절히 기도하고 있습니다. 그런데 저 사람이 끊임없이 내 삶을 옥죄이고 있습니다. 이것이 진정 아버지의 뜻입니까? 말씀해 주시옵소서."

한 알의 밀알이 땅에 떨어져 죽지 아니하면 한 알 그대로 있고 죽으면 많은 열매를 맺느니라는 요한복음의 말씀이 금식기도를 드릴 때 임했던 강한 성령님의 음성이 내 가슴에 임했다.

내가 죽으면
나를 살리시는 하나님!

❦　　'죽으면'이란 말씀 앞에 고꾸라졌다. 나는 죽어야 한다. 죽기를 원하신다. 하나님이 내게 가라고 하시는 길은 죽음의 길이다. "아버지여! 으아아… 엉엉엉…" 강대상 바닥에 엎드린 나는 눈물과 침범벅이가 되어 울부짓고 있었다.

몇 시간을 하나님 앞에서 깊은 기도를 드렸다. 마치 죽음의 바닥을 짚은 사람처럼 울었다. 비틀거리며 일어서는 몸과는 달리 마음이 가벼워졌다. 담대함으로 가득 채워졌다. 내가 가야 할 길이 이젠 분명해졌다. 이젠 더 이상 내 마음이 방황하지 않을 자신이 생겼다. 이 딸을 기다리던 엄마가 교회로 달려와 통곡하며 엎드린 딸을 보고 울면서 집으로 발길을 돌리신 어머니!

내 마음이 확정되었고 확정된 것처럼 엄마의 마음에도 천둥 같은 일을 받아들일 마음의 준비를 하고 있었다.

"엄마. 왜 안 자고 지금까지 있었어."

내 목소리를 아무리 가다듬어도 물기가 배여 나왔다.

"니가 집을 안 들어오는데 이 애미가 어떻게 자누. 이것아."

당신 마음을 내게 표시내지 않으려고 해도 억눌러지지가 않았던 것 같다. 나를 와락 끌어안으며 통곡을 하시는 엄마 앞에서 죄인처럼 울고 있던 나의 두 팔로 엄마를 끌어안았다. 우리 모녀는 그렇게 서로를 끌어안고 오랫동안 멈춰지지 않는 눈물을 쏟아냈다. 눈물보다 더 깊은 곳에서부터 끓어오르는 억눌린 감정들이 밀려 올라왔다.

"내 딸아. 니가 왜 그 힘든 길을 가려고 하노. 왜? 왜? 으아악. 악악."

엄마의 입에서 흐르는 침이 내 어깨를 적셨다.

"엄마 마음 알아. 엄마. 미안해. 으으윽. 엄마. 하나님이 원하시는 길이야. 하나님이. 으으윽."

"이것아. 니가 우째 남의 새끼를 키우겠다는 거냐. 그 남자 매일 술 먹고 담배냄새가 썩은 냄새같이 나더라. 으아악… 우리 순애가 왜 그 험난한 길을 갈라 카노. 남의 새끼 키워봤자 아무 소용없다. 니만 죽어난다. 제발 순애야 지금이라도 니 마음 고쳐 묵으라. 순애야. 내 딸아."

"엄마. 이젠 내 마음을 결심했어. 그 사람도, 두 아이도 불쌍하잖아. 그들도 하나님이 사랑하는 생명이잖아. 그래서 내게 보내 주신 거야. 받아들이기로 결심했어. 엄마가 이해해줘. 엄마. 그 사람이 변화되어 새 사람이 되면 되잖아. 우리 기도하자. 하나님이 그렇게 해주실 거야. 엄마. 하나님을 믿고 기도하며 가자. 엄마."

밤을 지새우며 엄마와 내 가슴에 깊게 고인 감정의 찌꺼기들을 다 토해낸 날, 자식 이기는 부모 없다는 말이 생각이 났다. 그것은 부모의 사랑이 더 크기 때문이다. 나의 엄마도 아무리 말려도 안 되는 나를 보고 당신의 뜻을 꺾으셨다.

어느 날, 학원을 퇴근하고 집으로 오는데 골목 안에 숨어있던 남자가 내 앞에 불쑥 나타났다. 깜짝 놀란 나는 발걸음을 주춤했다.

"순애 씨!"

"순애 씨를 힘들게 하지 않고 제 힘으로 살아보려고 했는데 자신이 없습니다. 저를 외면하지 말아 주십시오. 이 생명을 거두어 주신다면 평생 순애 씨를 위해 살겠습니다. 흑흑흑."

어둠이 덮힌 하늘을 쳐다보았다. 오른손을 고개 숙인 그에게 내밀었다.

"네. 그 마음 알겠어요. 어서 일어나세요."

그 남자의 눈물범벅이가 된 얼굴이 갑자기 환해졌다.

"순애 씨. 정말 감사합니다. 순애 씨. 으흑윽…"

"그만 울어요. 남자가 자꾸 웁니까."

두 팔을 벌려서 나를 안고 춤이라도 출 것처럼 갑자기 마음이 흥분하는 것 같았다. 나는 속으로 생각했다. 이 남자는 하나님이 보낸 사람이다. 더 이상 나를 속이면 안 된다. 하나님이 보낸 불쌍한 영혼이다. 기도하는 내게 하나님이 주신 감동을 잊지 말자고 다짐을 했다.

며칠 후, 남자가 두 아이를 데리고 왔다.

"선생님."

달려오는 아이들을 여느 때보다 더 깊은 가슴으로 안았다.

"그래. 잘 지냈어? 많이 컸구나."

눈빛이 똘망똘망한 아이가 그렇게 사랑스러울 수가 없었다.

애들이 방으로 들어왔다. 엄마의 눈치를 보며 머뭇거리던 남자도 고개를 푹 수그리며 방으로 들어서며 "어머님. 이 불청객이 또 찾아왔습니다."하며 절을 했다.

두 아이와 남자를 힐긋 보던 엄마는 울음을 꾹꾹 누르고 있었다. 남자가 더 가까이 다가올수록 불안감이 더 깊어지는 엄마의 마음을 느꼈다. 엄마는 남자와 두 아이에게 끝내 아무 말도 하지 않았다. 당신의 마음을 추스르기에 바빴다.

"어머님. 이 못난 제가 감히 순애 씨 곁을 떠날 수가 없었습니다. 순애 씨가 아니면 살 수 없는 인생입니다. 제 생명이 살고 죽는 건 순애 씨께 달려 있습니다. 이 목숨 받아주신다면 평생을 순애 씨를 위해 살겠습니다. 흑흑흑…"

엄마의 눈에서 참았던 눈물이 볼을 타고 흘러 내렸다. 주먹으로 당신 가슴을 쳤다. 얼굴이 시퍼렇게 열이 오른 것 같더니 갑자기 엄마가 고함을 질렀다.

"내 딸은 처녀일세. 그런 내 딸이 뭐가 부족해서 새끼 둘 딸린 자네 같은 사람에게 시집을 가야 하누. 왜? 엉엉엉."

꺼억꺼억 토해내는 울음과 온몸을 떠는 충격을 속으로 밀어 넣는 모습을 보고 엄마에게 다가갔다.

"엄마. 진정해. 엄마 몸 상할까 봐 걱정이야."

"이것아. 니만 정신 차리면 된다. 니만… 제발 순애야. 니가 정신을 차려! 으악악악."

남자가 울고 있다. 움츠린 두 아들이 아빠 옆에서 같이 운다. 나는 엄마를 안고 울고 있다. 엄마는 내게 몸을 기대고 넘어가는 숨을 간신히 몰아쉬고 있었다. 이렇게 우리는 모두 눈물을 흘리고 있었다.

엄마를 자리로 눕히고 이불을 덮어 드렸다. 엄마의 손을 꼭 잡고 마음에 안정을 심어주기 위해 애썼다. 공책 한 권을 남기고 간 것을 남자가 돌아간 뒤 알게 되었다.

내 운명은 처음부터
나의 선택이 아니었다

첫 장을 넘겼다. 산골에 살 때 나를 처음 찾아왔던 날. '저 여자는 내 운명이다. 저 여자만 잡으면 나는 산다.'라고 적힌 글이 눈에 들어왔다. 온몸에 소름이 돋았다. 내가 상상도 할 수 없을 때 그 사람은 이미 나에 대한 마음의 확정을 가졌다. 중간 중간을 넘기는데 눈물겨운 부분들이 많았다. 글 내용 전체가 비관적이고 절망의 바닥을 짚는 글이 쓰여졌다.

자기 인생의 유일한 희망이 나를 잡는 길 뿐이란다. 사랑인가 집착인가.

'내 인생의 마지막 희망이신 순애 씨. 당신을 내 생명 다해 사랑

합니다. 천사 같은 당신의 가슴속에 나란 존재가 살아있는 생명으로 남겨지기를 기도합니다.'

끝없이 써내려간 자신의 마음을 글로 적은 순수한 노트를 내게 두고 간 뜻은 무엇일까. 자신이 이토록 나를 향한 사랑이 간절하고 진실함을 증명하고자 한 것일까.

"하나님. 사람의 생각과 감정이 아닌 하나님의 뜻이 이루어지게 해 주소서."

내 마음은 오직 하나님께 집중했다. 처음으로 그 사람에게 연락을 하고 싶었는데 한 번도 내가 연락을 해본 적도 없고 할 생각도 해 본적이 없었다는 것을 알았다. 연락할 길이 없었다. 며칠째 마음속으로 그가 나타나길 기다렸다. 엄마와 나는 많은 대화를 하지 않게 되었다. 그 남자가 엄마와 나 사이에 있었기 때문이다. 그러나 나는 엄마의 마음을 알았고 엄마는 나의 마음을 알고 있었다. 우리는 서로가 말을 하지 않아도 서로를 잘 알고 있었다.

어느 날, 기다렸던 그 사람이 우리 문 앞에 서 있다.

"오… 셨어요?"

환한 얼굴로 그를 맞았다. 그가 놀랐다.

"예. 순애 씨. 혹시 저를 기다리신 건가요?"

"……"

내 마음이 금새 그에게 들켜버려 약간 당황을 했다. 전에는 단호하고 냉정했던 내 표정이 수줍음과 부드러움으로 바뀠다고 느낀 모양이다. 호기심 어린 얼굴로 나를 보며 그가 환하게 웃었다. 그 사람은 웃을 때가 정말 더 좋았다. 맨날 우는 모습을 너무 많이 보았다고 생각했다. 남자가 엄마 앞에 무릎을 꿇었다.

나는 그 사람 옆에서 나란히 무릎을 꿇었다. 그런 내 모습을 보고 그의 눈이 휘둥그레졌다. 내가 먼저 말했다.

"엄마. 이 사람과 결혼하기로 마음먹었어. 엄마가 받아들여줘. 엄마."

엄마의 반응보다 이 사람이 더 빨리 반응했다.

"순애 씨! 순애 씨. 정말 감사합니다. 순애 씨. 이 은혜를 평생 잊지 않겠습니다. 제가 정말 잘 하겠습니다. 순애 씨. 정말 고마워요."

엄마는 굳어진 얼굴로 소리 없는 말을 내게 하고 계셨다.

"순애야. 니 하나만 마음 고쳐 묵으면 아무 일이 없을 낀데 기어이 그 힘든 길을 가겠다는 거냐. 순애야!"

엄마가 운다. 안타까운 마음이 말 한마디 한마디에 묻어났다. 그토록 엄마의 눈에서 눈물을 빼게 했던 이 남자와 결혼하겠다는 내 뜻을 굽히지 않음으로 엄마는 내 운명을 하나님께 맡기며 눈물로 기도했다.

그 사람과 나는 이렇게 서로의 마음을 확인하였고 결심하였다. 며칠 후 그 사람은 학원으로 찾아왔다.

"순애 씨. 우리 결혼해도 순애 씨가 사는 그 방에서 같이 살면 안 될까요?"

그는 자신이 쫓기는 상태이다 보니 지금도 친구에게 얹혀 지낸다 했다. 자기 인생이 너무도 부끄럽고 한심함을 눈물로 고백했다.

그와 내가 맞잡은 손에 더 힘을 주었다. 그렇게 그의 눈물을 내 마음에 받았다.

"엄마랑 같이 살게 되어서 다행이에요."

내가 한 말이다. 정말 그랬다. 시집을 가야 하는데 그가 오겠단다. 나는 감사함으로 받았다. 나는 알았다, 내게 어떤 상황이 주어지든지 모든 것이 하나님의 뜻이 이루어진다면 무엇이든지 좋았다.

"아참. 애들은요?"

내 입에서 애들 얘기를 먼저 했다.

"순애 씨. 우리 애들이 순애 씨라면 자다가도 벌떡 일어납니다."

그가 웃었다. 애들은 시골 친할머니 댁에서 큰 애가 2학년, 작은 것이 생일이 빨라 1학년으로 분교에 다니고 있단다.

"제가 어머니의 속을 무진장 썩여서 지금도 저만 나타나면 웬수가 온 것처럼 고함을 지르십니다. 그런 제가 두 새끼까지 강제로 맡긴 것이 아니라 어머니께 버려두고 온 거지요. 설마 당신 손주를 굶겨 죽이겠나 싶어서요."

그의 말을 듣고 있는 내 마음이 너무도 아팠다. 내일 당장이라도 아이들을 데려오고 싶다고 했다. 나는 그 사람의 말을 숨소리를 죽이며 듣고 있었다. 애들이 더욱 가련하고 보고 싶었다.

"순애 씨! 나 같은 인간이 어쩌다 순애 씨 같은 천사를 만날 수 있었는지 저 자신도 믿을 수 없습니다. 꿈인지 생시인지 믿겨지지 않아요. 하나님이 저 같은 인간도 '버리지 않으셨구나. 저 같은 인간에게도 죽으라는 법은 없구나' 생각했습니다."

나는 가만히 그의 눈을 바라보았다. 진실의 눈빛이었다.

"천사 같은 순애 씨… 흑흑흑… 저에게는 죄 밖에 없어요."

그가 자신을 아무리 포장하려고 해도 내 앞에서는 숨겨지지가 않는다고 말했다. 나는 그에게 오늘을 살아가는 삶에서 과거보다 더 나를 잘 발견할 수 있는 것은 없다고 말하고 싶었다. 과거가 어떠하였든 다시는 그 과거처럼 살지 않는다면 새로운 인생이 될 것이라는 말을 하지 못했다. 그의 슬픔, 그의 눈물, 두 아들까지도 그 사람의 모든 것은 이제 나의 이름이 되었다. 나의 눈물이 되었다.

산골소녀가 두 아이의 엄마가 되다

아침이면 학원으로 출근하여 내 책상 창문 밖을 보며 차 한 잔을 마신다. 어릴 적 눈만 뜨면 내 마음이 달려갔던 곳, 구룡포의 바다가 생각났다. 그 바다에 씻기운 어린 시절 내 눈물을 머금은 바다로 달려가고 싶었다. 내가 힘들고 중요한 기로에 설 때마다 그 바닷가를 거닐며 파도와 대화를 하고 있을 내 모습을 그려 보았다.

푸르른 수평선 끝에서 밀려올라오듯 해가 떠오르는 장면은 평생을 살아도 잊을 수 없는 내 마음의 풍경이 되었다. 하얗게 부서지는 파도가 온몸을 덮을 때, 마치 햇살에 부서진 유리 파편같이 내게로 쏟아지는 파도의 파편이 심장을 떨림으로 요동치게 했다. 그 수평선 너머로 외롭고 처절했던 어린 내 영혼이 붙잡았던 희망의 줄을 보았던 곳. 나의 내면을 더욱 단단하게 안으로 여물게 해 주었던 바다. 한 시도 내 마음속에서 너를 잊은 적이 없노라고 마음의 일기장에 글을 새겼다. 내 생각이 걸려있던 먼 산허리를 휘감고 돌아오는 바람에 내 마음을 띄워 내 고향 바닷가까지 바래다주기를 고대했다.

단 한 사람도 축복하거나 축하하는 이가 없는 작은 결혼식을 올리던 날, 그 처절했던 수많은 절망의 강을 건너왔던 나는 그 사람을 부둥켜안고 울고 말았다. 처녀의 몸으로 시집가는 나를 위해 준비한 결혼식 날 내 모습이 슬펐다. 그는 나를 꼭 안고 말했다.

"내 생명의 은인이신 순애 씨. 이제부터 순애 씨를 위해 이 목숨 바치겠습니다. 이 한목숨 다 하는 날까지 순애 씨와 함께라면 무엇이든 할 수 있습니다. 순애 씨. 울지 말아요. 제 삶을 바쳐 그 눈물을 닦아 드릴게요. 순애 씨."

"흑흑…"

우린 함께 울었다. 죽음 같은 시간 속을 달려온 우리는 하나님의 은혜로 아무도 축하해주는 이가 없었지만 눈물겨운 축복의 행진을 했다. 그리고 얼마 후, 두 아들이 여름방학을 맞아 대구 큰 집을 거쳐서 서울로 올라왔다.

하나님은 내게 두 아들을 선물로 주셨다. 두 아들을 나의 자식으로 호적에 올렸다. 두 아이는 "엄마"를 부르며 울며 내게 안겼다. 나는 처음으로 아들을 부르며 통곡을 했다. 두 아들이 불쌍해 더욱 눈물이 났다.

"아들아. 많이 보고 싶었다. 우리 아들…"

우리의 맞댄 얼굴에 나의 눈물과 아이의 눈물이 섞였다. 우린 얼굴을 부비며 안았다. 아이가 내게 "엄마"라고 부를 때 목젖이 떨려왔다. 아이의 가슴에 버림받은 자라는 딱지를 떼어 내고 사랑으로 가득 채워주고 싶었다. 아이와 우는 내 모습 앞에서 남편이 울었다.

"천사 같은 순애 씨. 갈 곳 없는 두 아들과 이 한 몸 죽어야 마땅한 인생을 이렇게 받아주어 정말 고맙습니다. 평생을 고마운 마음으로 순애 씨를 사랑하며 어머님을 잘 모시겠습니다."

작은 월 셋방에서 남편과 두 아이를 받아들이기엔 너무도 힘들어하는 엄마는 이 딸이 선택한 길을 당신의 가슴에도 받아들이기 위해 많은 것을 참아냈다. 그런 엄마의 모습에 눈물이 났다.

엄마와 함께 살고 있던 월 셋방에 두 아들과 남편이 들어오므로 좁은 공간에 바글거렸다. 마침 그 방 한켠에 아주 작은 다락방이 있었다. 큰 가방 몇 개 올려놓을 공간이었다. 남편과 나의 신혼 방을 그 작은 다락으로 정했다. 기어서 올라가면 앉을 수가 없이 누워야 했다. 돌아 누울 틈도 없는 좁은 공간에 남편과 누우면 행복이 가득했다. 이런 공간이 있는 것만으로 감사했다.

남편과 나 사이의 마음에 사랑의 무늬를 덧 입혔다. 피어오르는 물안개처럼 남편과 내 마음속에 사랑이 피어올랐다. 그동안 살아온 삶의 갈피마다 눈물의 고랑을 건너서 비에 씻긴 어둠이 사라지고 영롱한 아침햇살처럼 푸른 산 빛이 우리 둘의 마음을 덮었다. 수없이 포기하고 싶었던 시간들을 지켜 낼 수 있었던 것은 내 마음의 방황을 붙잡아 준 하나님의 사랑이었다.

선택이란 힘든 것이다. 내가 할 땐 숨이 턱에 걸리지만 하나님이 선택해 주신 길을 순종 하는 건 쉽다. 그저 따라가기만 하면 된다.

퇴근을 하고 집에 가면 저녁상은 맛이 절로난다. 어린 두 아들의 밥그릇이 어른만큼이다. 남편은 두 아들보다 오히려 밥이 적었다. 아이들은 "엄마. 숙제 검사해줘"하며 자신 있게 숙제한 것을 내게 보여주려고 나를 졸졸 따라다녔다.

"우리 아들이 숙제를 이렇게 잘 했구나. 백점!"

"우와… 엄마 최고다."

"우리 아들이 최고지."

"우와… 하하하……"

"엄마. 나 먼저."

"아니! 나 먼저야!"

두 아들이 서로 내 품을 차지하겠다고 싸웠다. 나는 두 아들을 양팔로 껴안았다. 아이들은 가위 바위 보를 해서 이기면 내 머리 정수리에 손가락 끝을 찍고는 어느 손가락인지 맞추기 놀이를 하자고 난리다. 나는 애들과 어울려 무엇이든 다 받아주었다. 그런 우리의 모습을 보고 남편은 웃고 있는 줄 알았는데 울고 있었다.

"순애 씨는 아이들과도 이렇게 잘 놀아요?"

신기한 듯이 나를 보았다. 나는 웃었다. 새벽마다 식구들이 잠든 사이로 소리 없이 빠져나와 교회로 갔다. 기도의 무릎으로 하나님 앞에 엎드리지 못한다면 나의 삶은 한 걸음도 내딛을 수가 없다. 위기가 닥쳐왔을 때가 위기가 아니다. 위기가 지나갔을 때가 진짜 위기다.

"하나님. 부족한 저에게 이토록 소중한 남편과 두 아들을 주셔서 감사합니다. 저들이 하나님을 온전히 믿어 하나님께 영광을 올려드리는 복된 인생이 되게 하옵소서. 부족한 우리 가정에 하나님이 주인 되어 온전히 하나님만 섬기는 가정이 되기를 기도드립니다. 하나님이 버리시면 인생 쓰레기처럼 살다 갈 저희들을 불쌍히 여겨 주신 하나님이여. 아버지. 감사합니다. 감사합니다. 흑흑흑…"

내가 죽고
얻은 행복

❮❮ 　　하나님의 은혜로 학원은 더 지경이 넓어져갔다. 밤마다 아이들 숙제 검사와 예배상에서 아이들에게 시편을 매일 한 장씩 두 장씩 쓰게 했다. 시편을 다 쓴 후, 잠언까지 다 쓰기를 기다려서 큰 선물을 사 주던 날.

"엄마. 나는 세상에서 엄마가 최고 좋아. 난 이담에 크면 엄마랑 결혼할거야…"

"정말. 우리 아들. 엄마도 세상에서 우리 두 아들이 최고로 좋아."

성렬이는 큰 아이다. 유난히 얼굴이 하얗고 듬직하고 성격이 좋았다. 작은 아이 성우는 딸 같이 살갑고 내게서 떨어지지 않았다. 밤이면 내게 매달리는 두 아들과 함께 하느라 엄마도 남편도 우리의 모습을 눈바라기를 하며 행복한 얼굴로 웃었다.

어느 날, 하나님이 주신 깊은 감동의 마음이 뜨겁게 내 마음을 파고 들어왔다. 그것은 이 두 아들이 내 몸으로 낳은 자식과 동일하게 하나님이 주셨다는 깊은 감동의 마음이었다. 나의 기도 자리 예배 상 앞에 무릎을 꿇었다. 통곡이 쏟아져 나왔다.

"살아계신 하나님 아버지. 이 불쌍한 두 아들을 저에게 보내주셔서 정말 정말 감사드립니다. 이제부터는 오직 내 생명처럼 사랑하며 이 두 아들만 키우겠습니다. 내 몸으로 자식을 낳지 않고 오직 이 두 아들만을 내 마음을 다 바쳐 내 생명처럼 사랑하며 키우겠습니다. 이 두 아들의 인생을 오직 하나님이 책임져 주소서. 아버지여."

엎드려 울었다. 남편이 다가와 울고 있는 내 어깨 위에 손을 얹었다.

"순애 씨. 당신은 정녕 사람입니까. 천사입니까. 자기 몸으로 낳은 어미도 새끼를 버리고 가 버렸습니다. 피 한 방울도 섞이지 않은 순애 씨가 우리 애들을 위해 그런 서원 기도를 하나님께 드리다니요. 순애 씨… 불쌍한 우리 애들을 이렇게 거두어 주신 것만으로도 말로 표현할 수 없는 감사와 감동입니다. 그런데 자신의 생명처럼 사랑하며 이 아이들만 키우겠다니요. 세상에 그런 사랑이 어디에 있습니까. 진심으로 고맙습니다. 순애 씨. 흑흑…"

남편과 나는 껴안고 함께 울었다. 어느 새 울고 있는 우리 부부의 틈 사이에 "엄마"'를 부르며 두 아들이 파고 들어와 내 가슴에 안겼다. 가운데 두 아들을 두고 우리 부부가 양쪽에서 어깨와 머리를 맞대며 네 식구가 껴안고 우는 모습 앞에 엄마도 통곡의 눈물을 흘렸다.

세상에서 죄와 술과 담배에 쩔어서 살았던 남편이 이 모든 것을 끊은 것은 결혼과 함께 이 작은 행복의 보금자리로 들어오면서 부터였다. 남편은 신분이 쫓기는 상태였기에 자신을 숨기며 살아야 했다. 나의 일과는 새벽이면 교회로 갔다가 아침이면 학원으로 출근하여 밤이면 집에 와서 아이들과 시간을 함께하고 공부, 성경, 기도에 다 쓰면 남편과는 잠잘 때만 겨우 둘의 시간을 갖었다. 아이들에게 엄마의 자리를 꽉 채워주느라 애들이 잠든 뒤에야 나는 남편에게 갈 수 있었다.

온종일 학원에서 선생님들과 아이들, 학부모를 상대하고 집에 와도 온 가족이 나만 기다린다. 엄마는 남편과 두 아들 밥을 혼자서 다 준비했다. 남편은 바쁜 내게 토라져 시무룩하곤 했다.

"당신의 시간표 속에 나는 도대체 어딨어? 나는 당신만 눈이 빠져라고 바라보는데 당신에게 나는 어떤 존재야."

"어머, 당신이 이렇게 화가 난 줄은 상상도 못했어요. 미안해요. 당신 화 푸세요. 진짜 토라졌나 봐!"

남편의 얼굴에 내 얼굴을 갖다 대며 그의 마음을 풀어주고자 애교를 부렸다. 어린아이처럼 금새 풀어지면서 내게 안겨왔다.

"당신. 제가 아들을 셋 키우는 거네요."

남편의 눈빛이 조금 풀렸다. 갑자기 내 생활은 이토록 바빠졌다. 나만 바라보는 온 가족의 눈빛. 그들 마음에 다 맞추려니 엄마에겐 눈길 줄 틈이 없었다. 모든 일들이 한꺼번에 밀려와 바쁘게 보냈다.

주일이면 남편이 새벽부터 교회로 사라져 버린 나 때문에 불만이 많았다. 토요일마다 학원에 행사가 많았고 주일이면 새벽예배, 주일학교가 오전, 오후 그 사이에 예배를 드리고 오후 주일학교 끝나면 집에 와서 식사하고는 저녁예배를 드리러 갔다. 한 번도 이런 생활을 본 적이 없던 남편이었다. 나의 시간표는 일주일 내내 꽉 짜여 졌는데 남편에겐 신분에 걸려 아무 계획을 잡을 수 없었다.

남편에겐 오직 나밖에 바라볼 이가 없었다. 교회도 주일 낮예배 한 번을 갔다 와주면 큰 일 해 준양 집에서 텔레비전만 보고 있었다. 모두가 바쁜데 남편만 하는 일이 없었다.

나는 컴퓨터 학원을 개원하기 위해 용산전자상가를 누볐다. 큰 건물을 얻어 내부시설을 갖추느라 마음이 온통 학원에 집중할 때, 집에서 남편이 사라졌다.

엄마의 얼굴이 새파랗게 놀라 남편이 없어졌다고 했다. 나는 경찰에 잡혀간 줄 알고 너무도 놀랐다. 남편이 온종일 집에 들어오지 않았다.

온몸에 맥이 쫙 빠져 나갔다. 아등바등 살려고 했던 내 마음의 의욕이 꺾여져 버렸다. 내 몸이 열 개는 되어야 살 수 있는 이 상황

앞에 남편마저 집을 나가버렸으니 내 마음의 큰 기둥이 무너졌다.

무너진 내 마음에서 남편이 당신에게 소홀하다며 내게 신경질이었던 모습을 떠올렸다.

"아… 하나님. 남편 영혼을 불쌍히 여겨 주소서."

무너진 마음으로 교회 강단에 엎드렸다.

"하나님 아버지. 저를 불쌍히 여겨 주소서."

지치도록 잡고 왔던 내 마음의 동아줄을 놓아버린 것처럼 천길 낭떠러지 아래로 내던져진 것처럼 통곡의 기도가 쏟아져 나왔다. 깊은 눈물을 다 토해낸 후에도 내 마음속에는 부서진 희망의 흔적뿐이다.

"하나님. 얼마나 혼자 힘들어 했을까요? 나만 바라보던 남편이, 새 마음으로 새롭게 살아보려고 애쓴 남편이 이렇게 내게 말 한마디 없이 사라져 버린 것은 모두 저 때문입니다. 으으윽."

어느 날, '당신을 만나 이렇게 집안에서 따뜻한 밥을 먹고 당신을 기다리고 있는 내 모습이 내가 아닌 것 같아. 나는 원래 이렇게 살 수 없는 사람이야. 그런데 이렇게 마음이 불 꺼진 재처럼 고요할 수 있다는 것이 신기하다니까.' 하는 고백을 했었다. 남편은 자기 자신도 믿을 수 없는 시간을 보내고 있었던 것이다. 마치 그 하루하루가 연못가에 홀로 앉아서 그 연못 속에 있는 한 사람을 말없이 웃으며 바라보듯 말이다. 내가 조금만 더 신경을 썼더라면, 관심을 가졌더라면 이런 일까지는 일어나지 않았을 것이라는 생각이 나를 절망의 나락으로 끌고 갔다.

밤새도록 성전에서 울고 있는 딸을 기다린 엄마 앞에 기진맥진하여 쓰러지듯 새벽에 집을 들어갔다. 마음은 엄마를 끌어안고, '엄마 어떡해. 나 때문에 남편이 집을 나간거야. 모든 게 내 잘못이야. 엄마. 엄마. 이제 나는 어떡하지.' 하며 엉엉 울고 싶었지만 내 감정을 추스렸다.

학원에서 온종일 시달려 피곤한 몸으로 돌아오면 두 아들과 남편이 온종일 기다렸다며 졸졸 따라다니는 그 광경을 지금까지 반복했던 것이다. 그랬기에 믿었다. 한 번도 상상해 본 적이 없는 일이다. 남편의 실체는 무엇이었을까. 정말 경찰에 붙잡혀 갔을까. 이 작은 방안에 박혀 사는 것이 싫어서 나간 것일까. 아이들을 시골 분교로 내려 보내고 얼마 지나지 않아서 일어난 일이다.

제발 남편에게 아무 일도 일어나지 않기를 바라며 간절히 기도했다. 남편이 떠난 집은 텅 빈 집이었다. 내 마음속에 남편이 들어오기 전엔 엄마가 전부였는데 눈앞에 있는 엄마는 보이지 않고 남편이 없어져 버린 텅 빈 내 마음은 나도 낯설다. 나를 향하여 쏟아낸 모든 감정이 다 진실이었음을 믿고 싶었다. 남편이 이럴 리가 없음을 믿고 또 믿고 싶었다.

죄를 넘보는 영혼들을 낚아채는 마귀

출근하는 내게 언제 준비했는지 엄마가 밥상을 내밀

었다. 수북이 부어 오른 내 얼굴과 눈을 힐끗 쳐다보았다.

'엄마. 남편이 집을 나갔는데 내가 이 밥이 목구멍에 넘어가겠어!'라고 속으로 생각하고 있었다. 마치 그다음 말을 할 차례가 줄을 서 있듯이… 그냥 밥상을 지나쳐 나온다면 온종일 엄마의 가슴에 절망의 강이 흐르게 될 것이다.

밥상 앞에 앉았다. 울지 않으려고 눈물을 안으로 밀어 넣고 있는 마음은 내가 아니라 엄마였다. 엄마의 눈빛이 내게 말을 했다.

'이것아 니가 우짜다가 그런 인간을 만나서 두 새끼와 그 성질 맞추느라 안간힘을 쓰노. 니를 보는 이 애미의 가슴이 미어터진다.'

"엄마. 이 고구마 줄기 무친 거 맛있다. 내 걱정은 하지 말고 엄마 밥 잘 챙겨 먹고 있으면 된다. 알았제 엄마."

두 팔로 웅크리고 있는 엄마를 힘껏 껴안았다.

"엄마가 말 안 해도 내는 다 안다. 그러니 엄마는 마음 편히 잘 있으면 된다. 엄마. 갔다올게."

현관문을 닫는 순간 엄마의 마음을 채웠다. 내 속에서 비명이 터져 나올 것만 같았다. 어느 새 남편이 내 마음속에 차지하는 자리가 이토록 컸는지 처음 알았다. 내 마음이 허공으로 붕 떠서 공중에서 흩어져 버리듯 나를 빠져나가 버렸다. 학원 원장실에 몸은 앉아 있어도 남편에게 빼앗긴 내 마음은 붙잡을 수가 없었다. 성경을 펴도 마음에 돌아오지 않았다. 내 몸과 마음이 이토록 분리되는 느낌은 처음이었다. '남편이 이렇게 소중했는데 그동안 남편에게 왜 잘하지 못했던가.' 한편으로는 '그보다 어떻게 더 잘해 줄 수 있어.'라고 내가 대답을 했다. 밥맛이 없다. 밥 한 숟가락이 모래알 한 줌을 입에 넣은 것 같다.

"하나님! 제 삶은 발목이 삐고 무릎이 까지도록 넘어지면서도 달려온 이 길에, 깊은 스올과 같은 절망의 웅덩이가 기다리고 있습니다. 아버지여… 아버지여… 저를 살려 주소서."

탄식의 기도가 가슴을 치고 올라왔다. 남편은 음부의 권세 같은 악한 영에 사로잡힌 자의 삶을 살아왔다. 나를 만나면서 그 속에 성령님이 함께 하시길 기도하며 살얼음 위를 걷듯이 여기까지 왔다. 남편은 "세상에 귀신이 어딨어. 악령이 있다고? 말도 안 돼!" 라고 했다. 귀신이 없다는 사람이 귀신의 밥이다.

이 세상은 음부의 권세가 수많은 영혼들을 낚아채어 밥으로 끌고 간다. 마귀가 쳐 놓은 덫에 걸려든 자는 바닥이 없는 어둠의 동굴 아래로 끝없이 추락하고 있다. 죄를 넘보는 영혼은 칼날에 묻은 꿀을 빨아먹는 자가 되어 그 칼날에 혓바닥이 베여서 멸망의 구덩이 속으로 빨려 들어간다.

성령님이 남편 안에 계시지 않는다면 영적 세계를 알리가 없는 남편을 위한 간절한 기도가 내 무릎을 꺾었다. 남편 영혼을 위해 울었다. 하나님이 보낸 사람이었다면 분명 그는 아버지의 품으로 돌아올 것이다.

실낱같은 희망을 붙잡고 밤마다 교회에서 밤을 새웠다. 육체의 한계를 느끼며 집에 와 누우면 내 몸이 방바닥 속으로 꺼져버릴 것만 같았다. 하나님을 떠난 남편에겐 산소호흡기가 끊어진 상태다. 그 영혼을 위해 기도하지 않을 수가 없다. 남편 인생의 나무 밑동이 잘려 나갔다. 그가 달려 나간 세상길은 죽음의 길임을 그는 알면서 갔다. 마음속에 죄성을 억제하지 못하고 자신의 욕망을 따라갔다.

결혼하기 전, 그토록 애원하며 내게 온 인생을 걸었던 남편의 모습은 진실이 아니었던가. 그가 보여준 눈물의 모습은 결코 그런 사람이 아니었다. 밤마다 교회로 달려가 철야기도를 하는 나를 보고 엄마는 마음이 아파 울었다. 온종일 학원 일에 신경 쓰고 밤을 교회에서 새웠다. 일주일, 이주일이 지나갈수록 나의 얼굴은 많이 수척해졌다.

가까운 곳에 빌라가 났다고 연락을 받고 달려갔더니 내가 찾고 있었던 스무 평 남짓한 집은 마음에 들었다. 이제 곧 시골에서 애들이 올라올 것인데 맨날 한 방에서 지낸다는 것이 서로가 힘든 일이라 빌라를 세 얻었다.

도배를 하고 중고품 가게에서 애들 책상과 식탁을 샀다. 새 집으로 엄마와 내가 둘이서 이사를 했다. 예배상과 이불 등 짐들은 학원 차에 싣고 옮겼다. 얼마나 좋은지 엄마와 나는 힘든 줄도 몰랐다. 평생 처음 식탁에서 밥을 먹었다. 이 좋은 집에 이사를 와서 처음 밥을 먹는데 엄마와 나는 아무 말도 하지 않았다.

이전에는 엄마와 나, 둘이서만 사는 것이 행복하기만 했다. 그런데 이제는 달라졌다. 텅 빈 느낌이다. '이렇게 새 집으로 이사 온 것을 남편이 알면 얼마나 좋아 할까. 애들이 올라오면 정말 좋아 할 텐데…'라는 생각만 가득했다.

그렇게 기다렸던 집으로 이사를 와도 엄마와 내 마음엔 무거운 그림자만 드리워졌다. 알맹이가 빠져 버린 채 껍질만 남겨진 것 같다. 엄마와 나는 같이 식탁에서 밥을 먹고 서로 다른 방에서 정리를 했다.

어느 날, 현관문을 여는데 엄마가 달려 나왔다. 고개 숙인 나를 보며 엄마가 울먹이며 무슨 말을 하려다가 멈칫했다. 집안 분위기가 이렇게 된 것이 모두가 다 내 잘못이라는 생각이 들었다. 그렇다. 엄마에겐 아무 잘못이 없었다. 나는 두 팔로 축처진 엄마의 어깨를 와락 끌어안았다.

"엄마. 미안해. 나 때문이야. 내가 잘못했어. 엄마 마음을 힘들게 해서… 조금만 기다려줘. 엄마 실망 안 시킬게."

갑자기 엄마의 울음이 더 크게 터져 나왔다. 나는 엄마를 더 꼭 안았다. '엄마. 마음껏 울어. 엄마. 마음속에 담아두지 말고 더 펑펑 울어버려. 나는 엄마의 마음을 백 번이라도 헤아리고 남아.'라고 속으로 말했다.

통곡하는 엄마가 말했다.

"순애야. 엄마는 니만 행복하믄 된다. 내 걱정하지 말고 니 좋은 대로 해라. 엄마는 니를 위해 산다. 흑흑…"

"엄마. 나를 믿어줘서 고마워. 엄마 실망 안 시킬게. 조금만 기다려줘."

엄마와 나 사이에 막힌 절망의 벽을 허물고 나니 마음이 한결 편해졌다. 현관문을 열면 왼쪽이 애들 방. 화장실. 안방. 그 옆에 거실 겸 작은 방에 엄마가 지낸다. 그리고 싱크대가 있고 거실 겸 주방 앞에 식탁이 놓였다.

밤마다 텅 빈 집에 엄마를 홀로 두고 성전에 엎드렸다.

"하나님. 지금 이 시간에도 세상 죄악 가운데 방황하고 있을 남편의 영혼을 불쌍히 여겨 주옵소서. 아버지여. 저를 불쌍히 여겨 주셔서 제 기도를 응답하소서."

밤새워 눈물로 엎드리는 기도는 남편의 영혼이 마귀에게 도둑맞지 않기를 바라며 기도했다.

죄악의 혓바닥을 핥은 남편

남편의 어떠한 소식도 그림자도 보이지 않았다. 매일 애들이 있는 시골 어머님께로 전화를 드렸다. 두 아들이 서로 엄마와 통화하겠다며 울었다. 서울로 엄마에게 가는 날을 달력에 동그라미를 그리고 기다린단다.

나는 매월 두 아들을 키워주시는 어머님께 생활비와 수고비를 보내드렸다. 두 아들이 각각 자전거를 탄다고 하여 돈을 보내고 오락기를 갖고 싶다고 하여 돈을 보냈다. 고기반찬이 아니면 작은 애가 밥을 안 먹는다고 하여 돈을 보내고 학교 선생님을 찾아 인사해야 한다고 하여 돈을 보내야 했다. 두 아들을 키워주시는 어머님은 돈을 요구하는 데 뛰어났다.

나의 엄마는 돈을 쓸 줄 몰랐다. 애들이 서울로 올라온 후에도 시골에 계시는 시어머니의 모든 생활비를 보내드렸다. 남편은 청소년 시기부터 부모님의 속을 엄청 썩였다 한다. 그 어머니의 가슴에 이 아들 때문에 한이 서렸다고 했다.

어느 날, 내 마음이 남편 때문에 힘들 때에 시골에 계신 시어머니에게로 달려간 적이 있었다. 아주 오래 된 옛날 기와집. 옛날 부엌에 연탄을 때며 혼자 외로이 살고 계셨다. 당신 아들이 집을 나간 얘기를 하셨다. 그때 어머니가 하신 말씀이 세월이 흘러도 잊혀지지 않는다.

"보아하니 마음이 천사같이 고와서 우리 아들을 불쌍하게 생각한 것 같은데 고생하지 말고 니 갈 길 가라."고 하셨다. 그 말을 하시고는 마루에서 문턱을 넘어 방안으로 들어가 버리셨다. 마당에 서서 입술을 적시도록 하늘을 보고 소리 없이 울었다. 그렇게 얼만큼을 울었던가. 눈물을 닦으며 돌아서서 인사를 드렸다.

"안녕히 계십시오."

마당을 걸어 나올 때 방안에서 그 어머니의 울음소리가 크게 들렸다. 나는 발걸음을 멈추지 않았다. 마치 나를 잡아당기는 깊은 슬픔에서 도망쳐 나오듯 걸음을 재촉했다. 밤늦도록 차를 타고 집으로 올라온 후 그다음 달에도, 또 그다음 달에도 불쌍한 어머니의 인생을 보고 온 후, 어머니의 생활비를 계속 보내 드렸다.

그분의 말씀을 지키지 못했다. 서울로 올라온 두 아들은 새 집으로 이사와 자기들 방에 놓인 책상을 보고 탄성을 질렀다. 식탁에서 밥을 먹는 것을 좋아했다. 마치 천국에 온 것 마냥 신나했고 좋아

했다. 어린 두 아들이 엄마의 슬픔을 알리가 없다. 아빠가 없는데도 찾지를 않았다.

두 아들은 내 품에서 떨어지질 않았다. 시골의 할머니는 무섭다고 했다. 당신 평생에 이 아들 하나가 속 썩인 것이 열 자식 키우는 것 보다 더 힘들었는데 그것도 모자라 갈 곳 없다고 지 새끼까지 당신에게 맡겼으니 날마다 당신 신세 한탄하며 아이들을 구박했던 것은 불 보듯 했다. 밤마다 내 눈물기도 속에는 남편과 두 아들이 전부였다. 내 인생을 송두리째 다 빼앗겨 버린 듯 밤마다 남편을 위해 기도했다.

아이들이 올라온 후 적막이 흐르던 집안이 사람 사는 것 같았다. 엄마도 밝아진 내 얼굴을 보고는 아이들을 더욱 반겼다.

저녁이면 아이들이 기다려서 걸음을 재촉하여 집을 향했다. 남편과 함께 생활했던 시간이 많지 않은 데 비해 내 마음 속에 온전히 존재하고 있는 남편을 보았다. 온종일 학원 업무를 보고 있어도 내 마음속에는 남편을 위한 기도가 멈추질 않았다. 남편이 내 영혼속에 들어왔음을 보았다.

하루 일과를 마치면 교회로 달려가 눈물로 엎드리던 내 발걸음이 아이들이 올라온 후에는 집으로 향했다. 현관문을 열면 내게 달려드는 아들의 머리를 손으로 쓰다듬으며 신발을 벗고 안으로 들어섰다. 나는 남편이 이사한 집으로 돌아오기만을 뼈가 녹아내리듯 기도하며 기다렸다.

'당신 왜 이제 왔어요. 얼마나 당신을 기다렸는지 아세요. 내가 무엇을 하고 있어도 마음속에는 오직 당신 생각뿐이었어요. 내 마음속 깊은 곳에 당신이란 사람이 이렇게 깊게 심겨진 줄 몰랐습니다. 제가 정말 당신을 사랑하고 있음을 당신이 떠나간 후에야 알았습니다. 이제는 절대로 아무 데도 가지 말아요. 당신을 눈물로 기다렸어요. 흑흑…' 남편에게 고백하고 싶은 말을 생각하며 울었다.

사물이든 사람의 관계이든 시간이 지나보면 내게 얼만큼 소중했는지 안다.

울지 않으려 해도 울지 않을 자신이 없었다. '지난 날 죽음 같은 시간을 하나님 앞에 살고 싶어서 밤을 새워 책을 붙잡고, 눈물로 기도 무릎을 꿇었던 그 몸부림으로 살아온 내 인생이 당신이라는 사람을 만난 후, 당신을 기다리며 목이 빠지도록 그리움에 내 영혼을 담고 이 순간을 기다렸습니다.

당신을 기다리면서도 당신이 나를 위해 쏟은 마음. 그 진실을 믿었기에 홀로 보낸 시간들이 힘든 마음보다 더 깊은 벅찬 추억이었습니다. 언젠가 돌아올 당신을 애타게 기다리며 눈물로 기도하고 있습니다. 당신을 정말 사랑합니다.'라고 내 마음을 전하고 싶다.

당신 없는 내 마음이 겨울바람이 일렁이는 텅 빈 들판과 같았음을 남편에게 고백하고 싶다. 나만을 향해 달려오던 당신의 마음속에 무엇이 담겼느냐고, 주님이 주신 축복을 버리고 온갖 세상 욕망으로 이글거리던 헛된 쓰레기를 다 쏟아 붓고 이제는 당신을 애타게 기다리는 주님의 품으로 돌아와야 한다고. 남편에게 매달리며 말하고 싶다.

'당신 한 사람을 만나기 위해 그토록 힘든 시간들을 달려왔나 봅니다. 당신을 만나고 내 마음속에서 당신을 의지하고 기댄 내 마음에 당신이 전부였다는 것을 당신을 잃어버린 뒤에 알았습니다. 처음에는 내 마음이 이정도로 당신을 사랑하는 줄을 몰랐습니다. 당신이 없는 시간이 깊어질수록 당신이 없이는 안 되는 나를 발견했습니다. 이전에 당신이 나를 위해 쓴 글을 제게 주셨지요. 이제는 제가 당신을 기다리며 하늘의 별 만큼이나 당신을 내 그리움 속에 담았습니다. 하나님이 보내주신 당신을 더욱 소중히 여기며 당신을 위해 기도하겠습니다. 제발… 마귀에게 빼앗긴 당신의 마음을 주께로 돌리십시오. 저는 오직 당신만을 기다립니다.'

가슴이 터질 듯 메아리치는 절망의 무게를 견뎌내지 못하고 서 있던 자리에서 무너졌다. 살아온 삶의 슬픈 날들이 와르르 무너졌다. 내 인생을 버티고 있던 기둥이 무너져 내리듯 절망했다.

처음에는 나만 잡으면 살 줄 알았다. 그런데 나와 함께 산다는 것이 지금까지 죄악의 바닥에서 살아온 남편으로선 도저히 따라올 수 없는 길일지도 모른다. 그래서 이상은 좋지만 그 삶은 살 수 없나 보다. 남편은 나를 사랑하지만 함께 그 삶을 살 수는 없다고 생각하고 집을 나갔다. 남편에겐 남편의 운명이 있고 나는 나대로 살아야 하는 우리는 서로 살아가는 길이 분명히 다르다는 것을 알았다. 인간적으로는 미안해했지만 남편은 남편이 살 수 있는 길을 택했다.

죄악에 혓바닥을 핥은 사람은 그 달콤한 맛에 혓바닥이 칼날에

베여 피가 흘러도 계속 그 달콤함의 유혹을 이길 수 없다. 혓바닥
이 그 맛을 기억하고 있기 때문이다.

　죄는 마음에서 끊어야 한다. 그러나 이미 남편의 마음은 남편 몸
밖으로 도망쳐 버렸다. 영혼은 이미 남편이 통제할 수 없는 상태였
던 것이다. 끝장을 봐야 한다. 이 세상이 끝나든지 남편의 생명이
끝나든지 한 쪽은 끝나야 이 전쟁도 끝난다.

　밭을 매듯이 마음속에 독소를 호미로 매고 또 매어도 끝없이 돋
아나는 죄의 본성이 살아나는 것이 인간이다. 남편은 주어진 삶
을 그토록 최선을 다해 살아왔지만 처절한 눈물로 돌아보니 걸어
온 자리마다 폐허뿐이었으리라. 무엇을 위해 살아왔는지, 인생을
여기까지 이끌어 주신 하나님이 보이지 않았으리라. 믿음의 사람
이 삶에 죽음 같은 절망이 왔다면 그곳이 하나님을 만나는 접촉점
임을 깨달아야 할 것이다. 죽을 것만 같은 절망감이 영혼을 휘감아
올 때 하나님께 생명 바친 기도를 드릴 수 있어야 한다.

슬픔보다 더 진한 인생의 거름이
어디 있으랴!

　◀◀◀　슬픔보다 더 진한 인생의 밑거름이 어디 있으랴. 인간
에게 막다른 길이란 인생이 다시 태어나는 시간이다. 길이 없는 그
곳에서 하늘의 별자리를 따라가듯 믿음의 사람은 기도를 따라가는

것임을 그 상황에 직면하면 안다. 인생의 절벽에 매달린 채 꼬박 밤을 새울 때면 죽음이 내 손에 잡힐 듯 가까이 와 있었다.

그 죽음 같은 시간을 지날 때는 보이지 않았던 것이 더 먼 길을 달려온 후에 깨달아진다. 모든 위대한 것들은 위독함에서 나왔고 모든 위대한 것들은 철저한 고독에서 나온다는 사실. 하나님 앞에 엎드린 나는 그 죽음 같은 절망 속에서 나를 건져 올리는 또 다른 길을 보았다. 산골 움막집 부엌 아궁이에서 군불을 땔 때 내 마음의 걱정과 염려, 분노를 불구덩이에 던져 넣었던 기억이 떠올랐다.

어둠의 그늘이 환하게 타는 불이 주는 안도감으로 마음이 밝아 졌던 생각이 난다. 아궁이 앞에 쪼그리고 있으면 마치 비에 젖은 내 인생의 축축함을 다림질하듯 마음도 펴졌다.

산길을 넘어 교회를 달려갈 때면 달이 내 걸음을 따라 동무해 주었다. 홀로 걷는 산길에서 느끼는 고향의 향기를 담았다. 그 세월에 떨어진 시간을 내 마음속에 주워 담으며 살아온 세월, 그 세월이 산을 넘고 그리움이 강을 낸 길을 따라 여기까지 왔다. 길이 없으면 길을 만들며 간다. 여기서부터가 희망이다. 나만 버려졌다는 열등감을 버려야 한다. 하나님이 주신 햇살과 바람은 이 땅의 모든 인간에게 공평하게 주시는 하나님의 선물이다.

깊어서 고요한 것이 있다면 바다만이 아닐 것이다. 넓어서 편안한 것이 있다면 하늘만이 아닐 것이다. 내면의 깊이가 바다보다 더 깊고 하늘보다도 더 높아 인간이 가늠할 수조차 없는 그런 내면의 깊이와 높이를 가진 자는 하나님을 믿고 사는 영적인 사람이다.

겨울이 오면 자연의 인내가 시작되듯이 인생의 겨울이 오면 추위와 싸우며 인내해야 할 시간표다. 하나님이 사랑하는 모든 인생에게 한 가지 공통점이 있다. 그것은 고난의 시간표, 역경지수를 통해 나의 내면을 시험하신다는 사실이다.

러시아의 시인 푸쉬킨은 '삶'이라는 시로 유명하다. '생활이 그대를 속일지라도 슬퍼하거나 노하지 말라. 슬픔의 날을 참고 견디면 머지않아 기쁨의 날이 오리니 현재는 언제나 슬픈 것, 마음은 미래에 사는 것, 그리고 지나온 것을 그리워하느니라.' 젊은 시절 고독한 유배 생활을 통해 인생의 혹독한 겨울을 지나온 뒤에 고난을 깊이 성찰한 후 이 시를 썼다.

인생은 그리 모질게 살지 않아도 되는 것을, 바람이 전하는 말에 귀 기울이며 물처럼 흐르며 굽이굽이 흘러도 되는 것을, 악다구니 쓰고 처절하게 피 흘리며 살지 않아도 되는 것을, 사랑도 안으로 깊게 익어야 한다는 것을, 덜 익은 사랑은 쓰고 아프다는 것을, 서로에게 상처 내는 쓰라린 사랑이 되지 않으려면 더 기다림이 필요하다는 것을 젊은 날에 깨달아야 하는 것을, 홍시처럼 내가 내 안에서 무르익도록 겨울 감나무 가지 끝에 매달려 마지막 지나는 바람이 남긴 말을 들을 수 있는 삶이 되고 싶다.

들에 핀 찔레꽃처럼 살아도 좋을 것을, 근처에 도랑물이 졸졸 거리고 들살구, 복숭아 따먹으며 버들피리 불며 언덕을 넘듯이 그렇게 살아도 되는 것을 이 낯선 도시로 와서 외로움을 견뎌내느라 절망의 우물을 파고 있는 나의 삶이 애처로워 눈물이 난다.

두 아들이 잃어버린 엄마의 품을 확인이라도 하듯 파고들며 울었다.

"하나님 아버지여 들어 주소서. 나의 주여. 내 영의 소원을 들으소서. 주가 주신 나의 이 생명! 주 뜻대로 이끄사 썩어가는 이 세상에 소금되게 하소서."

새벽마다 눈물로 이 찬양을 불렀다. 내 삶을 오직 하나님이 기뻐하시는 삶으로 온전히 드려지기를 소원하며 기도하였다, 죄악에 썩은 남편의 영혼을 위해 그토록 기도하며 지금까지 견디었다.

먼지야. 물아. 내 생명을 안고 가버린 바람아. 너는 얼마나 작으냐. 내 인생의 고통이 나뭇잎 하나 푸르게 할 수 없거늘… 고향의 산자락에 갈잎 물들어 가는 언덕에 핀 들꽃이 되어 피어오를 내 생명이여… 고향의 밤하늘에 우주의 눈망울 같은 별이 되어 빛나고 싶은 내 생명이여… 지금까지 살아온 길에 슬픔과 함께 찾아 온 절망이 더 많았던 시간 속에서 우물물 같은 맑은 하늘을 내 가슴에 담고 싶었던 내 생명이여… 이렇게 꺼져버릴 내 생명이 살아서 그토록 많은 눈물을 이 세상에 쏟아 놓았던가. 그 쏟아놓은 눈물 위에 하늘의 새가 발자국을 찍는구나. 자박자박 밤마다 달빛이 내려준 사닥다리를 타고 내 영혼의 새가 하늘에 닿을 때 내 육신이 숨결을 몰아쉬며 눈을 든다.

절망은 연습하지 않아도
내겐 익숙하다

❦   도망쳐 나오도록 발버둥 치면 더욱 깊이 빠져 드는 절망이여. 너는 언제 나를 놓아줄 것이냐. 내 발목을 잡고 놓아주지 않은 자야. 나를 놓아라. 남편을 기다리며 눈물로 기도했던 시간들이 화살처럼 내 명중을 비껴갔다. 벌떡 일어났다. 죽음의 옷을 벗고 삶의 옷을 입었다. 그리고 절대 희망 속으로 걸어갔다. 내 발목을 잡고 놓아주지 않던 절망의 터널, 그다음이 희망의 터널임을 절망을 빠져나온 뒤에 알았다.

"아들아…"

두 아들을 안았다. 내 키보다 더 컸다. 맞부딪친 가슴이 흔들렸다. 고등학생이 된 두 아들이 나를 안고 운다. 이전에 내 품에 아들이 안겼거늘 이젠 내가 아들의 가슴에 안긴다. 우리의 가슴속에는 깊은 슬픔의 강을 건너온 흔적이 깊이 패여 있다. 어머니의 몸은 한 줌이 되어 있었다. 몸속의 수분은 이 딸에게 바치는 헌사였다. 어릴 적 버려진 나를 닮은 두 아이를 끝내 포기하지 못한 것 또한 당신 때문이라고… 어머니는 이 딸의 삶에 당신이 안겨준 슬픔이라고 생각하며 울었다.

어느 날, 남편이 소리 없이 집을 나가 과거의 시간표로 돌아가 죄의 길로 가버린 후, 그토록 눈물의 기도를 드리고 있었던 내 앞에 나타났다. 그곳은 바로 교회 새벽예배였다. 남편은 비틀거리는 몸으로 성전 바닥에 무릎을 꿇었다.

"하나님 아버지. 으아악. 저는 죽일 놈입니다. 으아악… 꺼억꺼억…"

남편은 입이 다물어 지지 않았다. 입 안에서 흐르는 침과 눈물이 온 얼굴에 범벅이 되었다. 혀가 말려서 말을 할 수가 없었다. 창자가 끊어진 것 같은 고통이 밀려와 그 강단 바닥에서 일어나질 못했다. 새벽예배가 끝나고 밝아졌을 때 남편을 발견한 사람이 놀라서 달려와 남편 몸을 일으켰다.

이대로 영원히 하나님 아버지의 성전에서 깨어나지 않기를 남편은 바랐다. 하나님이 아니면 살 이유가 없었다. 하나님이 자신을 버리시면 이 생명은 끝이라는 절박함이 밀려와 한 순간도 남편은 하나님을 붙잡지 않을 수 없었다. 마음이 벼랑 끝에 섰다. 하나님께 살려달라고 매달리는 길만이 사는 길이었다. 인생에 일어나는 모든 일은 하나님 안에 있었다. 인생의 죽음 같은 시간, 암흑의 터널이 끝없이 계속되는 두려움과 절망감이 엄습해 올 때에 하나님 앞에서 울며 기도하는 길. 하나님은 남편 앞에 그 기도의 길만 열어 놓으셨다.

남편이 집을 나간 뒤에도 남편이 가족의 품으로 돌아온 지금도 매일 우리 네 식구는 가정예배를 드렸다. 눈물로 기도로 서로 부둥켜안고 울었다. 감격했다. 우린 서로를 기대며 희망을 향해 걸었다. 남편에게 아무도 지난 날들에 대해 말하지도 묻지도 않았다.

"미안해. 미안해. 나는 사람이 아니었어. 사람이 어떻게 그럴 수 있어. 나 같은 인간을 받아 줄 사람은 당신 밖에 없어. 당신은 나를 버리지 않을 거라고… 한 번만 나를 믿어줘. 당신을 만났던 처음으로 돌아가고 싶어. 으아아악…"

천둥 같은 눈물을 쏟아내는 남편을 보며 온 가족이 소리 내어 울었다.

남편이 내 가슴에 안겼다. 나는 퍽 주저앉은 그대로 남편을 안고 울었다. 내 품에 안겨 우는 남편 땀으로 범벅이 된 품이 불덩이처럼 느껴졌다. 다시는 당신을 놓지 않을 거야. 이대로 영원히 당신과 함께 살 거라 몸으로 고백하듯이 나를 온 힘을 다해 끌어안았다.

"하나님! 남편을 버리지 않으시고 이렇게 살려 주셔서 감사합니다. 으흑흑흑…"

두 아들이 남편에게 가 안겼다. 나와 남편이 안고 우는 모습을 보고 두 아들도 어머니도 모두 한 덩어리가 되어 온 가족이 눈물의 바다에서 헤엄을 치던 그 아침, 창밖이 희뿌연 먼동이 텄다. 이른 아침에 햇살이 창문을 비출 때 세상 죄를 눈물로 씻은 남편의 영혼이 울다가 지친 몸으로 새 날을 맞았다.

"이른 아침에 티끌보다 작은 먼지를 보게 해 주셔서 감사합니다. 나란 존재는 눈에 보일지 말지 한 먼지와 같이 사라질 존재임을 알았습니다. 걸어온 걸음마다 뿌려온 죄의 씨앗들이 내 앞을 가로막습니다. 나의 죄악 된 삶은 영원히 나의 과거가 되어 나를 따라다닐 것입니다. 그러나 내 생명을 다시 한 번 살려주신 하나님. 이 눈부신 햇살 앞에 맑은 영으로 설 수 있도록 찬란한 새 아침을 주신 하나님. 감사합니다."

속울음을 삼키며 기도하는 남편은 어제와 다른 태양이 떠올랐음을 깨달으며 감격해했다.

남편이 회개하고 돌아온 아침. 된장국을 끓여 아침을 먹으라는 어머니의 얼굴이 감격에 젖어 있었다. 교복을 입고 학교 가는 고등학생인 두 아들의 얼굴에 웃음꽃이 피어올랐다. 항상, "할머니. 엄마. 학교 다녀오겠습니다."고 하던 아들이 안방으로 왔다.

"아빠. 학교 다녀오겠습니다."

인사를 하는 입가에 웃음이 배어 나왔다. 감격의 눈물로 두 아들을 학교 보내는 남편의 얼굴에는 멈추지 않는 눈물이 그의 심장을 적셨다.

인간이 자신의 내면을 볼 수 있다는 것은 자기 힘이 아니다. 그 안에 성령님이 함께 하지 아니하면 결단코 자신의 내면을 볼 수가 없다. 자신 안에 죄에 끌려가는 욕망의 뿌리를 뽑아내는 데는 많은 시간이 흘러가야 한다.

지금까지 자신의 영혼이 죽어 가는지도 모르고 마치 마귀가 쏜 불화살을 맞고 작두 위에서 춤추던 남편이 작두에 베여 피 흘리는 영혼을 안고 돌아와서 운다. 기억을 되돌릴수록 그의 심장에 녹아내리는 눈물이 문지방을 넘어 왔다. 인간이 자신의 본성을 따라 살면 이렇게 더럽고도 추악할 수 있다는 것을 보여주기라도 하듯이 살아온 남편이 이제는 그 과거 앞에 무릎을 꿇었다. 다시는 죄악이 자신의 인생의 발목을 잡지 않도록 하나님 앞에 살려 달라고 매달렸다.

축복은 하나님의
시간표가 있다

❦   세상의 썩어 냄새나는 바닥을 좇으며 살아온 남편이 그 더러움의 껍질을 벗었다. 하나님 앞에 철저한 회개 속으로 들어 갔다. 마치 모든 위대한 것들은 자신의 내면의 살을 도려내는 깊은 회개 속에서 이루어졌음을 깨달은 자 같았다. 위독한 남편의 영혼 속에서 위대한 회개가 나오고 있었다. 그 속에 하나님의 살아계심을 보았다.

남편의 눈물이 강을 건너 내게로 왔다. 내 심장 위에도 남편의 눈물이 흐른다. 지나온 세월, 남편과 나 사이에 가로 막힘 절망의 벽이 허물어졌다. 형체도 없이 사라져 버린 그 자리에 남편과 나는 부둥켜안고 울었다. 내 귓가에 남편의 죄 맺힌 고백이 건너왔다.

"당신. 정말 미안해. 나를 받아줘서 고마워."

나의 두 손이 남편을 더욱 감싸 안았다.

"저는 당신을 한 번도 포기한 적이 없어요. 이런 날이 올 것이라 믿고 기다렸어요. 하나님이 주셨어요. 내게 그런 마음을요."

내 가슴에 더 깊이 안겨온 남편은 그렇게 울다가 지쳐 잠이 들었다.

"어머님. 지금까지 이 못난 사람을 위해 눈물로 기도해 주신 어머니와 제가 세상에서 제일 사랑하는 순애 씨를 위해 신학교에 가기로 결심했습니다. 저 같은 인생에 이런 날을 주신 하나님께 진심으로 감사합니다. 어엉엉…"

남편은 어머니 앞에서 끝내 울고 말았다. 어머니의 눈에서 굵은 눈물이 뚝뚝 떨어졌다.

"자네가 신학교를 간다고? 아이고, 하나님 아버지. 이게 꿈입니까. 생시 입니까. 으엉엉…"

"여보. 고마워요. 엄마와 제 소원이 이제야 이루어졌습니다. 당신이 제 소원을 이루어 주셔서… 흑흑…"

"아빠. 아빠."

두 아들이 아빠를 안고 울었다.

"아들아 미안하다. 이 아빠가 너무 나쁜 사람이었지. 으흑."

하나님이 남편의 마음을 철저히 만지고 계심을 알았다. 새 삶을 살기로 작정한 남편이 머리카락을 빡빡 깎고 조계종 중 같은 모습으로 신학교를 갔다. 아침마다 남편은 성경책과 노트를 담은 가방을 메고 신학교로 출발했다. 그 모습이 꿈만 같아서 남편이 보이지 않을 때까지 창문 너머로 바라보며 하나님의 은혜에 감격했다.

일 년 뒤. 남편의 간절한 권유에 나도 남편과 함께 신학공부를 하는 부부 신학생이 되었다. 모두들 우리 부부를 무척 부러워했다. 어머니의 얼굴에 함박웃음이 그치질 않았다.

"우리 순애에게 이런 날을 주신 하나님 감사합니다. 흑흑…"

어머니는 남편과 함께 학교 가는 내 모습을 보고 감격의 눈물을 흘렸다. 하나님의 은혜로 남편이 먼저 신학교를 마치고 교회 전도사가 되었다. 남편은 교회에서 찬양을 인도하고 성가대 지휘를 했다. 하나님께 기도하던 어느 날, 내 마음에 주신 성령님의 감동이 있었다. 그것은 '한 권의 책을 쓰라.'는 것이었다. 지금까지 나의 삶을 책으로 쓰면서 많이도 울었다. 그 눈물 속에 태어난 책이 '찔레꽃 그 여자'이다. MBC, KBS 방송에 수 없이 방송되면서 베스트셀러가 되었다. 그 책을 통해서 나를 살리신 하나님을 간증하며 그 때부터 수많은 교회에서 하나님의 간증자로 나를 불러 주셨다. 학원을 정리하며 하나님의 뜻에 순종하는 삶을 달려온 길이 20년이 되었다.

내가 하나님께 쓰임 받고 있을 동안 남편은 나와 동행하였다. 두 아들이 군복무를 마친 후 둘 다 신학대학교를 입학하였고 교회 전도사가 되었다.

우리 집에는 전도사가 네 명이다. 지금은 두 아들이 다 결혼을 하여 둘 다 한 집에서 살며 언제나 함께 가정예배를 드린다. 손주가 모두 4명이 되어 한 집에 열 명의 식구가 둘러앉아 가정예배를 드리고 있다.

"축복은 하나님의 시간표가 있다."

하나님의 뜻은 오직 하나님의 시간표에 이루어진다는 사실을 수십 년을 달려온 지금 깨닫게 해 주신 하나님! 지금의 우리 가정이 있기까지 밑거름이 되어 주신 나의 눈물의 어머니. 일평생 이 못난 딸을 당신 가슴속에서 내려놓지 못하신 어머니. 이 딸의 가슴 시린 인생을 당신 때문이라며 평생 동안 언 눈물로 살아오신 어머니가 병원에 입원하셔서 두 달을 계셨다.

몇 올 남지 않은 머리카락을 단정히 빗으시고 비녀를 가지런히

꽂으신 어머니. 병원 시트 위에 힘없이 누우신 그 모습이 얼마나 곱고 아름다우신지 눈물이 맺혔다. 주일마다 집회를 갈 때면 병원에 누워계시는 어머니의 손을 꼭 잡았다.

"엄마. 저 다녀올게요."

어머니의 얼굴에 내 볼을 가만히 대면 어머니의 가슴은 언제나 따뜻했다. 나는 속울음을 삼키며 말했다.

"엄마. 사랑해."

어머니는 눈빛으로 말했다.

"우리 순애가 이렇게 쓰임 받는 모습은 내 인생의 최고의 행복이다. 내 걱정 말고 어여 가거라."

내 어머니의 하나님은
나의 하나님이시다

어머니가 우신다. 어머니를 돌아설 때마다 '이번이 마지막이 되지 않게 해 주세요.'라고 하나님께 기도드렸다. 어머니는 주 3회 투석을 받으셨다. 남편이 투석 받는 네 시간 동안 어머니 곁을 늘 지켜드렸다. 그때 남편은 울면서 사죄를 드렸다. 지난 날 그 죄악의 모습들을 털어버리시도록 어머니의 손을 잡고 눈물로 용서를 빌었다.

"어머님. 행여 그 마음에 지난 날 저의 죄를 기억하지 마시고 저의 모든 잘못을 용서해 주세요."

"아무 걱정하지 말게. 나는 모든 것을 다 잊었네. 이제는 자네를 믿어. 이제는 자네에게 내 사랑하는 딸 순애를 믿고 맡길 수 있네."

"어머님. 잘 하겠습니다. 순애 씨를 위해서라면 내 목숨이라도 바치겠습니다."

"그래야지. 자네는 정말 새 사람이 되었어. 우리 순애를 행복하게 해 주길 바라네. 그게 내 소원일세. 흑흑…"

"하나님 우리 순애를 세계로, 세계로 써 주소서."

마지막 기도를 남기고 천사같이 고운 모습으로 어머니는 내 품에 안기어 마지막 숨을 몰아쉬셨다. 나는 어머니를 끌어안고 목청껏 어머니를 불렀다.

"어머님이 운명하셨습니다."

담당 의사의 말이다.

"엄마! 으음마! 엄마. 엄마!"

나는 어머니의 얼굴을 만지며 오열했다.

"엄마. 순애만 두고 이렇게 떠나면 나는 어떡해. 엄마."

나는 어머니를 안고 뜨거운 눈물을 그 얼굴에 쏟았다. 쓰러져 가는 내 인생을 다시 일으켜 세워주신 어머니의 눈물. 그 한 많은 눈물을 다 쏟고 빈 가슴으로 내 생명 같은 어머니가 떠나셨다. 내 인생을 받쳐오던 큰 기둥이 무너져 내렸다. 어머니는 내 품에 안겨 살며시 잠이 들듯 가셨다.

삼십 분이 지나고 한 시간이 지나도록 어머니의 따뜻한 체온이 다 식을 때까지 어머니를 품에 안고 울었다. 그때에 놀라운 일이 일어났다. 평온하게 숨을 거둔 어머니의 두 눈에서 산 자만이 흘리는 눈물 한 방울이 눈꼬리를 타고 흘러내리는 것이 아닌가. 통곡하던 나는 더 큰 울음을 토해내며 어머니를 불렀건만 울고 있는 이 딸에게 마지막 남긴 어머니의 눈물 한 방울은 사랑한다는 마지막 고백이 되었다.

어머니를 위해 기도하며 눈물이 앞을 가렸다. 어머니와 함께 살았던 고향 바닷가, 그곳에 뿌려놓은 어머니의 눈물, 그 뼈만 남은 아득한 기억 앞에서 나는 울고 있었다. 엄마와 함께 맨발로 걸었던 그 바닷가. 어머니가 살아왔던 파란과 굴곡의 세월이여… 쓰러진 어머니의 모습 앞에서 외롭고 처절하게 걸어오신 어머니의 삶의 길이 이제야 보인다.

그 처절한 삶을 딛고 여기까지 오신 어머니의 창백한 삶 앞에 당신의 마지막 희망이었던 이 딸의 인생마저 무너지는 모습을 보고 당신의 삶의 줄을 놓아 버리신 어머니. 나는 어머니의 모습 앞에서 나를 보았다. 내 절망을 보았다. 어머니는 내 인생의 커다란 기둥이며 버팀목이었다. 어머니가 없는 내 인생의 봄은 꽃을 피울 수가 없다. 어머니의 숨결이 내 삶의 입김이었다. 당신 생명보다 이 딸을 더 사랑하신 내 어머니의 눈물은 어머니의 사랑이었다.

어머니와 함께 살아온 수많은 이야기가 하늘의 별이 되어 빛났다. 아! 이 명징한 슬픔이여. 어머니가 아니면 채울 수 없는 공허…

존재감이 빠져나간 상실감이 내 마음을 덮었다. 날마다 죽음 같은 삶을 사는 이 딸이 애처로워 어머니의 가슴이 새까맣게 숯이 되었다.

내 삶의 원천은 어머니다. 내 희망의 집은 어머니다. 절망의 강을 건널 때 내 마음이 유일하게 닻을 내릴 수 있었던 곳은 내 어머니다. 어머니의 초상이 내 가슴에 담겨 있다. 내 어머니의 하나님은 나의 하나님이다. 하나님으로부터 보내심을 받은 내 생명이 어머니를 통해 이 땅에 보내졌다. 그러나 나의 어머니는 당신의 딸로 나를 호적에 올리지 못했다. 어머니는 이름도 없이 살다 가셨다. 내 생명을 이 땅에 건네주고 바람같이 살다가신 나의 어머니⋯

어머니와 나의 그 길고 긴 눈물의 기도는 그대로 응답되었다. 남편이 전도사요, 두 아들이 전도사요, 나도 전도사가 되었다. 하나님이 응답으로 주신 말씀처럼 한 알의 밀알의 기적이 그대로 이루어져 축복이 되었다. 하나님은 일점일획도 변함이 없으신 분이심을 기도로 수십 년을 달려온 나는 온전히 고백할 수 있다.

어머니가 천국 가신지 16년이 되었다. 어머니의 눈물이 밑거름이 되어 지금의 내 인생이 있다는 것을 생각할 때면, 눈물로 키운 두 아들이 이렇게 잘 자라서 주의 종이 되었고, 손주들이 넷이나 태어나 한 집에서 행복하게 살고 있는 지금의 행복을 어머니께 바치고 싶다.

눈물의 기도의 위대함을 삶으로 보여주신 어머니! 내 생명의 뿌리이신 어머니! 그 어머니가 심어 놓으신 눈물의 기도가 씨앗이 되고 능력이 되어서 지금은 열 명의 가족이 한 상에 둘러앉아 밥을 먹고 함께 예배를 드린다. 그리고 이 땅의 천국을 우리 가정에서 느끼게 해 주신 내 어머니의 하나님. 나의 하나님.

　내 인생의 그림자와 같이 변화된 남편과 함께 주신 사명에 생명을 걸고 오늘도 복음의 순례자의 길을 걷게 하신 살아계신 하나님께 감사와 찬양과 영광을 올려 드린다. 위대하신 하나님을 나의 삶을 통해 보여주심을 눈물로 감사를 드린다.

　두 아들의 인생을 통하여 열어 가실 더 큰 하나님의 나라를 소망하며 감격의 눈물로 이 책을 맺는다.

　　"기도는 길어도 응답은 순간이다.
　　고난은 길어도 기적은 순간이다.
　　기도와 기적은 함께 간다."

2019. 4. 27. 어머니의 16주기 추도 일에 이 글을 올린다.

기도는 길어도

응답은 순간이다